人事管理经济学

袁青川　主编

高水平大学建设("双一流建设")专项经费资助

科学出版社

北　京

内 容 简 介

人事管理经济学是从经济视角来研究人力资源管理的重要学科，具有较强的实践性。本书在内容上主要从人力资源管理的各个模块出发，研究企业内部的人事活动。从价格和行政指令两种资源的调节手段出发，阐述经济组织与效率问题，并进一步介绍企业在层级、工作、组织结构设计中如何利用价格和行政指令来获得效益；从效率角度阐述工作内容的安排方式，并解释具有效率性的工作决策赋予、工作决策管理和工作决策控制。从消费者选择行为理论出发，介绍基于个人行为理论的授权式管理和基于个体选择行为理论的自我选择激励；从信息不对称的角度出发，介绍雇用歧视、雇员雇主匹配、基于绝对优势和相对优势的工作安排等配置策略，重点介绍晋升策略等；从激励的视角出发，阐述企业内部晋升标准和基于岗位的晋升激励措施；最后介绍激励性的绩效管理和薪酬管理等。本书基于企业实践角度，从经济学的理论视角来解释企业和劳动者的经济行为，达到理论与实践的有机结合，使学生能够在上课过程中发现问题、积极思考。

本书适合劳动学科的本科生、研究生、学者，以及人力资源管理从业者阅读。

图书在版编目（CIP）数据

人事管理经济学 / 袁青川主编. —北京：科学出版社，2020.5
ISBN 978-7-03-062771-1

Ⅰ. ①人… Ⅱ. ①袁… Ⅲ. ①人事管理学－管理经济学－高等学校－教材 Ⅳ. ①D035.2 ②C93-05

中国版本图书馆 CIP 数据核字（2019）第 242973 号

责任编辑：方小丽 / 责任校对：杨 赛
责任印制：赵 博 / 封面设计：蓝正设计

科 学 出 版 社 出版
北京东黄城根北街 16 号
邮政编码：100717
http://www.sciencep.com

北京厚诚则铭印刷科技有限公司 印刷
科学出版社发行 各地新华书店经销

*

2020 年 5 月第 一 版　开本：787×1092　1/16
2024 年 1 月第四次印刷　印张：13 1/4
字数：318000
定价：48.00 元
（如有印装质量问题，我社负责调换）

作者简介

袁青川（1981—），男，河南开封人，河北大学经济学院副教授，中国人民大学博士，中国人民大学与中国铁建高新装备集团股份有限公司联合培养的博士后，在国家留学基金委项目资助下赴日本立命馆大学访学一年。河北省青年拔尖人才，河北省总工会特约研究员，中国人力资源开发劳动关系研究会理事，中国社会学会劳动社会学专业委员会理事。主要从事劳动力市场、收入分配、劳动关系等方面的研究，在《中国人民大学学报》《经济理论与经济管理》《中央财经大学学报》《人口与经济》《商业经济与管理》《云南财经大学学报》等期刊上发表文章多篇，其中3篇被中国人民大学复印报刊资料全文转载。主持多项国家社会科学基金项目、河北省社会科学基金项目、保定市社会科学基金项目，参与国家社会科学重大项目、教育部项目、北京市项目、科技部项目等项目，出版教材2部，专著1部。

目 录

- 第一章 人事管理经济学：分析人力资源管理的经济学方法 ·················· 1
  - 第一节 人事管理经济学的含义与优劣势 ································ 2
  - 第二节 人事管理经济学研究的内容 ···································· 3
- 第二章 经济组织与效率 ·· 9
  - 第一节 市场调节、政府规制与效率 ···································· 10
  - 第二节 市场与行政指令逻辑下的组织设计 ······························ 19
  - 第三节 企业中的层级设计 ·· 27
  - 第四节 组织结构设计 ·· 30
- 第三章 基于工作设计的激励 ·· 37
  - 第一节 工作设计方法 ·· 38
  - 第二节 工作内容设计 ·· 42
  - 第三节 工作决策设计 ·· 45
- 第四章 基于个人行为理论的授权式管理 ···································· 47
  - 第一节 个体行为理论 ·· 48
  - 第二节 基于个体行为理论的福利选择 ·································· 54
  - 第三节 基于个体行为理论的雇员与雇主匹配 ···························· 57
  - 第四节 授权程度管理 ·· 62
- 第五章 员工配置 ·· 67
  - 第一节 信息不对称及信号传递 ·· 68
  - 第二节 筛选求职者 ·· 75
  - 第三节 公司配置策略 ·· 76
- 第六章 基于岗位的晋升激励 ·· 92
  - 第一节 基于岗位的晋升激励概述 ······································ 92
  - 第二节 基于岗位的晋升绩效标准 ······································ 94
  - 第三节 具有激励性的职业通道设计 ···································· 99
  - 第四节 人事经济学关于内部劳动力市场的讨论 ·························· 103

第七章 基于个体选择行为理论的自我选择激励 …… 110
- 第一节 逆向选择与委托代理的产生 …… 111
- 第二节 逆向选择与委托代理问题的规制 …… 114
- 第三节 求职与创业的自我选择 …… 115
- 第四节 不同规则下的自我筛选 …… 120
- 第五节 试用期与工资相结合的自我选择机制 …… 126
- 第六节 劳动力市场中的自我选择与流动 …… 129
- 第七节 所有权与自我选择 …… 133

第八章 激励性的绩效管理 …… 135
- 第一节 绩效指标提取 …… 136
- 第二节 绩效风险与补偿 …… 139
- 第三节 绩效评估方法 …… 142
- 第四节 高管薪酬与相对绩效评估 …… 147
- 第五节 绩效评估的问题 …… 148

第九章 规避委托代理问题的薪酬激励 …… 153
- 第一节 薪酬水平定价的依据 …… 154
- 第二节 规避委托代理问题的固定和绩效工资水平设定 …… 157
- 第三节 绩效薪酬激励强度的影响因素 …… 161
- 第四节 规避委托代理问题的有最低标准产出的固定工资设定 …… 163
- 第五节 无标准产出的固定薪酬激励 …… 167
- 第六节 经济性薪酬激励 …… 170

第十章 企业培训与人力资源开发 …… 174
- 第一节 人力资本开发 …… 175
- 第二节 人力资本投资契约的自我执行 …… 179

第十一章 劳动关系中的谈判 …… 184
- 第一节 谈判力量的界定 …… 184
- 第二节 谈判力量理论 …… 187
- 第三节 谈判力量的衡量 …… 191

参考文献 …… 199

第一章 人事管理经济学：分析人力资源管理的经济学方法

本章内容及学习目标

本章重点介绍了人事管理经济学的由来、含义，以及其在分析人力资源管理实践中的优劣势；本章需要重点了解人事经管理济学的含义，掌握人事管理经济学处理人事的优势以及其在人力资源管理中的初步应用。

引例：人力资源管理如何才能做到公平？

企业内部主要通过行政命令来处理问题，每个员工成为行政之下的服从人。例如，在进行工资制度改革时，一线生产工人总认为自己的工资比较少，管理行政层的工资比较多，这是不公平的；每个员工也倾向于认为自己的工资偏少，自己的付出太多，也不公平；行政管理层认为虽然自己的工作不直接创造产品，但会提高组织运作的效率，间接地提高生产工人的产出量，所以自己得到的工资也偏少，不公平。那么什么才是公平呢？每个员工都会夸大自己的付出，以致有不公平的感觉。人力资源管理往往采用岗位价值评价的方法，岗位价值大，那么就应该得到更多的工资，这样才公平。问题是采用什么方法评价岗位价值？利用哪些维度来评价岗位价值？如果换一种评价方法和维度，结果可能会出现很大的差异。所以评价方法和维度的选择成为不公平的来源。也有人认为可以采用市场的工资水平来对岗位进行定价。例如，在完全竞争的市场中，劳动者具有统一的出清工资。这个统一的出清工资是具有一定前提的，市场信息对称、流动无障碍、工作具有同质性、员工具有同质性等，但是在现实生活中往往并非如此，岗位虽然类似，但也存在着诸多不同。所以利用市场的工资分配也很难做到公平，因为市场的工资分配是离散的，不具有统一性。如何处理人力资源管理的公平性是人事管理经济学所要解决的问题。人事管理经济学往往会把复杂人看作简单的"经济人"，将复杂的问题简单化处理，这样在人力资源管理中既具有执行性，更富有成效性。例如，人事管理经济学会简单地采用员工的自我行为来调整工资达到公平性，而非语言信号。如果生产一线的工人工资过低，那么他们会具有较高的辞职率，即使岗位出现空缺也很少有人来求职，这说明该工作岗位给出的工资确实比较低。通过求职率与辞职率两个指标就可以简单判断是否在真正意义上做到了公平[①]。

人事管理经济学对人力资源经理,尤其是对那些采取战略人力资源决策的管理者来说非常有意义。人事管理经济学主要包括公司的劳动力市场招聘、培训策略、职业激励、团队规模和努力,以及企业家向员工和债权人发出信号等。那么人事管理经济学主要运用了哪些经济理论,研究了哪些问题呢?

第一节 人事管理经济学的含义与优劣势

一、人事管理经济学的内涵

人事管理经济学是一门从经济学微观视角来研究日常的人力资源管理实践的一门学科。往往以制度经济学中的产权、交易成本、委托代理问题等作为切入点,研究企业内部的组织架构设置、工作设计、人员配置、人员激励等实践活动。虽然人事管理经济学以产权、交易成本、委托代理问题作为切入点,但不仅仅只研究这三个问题,这样的研究范围显得太过狭窄(Ridder,2009)。人事管理经济学可以采用经济学当中的任何一种理论和实证模型来解释和规范人力资源管理行为。

20世纪90年代,Edward P. Lazear创立了人事管理经济学。在这方面最重要的是他的教科书《人事管理经济学》(Lazear,1995)。早在1993年,他就写了《人事管理新经济学》(Lazear,1993)。1998年,他最重要的教科书《经理人的人事经济学》出版(Lazear,1998a)。人事管理经济学是一门相对开放的学科,研究人事管理经济学的学者可以涉及多个领域,包括制度经济学、理论经济学、政治经济学、劳动经济学等,甚至还包括管理学、心理学等领域。

二、人事管理经济学的优势

人事管理经济学主要从经济学的背景出发,所以,人事管理经济学具有较强的理论基础和计量方法基础。人事管理经济学不但可以从理论上来阐述规范的适当性,还可以从计量的角度来实证人力资源管理的实践,并可以预测未来的人力资源实践特征和趋势等。基于学科的优势,人事管理经济学可以预测人力资源管理实践的各个模块的关联性,也保证了预测结果的严谨性。

人事管理经济学从个体行为理论出发,基于经济学的理性人假设,在私人信息具有隐藏性、机会主义泛滥的情况下,可以较为准确地预测员工在相应规则下做出的理性选择是否有利于企业,进而给企业提供一个合理的扭转员工不利于企业行为的规则方向。所以,人事管理经济学得到了普遍的应用。同时,人事管理经济学对人力资源管理中经常被忽视的成本问题进行了较多的考量,因为成本不是心理学和行为学所考

[①] 该部分内容来自易定红教授的《劳动经济学》讲义。

虑的重点内容。人事成本对于商业和商业管理来说都是非常重要的。在不考虑成本的情况下，最大利润往往是不经济和具有破坏性的。

三、人事管理经济学的劣势

人事管理经济学也面临着诸多争议。像很多学科抨击经济学的理由一样，认为经济学家分析的结论均是建立在稀缺性、机会主义、理性人、偏好稳定等的假设之下，且这些假设往往不符合实际，因此很多经济结论被抨击为虚无的理论。正如 Alewell（1996）所认为的那样，非经济学家往往不能正确地理解经济学。任何一种经济学理论都不能解决所有的问题，都具有一定的前提性。只有当一个理论被另一个理论所替代，那么后面的理论才能够解决更多的问题，也才有了科学革命。在经济理论提出的过程中，很多模型都明确地表示不代表现实世界，但是这些理论可以部分解释实践。

很多学者，如 Martin（2004），质疑经济理论在人力资源管理方面的适用性。他们一般会否认经济学可以并且应该被用来分析员工——一个由人组成的生产要素，因为其涉及诸多道德问题。然而在实践中道德上的问题不容易和事实的观点保持一致，这是诸多学科对待道德都无法克服的问题。

总而言之，以复杂性最大化来抨击人事管理经济学是不合理的。人事管理经济学在理解性和通用性上相对较强，即与精确描述和分析细节相比，人事管理经济学在抽象方面更有优势，而在其他方面，人力资源管理的其他方法是占主导地位的。

四、人力资源管理的缺陷

传统折中的人力资源管理研究存在固有的缺陷。传统的人力资源管理所提出的问题总是很有趣，对企业来说也很重要，但答案往往是模糊的，在理论上缺乏令人信服的解释，没有为人事经理的规则和策略提供坚实的理论和经验基础，导致人事经理并没有在高层管理者中扮演核心角色。尽管现代公司总是宣称人是公司最重要的资产，人力资源管理是他们业务中最重要的部分。但是公司的首席执行官（chief executive officer，CEO）很少来自专业人力资源管理领域，大多来自金融、市场或其他领域。其实，人事管理经济学具有丰富的理论基础和较为严格的计量方法，可以消除各种干扰因素对人力资源政策的干扰作用，并给出人力资源管理实践以较为精确的解释。

第二节　人事管理经济学研究的内容

一、经济组织与效率

人事管理首先是在一定的组织架构下运行，组织架构的设计关乎企业层级的设计、集权与分权的合理设置、工作和人员的安排。在组织运行过程中,将何种交易纳入企业内部生产,或者纳入企业内部进行管理,取决于效率。市场交易的缺陷在于市场中存在交易成本,企业生产具有规模经济和范围经济等,所以一些交易成本比较高的活动一般会纳入企业内部进行。如果内部制造成本比较高,协同比较难,那么就会通过市场购买来获得相应的产品或者服务。所以,市场和组织是完成交易的两种典型的手段或者场所。市场主要靠价格调节资源,企业内部主要依靠行政手段进行资源配置。价格调节手段可以通过个体交易来完成,自主地利用个体信息,调动每个人的主动性。企业内部的行政指令往往会通过整体的信息来配置资源,这样会产生规模经济,但由于信息问题也会发生行政指令的调节失灵现象,所以,实践中市场和组织往往存在着渗透,即市场中存在着行政指令,市场经济中需要计划经济,需要国家宏观调控指令。企业内部也存在市场,在企业内部通过转移价格来调节资源,通过分权和授权发挥每个人的私人信息实现组织利益。所以市场和组织的不同结合程度,形成不同的组织架构和不同的组织集权与分权的决策类型,以及与之相对应的工作内容、设计方式等。所以,在市场与组织中的人事管理主要涉及以下问题及相互关系(图1-1)。

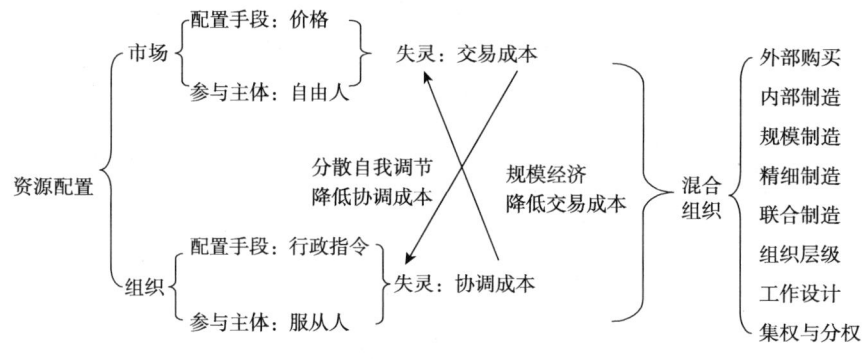

图1-1 市场和组织中的人事管理

二、基于个人行为理论的授权式管理

企业中人事管理既是行政命令式的管理,同时也是授权式的个体决策过程的管理。行政命令主要在企业内部调节企业理念和经营价值观,根据企业理念制定相应的行为规范。企业管理中的授权或者分权主要是在既定理念指导的规范约束下,让员工根据自己的私人隐藏信息做出最优的理性选择,最大限度地在企业规范下让员工获得最大的效用。即将企业行政指令下的服从人和市场条件下的自由人有机结合,最终调动员工的积极性。为了能够做到在一定的行政指令下灵活性的管理,必须要了解图1-2的相关问题。

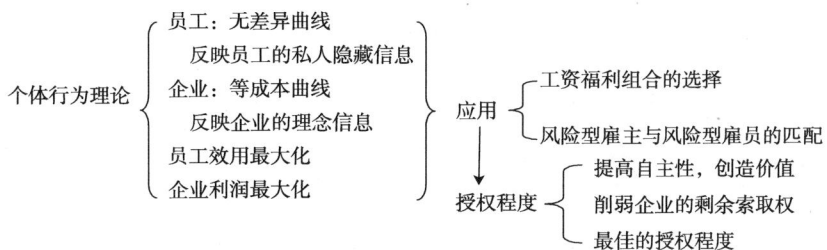

图 1-2　基于个人行为理论的授权式管理

三、企业员工配置

企业一般在配置员工时采用内部配置和外部配置两种方式。无论是内部配置还是外部配置都存在着信息不对称（asymmetric information），对双方来说都是一种黑箱，这就需要企业了解员工的信息和员工了解企业的信息。在企业员工配置过程中，企业会通过了解员工的一些信息来了解员工的生产力，员工通过企业的一些外显信息了解企业和工作岗位的情况。在配置过程中双方会采用一些具有信号且容易获得的显性信息来判断各自关心的问题。企业配置员工时为了提高配置的准确性和经济性，除了采用信号策略之外，还会采用雇用歧视策略、雇员雇主匹配策略、基于绝对优势和相对优势的工作安排策略、人员和资本数量组合策略，加班和招聘组合策略，以及人员结构和资本类型匹配策略等。晋升策略也是一个非常重要的配置策略，这里主要介绍晋升的标准，晋升相关的职业通道设计，以及晋升的优劣势等。在员工配置中，重点是内部配置，所以，必须熟悉内部劳动力市场（internal labour markets，ILMs）的属性。本部分内容主要涉及图 1-3 所反映的企业员工配置相关问题。

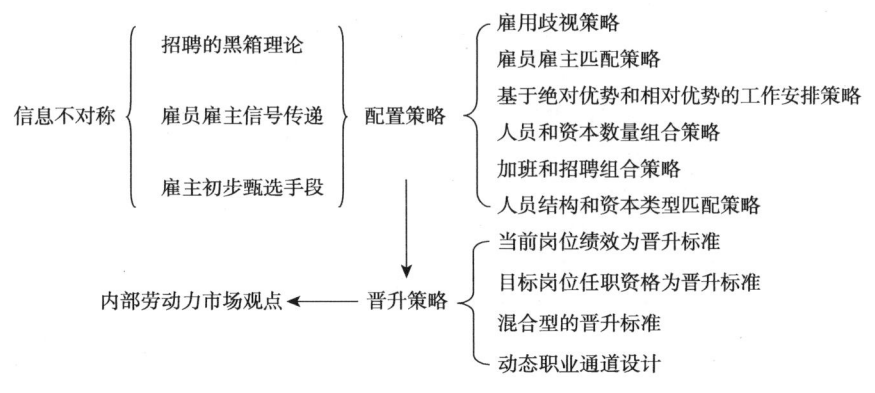

图 1-3　企业员工配置

四、基于个体行为理论的自我选择

在企业的用人过程中，由于雇员雇主双方存在着信息不对称，以及签订的合同具有不完全性，这就导致了企业在招聘过程中的逆向选择（adverse selection）问题以及用人过程中的委托代理问题。那么企业就必须按照参与约束和激励相容原则建立企业规章制度，在相应制度下让员工进行有利于企业方向的自我选择，即员工自我利益最大化的行为选择也正是有利于企业的行为，使得企业自我选择与企业的目标相一致。所以，为了有效地规避逆向选择和委托代理问题，必须从经济学角度来规范招聘和用人过程中的一系列自我选择问题（图 1-4）。

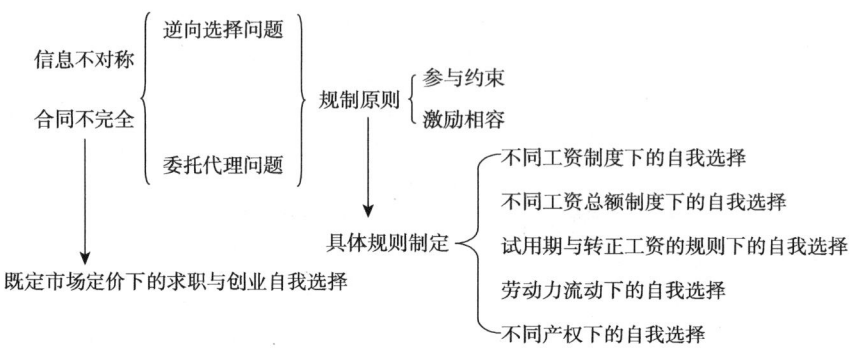

图 1-4　基于个体行为理论的自我选择

五、激励性的绩效管理

绩效管理是一种牵引性的人力资源管理实践，绩效指标的设定关系到对员工的激励，也关乎企业目标的达成。所以绩效管理中首先涉及绩效的影响因素，其不仅受到员工的努力、能力影响，还会受到员工所不可控的因素影响，包括天气、经济状况、运气等。所以绩效指标的设定必须考虑绩效的多因性、多维性和动态性；根据绩效的特点来设计不同的指标体系；采用合适的绩效考核方法来激励员工的绩效。绩效管理部分主要介绍的内容包含图 1-5 所反映的相关问题。

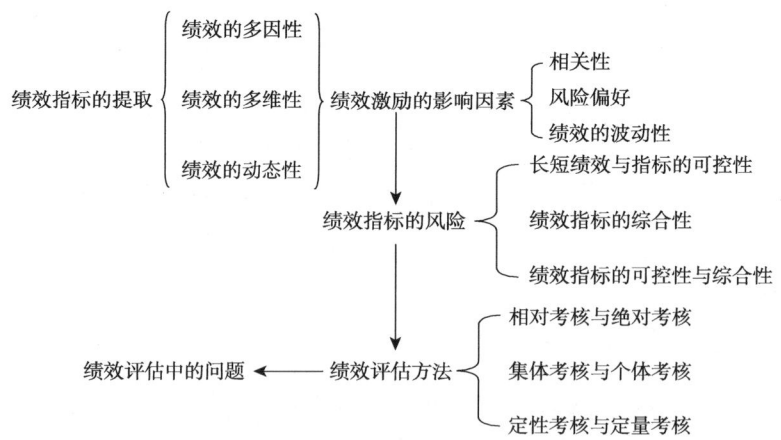

图 1-5　人事实践中的绩效管理

六、规避委托代理问题的薪酬管理

在薪酬激励中,选择什么样的薪酬激励方式是薪酬管理的核心问题。薪酬管理必须做到在保证企业利润最大化的情况下让员工做得越来越好,而不是简单地为了当下利润最大化而降低员工的工作积极性,进而严重地影响到企业的长期发展。如果给员工的薪酬激励与其行为、表现、业绩没有关系,那么员工就没有动力为公司去努力工作。同样,薪酬仅仅与员工的努力、表现密切相关还是不够的,因为这还要从员工的角度来看这样做是否值得,是否还有外部机会主义的获利。如果其他企业给予员工的工资水平比较高,那么即使企业做到奖惩分明,优秀的员工也会跳槽,这种跳槽可以促使他们在同样努力的情况下获得更多的回报。总之,在采用薪酬激励员工时必须既要做到赏罚分明,也要规避员工的机会主义。那么如何发放薪酬才能做到这两点呢?这是薪酬管理所要解决的重要问题。为解决该问题,薪酬管理涉及图1-6企业中规避委托代理问题的若干问题。

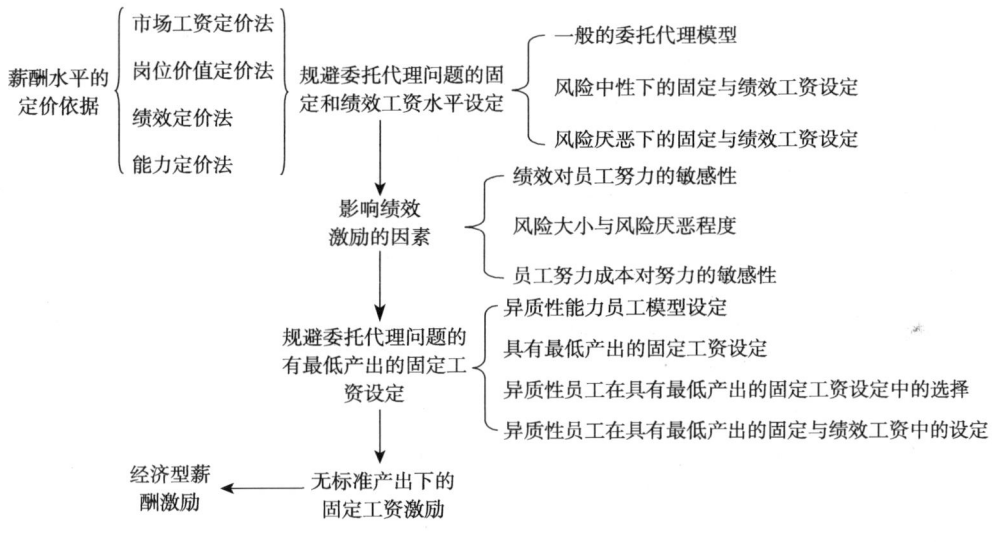

图1-6 企业中规避委托代理问题的薪酬管理

七、企业培训与人力资源开发

随着员工在企业内部的发展,员工的能力也需要随着职位的晋升和改变而发生变化,这就需要员工自我开发相应的能力,但是员工进行的人力资本投资一般具有专有属性,一旦被企业辞退其人力资本投资成本可能就无法收回来,如果不被辞退,企业压低其工资致使劳动者由于前期的人力资本投入而无法辞职,形成人力资本套牢。同样,企业如果对员工的人力资本进行投资,一旦员工辞职,那么企业也面临着风险。所以企业中人力资本的开发及开发成本与收益的分担是企业人力资源开发过程中一个重要的实践问题。同样,员工也会对自己通用性的人力资本进行投资,如员工的个人形象等。所以，企业人力资源开发中涉及图 1-7 企业培训与人力资源开发相关问题。

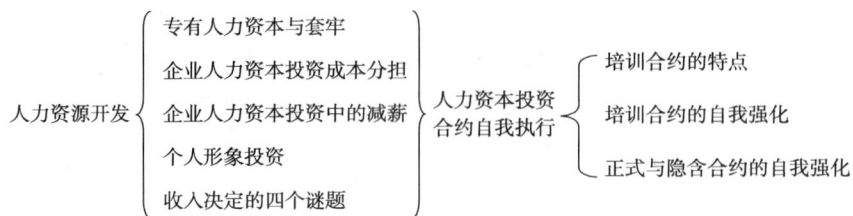

图 1-7　企业培训与人力资源开发

八、劳动关系中的谈判力量

在企业人事管理中劳动关系管理是一项非常重要的工作。劳动关系中雇员和雇主之间利益虽然具有一致性，但也具有冲突和矛盾。雇员的目标是付出的劳动更少，工作的环境更好，获得的工资更多；雇主的目标是让雇员付出更多的努力，创造更多的产出，支付更低的工资，获得高额的利润。所以雇员和雇主在劳动过程中以及成果的分配方面存在着较大的分歧。双方对于最终剩余的分配结果取决于彼此的谈判力量。对剩余成果的分配不会仅仅取决于自己的谈判力量，还依赖于对方的谈判力量，即相对的谈判力量。一般而言，如果双方相对谈判力量严重失衡，就会导致一方对另一方的剩余进行过度分割，激化劳动关系的矛盾。这种相对谈判力量的失衡往往来自法律、市场、行为习惯、意识等方面。所以，谈判力量主要包括图 1-8 所示的一系列问题。

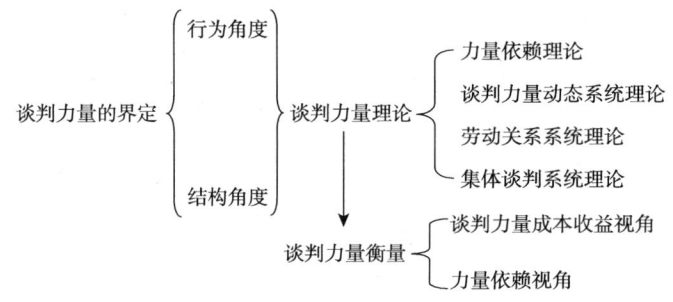

图 1-8　劳动关系中的谈判力量

推荐阅读

Lazear E P. 1993. The new economics of personnel. Labour，7（1）：3-24.
Lazear E P. 1995. Personnel Economics. Cambridge：MIT Press.
Lazear E P. 1998. Personnel Economics for Managers. Hoboken：John Wiley & Sons.
Ridder H-G. 2009. Personalwirtschaftslehre. 3rd ed. Stuttgart：Kohlhammer.

第二章 经济组织与效率

本章内容及学习目标

本章重点介绍了价格和行政指令调节资源的两种手段，阐述了市场配置资源的优势和产生市场失灵的原因，以及采用行政指令配置资源的优势与不足，说明了经济组织体是由价格和行政指令不同程度结合、交易的参与人是自由人和非自由人特征组合而成的。本章解释了采用价格和行政指令下的组织设计，包括是外部购买还是内部制造，是规模制造还是精细制造，以及具有较高混合性的战略联盟性质的组织。本章最后介绍了企业在层级、工作、组织结构设计中如何利用价格和行政指令来获得效益。本章重点掌握市场和行政指令配置资源方式的优劣势以及这两种手段在经济组织中如何有效地发挥其优势。

引例：市场中的劣币逐良币现象

假设有一个二手车市场，其中有 1 000 辆二手车。这些车虽然表面上看起来一样新，但它们的使用年限甚至行驶的里程都不一样，即实际上它们的质量是不一样的。这个模型假定整个二手车市场内汽车的质量由 0 至 1 均匀分布，每种质量段的车数量一样。卖主对于自己的车的质量了解得很清楚，而买主却处于不对称信息条件下劣势的一方。假定质量为 1 的车价钱为 60 000 元。在买方根本不知道车的质量的情况下，他愿意出多少钱买一辆车呢？最正常的是愿意出 30 000 元，也就是说买车的人对车的期望质量位于 0 到 1 中间的 1/2 的地方，所以他只愿意出最好车的 1/2 的价钱。在买方只愿意出 1/2 价钱的时候，卖方会怎么做呢？他们将不再出售价格高于 30 000 元的好车，这样价格高于 30 000 元的好车就退出了市场。但这样一来，市场交易陷入了恶性循环。当买车的人发现有一半的车退出了市场后，他就会判断出留下的都是不好的车。于是，他们所能接受的价位会降到 30 000 元的 1/2，即 15 000 元。而卖主对此的反应则是再次使质量高于 15 000 元的车退出市场。依此类推，市场上质量好的车的数量会越来越少，最终导致这个二手车市场的瓦解。那么在市场中到底存在着哪些因素会使得市场交易失灵呢？在市场失灵的情况下如何解决这些问题呢？

资料来源：http://www.wodefanwen.com/lhd_65hon0vekh03ypi6bk157e16g2f50200ou4_1.html

第一节　市场调节、政府规制与效率

一、市场的效率性及其优势

在完全竞争的市场中，所有的资源都是稀缺的，商品和生产商品的要素都是同质的，商品流动是自由的，不存在流动障碍，信息是完全的。在上述条件下，商品具有了价格，且价格对资源具有配置的协调作用。通过价格的调节，资源最终会配置到最有用的人的手中。例如，一盒粉笔，所有的买主会根据粉笔对自己的有用程度来进行出价，如果粉笔对买方的价值是200元，那么他能够出的最高价格将是200元；如果粉笔对另一个人的有用程度是5 000元，那么其最高出价将是5 000元；如果粉笔对最有价值的买主的价值是50 000元，那么粉笔最终会流动到出价50 000元的买主手里，从而使这盒粉笔发挥出最大的价值。所以，市场的价格可以有效地调节社会资源，使得社会福利最大化。

（一）市场是一个强大的信息系统

von Hayek（1945）认为，市场是一个强大的信息系统，它是市场中买卖双方效用或利润最大化综合作用的结果，这个系统是任何组织所无法复制的。例如，如果采用组织协调的方式，那么在市场中一个基本的过程就是要分配资源以实现有效的生产，以及将商品有效地分配给不同的消费者。这种资源分配需要大量的个体信息，而非总体市场信息。这里需要收集生产要素的生产成本、消费者对商品的具体偏好，预测不同的生产厂商的有效生产技术等信息。这些信息是纷繁复杂的，如果采用组织计划协调的方式来生产将会非常困难。而市场经济实质上是一种和计划集中经济相对应的分散性经济，是市场中个体决策的结果，这就克服了信息不对称造成的缺陷，每个决策者都会利用自己最了解的信息做出最优的决策，不会出现自我欺骗的情况。例如，在招聘市场中，求职者会根据自身的能力来做出最有利于自身效用最大化的求职决策，其做出决策时充分掌握了自身的个体信息，不需要组织来了解其信息，为其做出决策。所以，分散经济可以使得决策因地制宜，减少信息的收集和协调成本，而采用组织协调的方式来实现信息收集成本相对较高。

（二）市场是一个强大的激励系统

市场交易往往意味着产品所有权转移可以给交易双方带来福利的增加。这个激励过程往往会使得资源通过交易行为转移到最优价值或者技术水平最高的人的手中。在分散的市场经济中，每个劳动者可以有不同的选择：可以通过上学增加人力资本投资来提高自己的劳动回报；也可以成立企业，雇用其他劳动者为其劳动；还可以为别人打工获得劳动回报。如果选择进行人力资本投资，他会努力地了解投资哪些知识回报率最高，在哪里投资成本最低，如何投资、什么时候投资才最高效。如果选择雇用别人为其劳动，他就会努力地收集关于被雇用人的信息，以及如何使用雇工才能更好地提高生产率；如果他想为别人打工，那么他会努力地收集雇主的信息，最终确定谁支付的工资最高。所以，市场本身激励着每个市场参与者努力地收集信息，以便做出最优的决策和发生最优的行为。市场的这种激励系统性质在一定程度上克服了委托代理问题和"搭便车"问题等。例如，通过个人计件工资制度可以有效地规避"搭便车"问题，劳动者会努力地学习技能提高生产效率，因为在这种工资制度下工资是一种完全意义上的市场行为作用的结果，而非组织协调和指令性的结果。

（三）市场是一个强大的创新促进系统

分散市场经济可以有效地促进创新和使得市场的参与者快速适应具体环境。市场的参与者为了能够在交易过程中获得福利增加，他们必须掌握其他市场参与者所没有的有价值的信息，掌握别人所没有掌握的技术，发现可以增加福利的机遇，发现其他人没有发现的问题等。这会促使他们为了获得有效的信息，开辟信息收集的新途径、新工具、新方法等，也会促使他们进行人力资本投资，提高自身的能力。市场的激励系统本身就促使了市场参与者对新产品、新技术、新机遇、新方法、新流程、新服务的追求。所以，通过全市场参与者竞争性地实施自己的创意，促使整个社会不断进步。

二、市场失灵的来源

（一）交易费用

上面我们假设的是完全竞争的市场经济，然而现实并非如此。例如，虽然这盒粉笔对最有用的人来说它可以创造 50 000 元的价值，但是如果信息不完全，那么这盒粉笔可能不会配置到其手中；如果存在着流动障碍，如这盒粉笔对最有用的人来说可以创造 50 000 元的价值，但是这种用处被界定为非法，为法律所禁止，此时这盒粉笔也不会配置到最有用的人手中；虽然这盒粉笔对最有用的人来说可以创造 50 000 元的价值，但由于交通费、信息收集费等产生的额外成本加上这盒粉笔商品的价格大于 50 000 元，那么这盒粉笔也不会在价格的调节作用下达到最优的配置。所以，交易成本的存在减弱了价格对资源的最优配置作用。具体来讲，交易成本可以分为交易协调费用和交易风险费用等。

1. 交易协调费用

在市场交易中往往需要确定价格和具体交易方式等细节，这些往往会产生与交易相关的协调费用。比如，买卖双方需要了解彼此的偏好、声誉、所处位置、过往历史等个体特征，还需要了解市场中其他的买卖双方的个体信息以进行比较。比如，交易还需要确定交易的地点，交易地点可能是金碧辉煌的大厦，也可能是在一个小地摊上，由于交易地点的不同也会造成交易费用不同；在确定搜寻最佳的买方和卖方时，需要花费大量的时间进行甄别等，这也要归入交易相关的费用当中。如果在组织内部进行交易，那么也会发生相应的交易成本。例如，将交易的信息根据企业的层级不断地上传下达，以及搜集与交易相关的各种信息，制定各种交易计划等，这些都需要额外的花费。所以无论是在组织内部发生交易，还是在组织外部发生交易，都会产生费用。

2. 交易风险费用

市场交易中由于信息不对称和目标不一致而出现激励交易双方破坏交易的成本。其往往表现交易双方为信息不完全和违约风险承担的费用。例如，雇主在劳动力市场中招聘合格的求职者，然而求职者中会有合格的，也会有不合格的，且不合格的求职者的求职动机反而更强，因为他们通过蒙混过关获得的收益更多，我们把这种现象称为"逆向选择"。这种现象出现的根本原因是雇主对求职者不了解。一旦招聘失败，前期的招聘成本成为沉没成本，还要重新进行招聘。所以与招聘这个市场交易行为发生的招聘失败成本就成为交易成本。在交易发生之后，双方也会存在着违约风险。比如，招聘之后雇员离职给企业带来的损失等，又比如在用人过程中，由于信息不对称可能出现的委托代理问题而造成的损失等。上述这些均为交易费用。上述交易费用均会导致市场失灵。由于针对相同的商品，交易成本不同，最终形成的交易价格也会不同，市场均衡无法表现为统一的出清价格。

（二）内部规模经济

如果产品在生产过程中存在着规模经济，生产规模越大，单位产品的生产成本越低，这样在市场上相同的商品也会形成不同的价格。内部规模经济的来源主要包括以下几个方面。

1. 先进技术

例如，单件小批量生产，引入先进的机器设备，分摊到每单位产品的成本比较高，大大抵消了生产效率的提高；当企业规模变大，生产的产品较多的时候，企业引进先进技术设备可以实现大批量生产，这样生产效率大大提高，同时购买机器设备的费用分摊到每单位产品的成本就会大大降低。例如，有两个牙医形成了合作伙伴关系，扩大了企业规模，这个合作性的组织就可以购买X光拍片设备，每位牙医使用这个设备的时间是每天不超过一小时。如果他们共同拥有或使用设备，就会出现规模经济。

2. 生产的专业化分工

例如，泰勒的科学管理思想，通过标准化、规范化的生产方式，将工作程序细化，并采取标准化的动作、工具和时间等对员工进行规范。同时，将员工的工作细分到极致，甚至到一个动作。这样使得员工工作实现了高度的专业化。这种专业化的分工使得员工丧失了技术，没有和雇主讨价还价的余地。比如，生产飞机，如果没有实现专业化分工，那么员工掌握组装整架飞机的技术含量非常高。那么一旦雇员提出涨工资，雇主一般必须接受，因为他们没有能力从市场上很快找到可以替代该雇员的求职者。但对于专业化分工较细的雇员来说，他们就丧失了与雇主讨价还价的能力，因为他们的工作被细化为一个拧螺丝的雇员，可替代性比较强，在这种情况下他们的工资会被压迫得很低，但此时由于他们常年做一个动作，将会是一个非常高效的工匠，所以专业化分工下，雇员的成本较低，工作效率相对较高，给企业带来了较高的经济效益。

3. 管理的专业化分工

管理的专业化分工更高效。例如，从组织架构来看，当规模比较大的时候，企业可以将各个管理部门职能化。例如，在规模比较小的一家几十平方米的小火锅店中，最佳的组织方式是夫妻店，妻子负责前店，丈夫负责进货和后厨等。但随着规模的扩大，如在一个城市开了几十家火锅店，甚至实现了全国连锁，那么这时候再采用这样的组织方式就会使得效率低下，火锅店将不再适合综合化的管理，需要将管理专业化，分工更细致。这时候可能就需要设置采购部、人力资源部、发展规划部、生产部、质检部、资产管理部、后勤部等，这样管理起来发挥了每个管理者专业化的优势，使得组织运作起来更高效。采购部可以负责所有火锅店的原材料进货，这样不但实现了采购的专业化管理，实现进货高效，同时由于批量采购，使得采购的成本更低。人力资源部将整个公司的进人、用人、留人、育人等进行全方位的管理，更加专业化。

4. 议价能力

企业规模化生产之后，在采购原材料方面具有更大的优势。由于采购原材料的量比较大，采购方面就会具有较强的谈判能力。企业可以从供应商的竞争中获利，提高采购原材料的品质，并降低价格。例如，可口可乐公司的塑料瓶采购，即使公司将供应商的价格压得很低，由于购买量非常大，供应商也会继续给可口可乐提供保质保量的塑料瓶。同样，在销售方面，由于数量众多，可能在市场上形成一种卖方垄断，较大程度上控制产品的供给，卖方垄断具有较强的议价能力。

5. 分摊信息、风险、运输等交易成本

同样，这种规模经济也可以使得信息收集的成本降低。假设有两个专门研究药品企业的专家。两人都不断需要有关药品企业发展的背景信息。如果他们雇用一个年轻的经济学家进行文案研究，那么他们可以随时获得所需要的信息。假如这两个专家决定独立进行研究，但仍然希望节省研究开支，他们中的一人可能会停止药物研究进行文案研究，这样就丧失了比较优势，导致成本更高；或者会从他的竞争对手或同事那里购买他所需要的信息，这样每次需要信息都需要进行讨价还价，交易成本也会比较高；抑或他们分别雇用一个经济学家进行文案研究，那么此时他们的成本会比合并在一起进行研究发生的信息获得成本高得多。此外还有很多因素促使企业比个体经营成本低。例如，厂商自己生产部分中间产品，降低了讨价还价成本、质量风险成本、运输成本、信息收集成本等，最终会明显降低部分交易成本；某些特殊的专门化设备，必须在内部专门生产；厂商长期雇用专业人员比从市场上购买相应的产品或服务更有利。

从本质上来说，市场的失灵程度主要取决于三个要素，即资产专用性、不确定性/复杂性以及交易频率。例如，技术、大型机器设备、专有的人力资本等专有性越强，那么规模经济越明显，这些专有资本利用率也就越高。专业性服务的提供者，如管理咨询专家、会计、律师和医生，经常会形成合作关系。他们这样做是因为形成合作关系会带来很多好处，如会产生信息收集的规模经济及分担风险等。这些好处很难通过独立的职业者之间的市场交易来获得。然而，在一个较大的团体中，交流和决策变得相当复杂和耗时，也会造成逃避工作的问题。所以达到一定规模之后，会逐渐地出现规模不经济问题。

（三）内部规模不经济

随着企业的发展，企业会出现内部规模不经济的情况，这也会导致企业生产同质的商品，采用相同的原材料，生产出不同数量的商品，形成产品的生产成本不同，最终无法形成统一的出清价格。内部规模不经济的来源主要包括以下几个方面。

1. 协调费用较高

虽然专业化分工可以提高效率，但这种效率是有一定前提的。例如，生产的专业化分工是将生产过程细化为很多小的生产过程，且这些小的生产过程必须具有较高的协调性。例如，将生产车间按照铸模、铸件、抛光、涂漆等生产过程进行专业化分工，首先要保证铸模部门生产的模具可以适时地给抛光部门。抛光部门生产效率再高，如果铸件部门不能将铸件给抛光部门，它们只能闲着浪费时间。其他部门也是同样的道理，所以生产需要高效的协调。同样，在管理的专业化分工中也需要较高的协同。例如，发展规划部、计划部、采购部、生产部、销售部等部门之间需要有效的协调才能发挥出管理专业化分工的优势。但是往往随着规模的扩大，协调的难度也就越来越大，费用也会越来越高。当规模扩大到一定程度之后，规模经济的作用就会被这种内部不经济的因素抵消，甚至反超，造成规模不经济。

2. 管理费用增加

随着企业规模的扩大，由于管理者管理能力的局限，必须考虑增加管理幅度。例如，在企业规模小时只需要一个业主进行管理即可。但是当规模比较大的时候，为减少管理幅度，必须增加管理层次。随着企业规模越来越大，企业的管理层次会越来越多，那么处于管理位置的管理者人数也会呈级数迅速增加，最终导致管理费用大幅度上升。同时，由于管理层级较多，就会造成管理难度大，上传下达的时间延长，信息的扭曲越来越严重，最终导致信息传递慢、决策速度慢、错失市场机会等，这些无疑都增加了管理费用。

3. 企业获得决策的各种信息困难

随着规模的增加，为了做出正确的决策，需要收集的信息种类也会越来越多。例如，在做决策时，需要收集人力资源信息、财务信息、销售信息等。而这些信息收集困难，使用起来更加困难。尤其是当企业规模扩大到一定程度时，就和政府类似，对经济体系的所有信息都必须收集得足够多，才能做出相对完善的决策，但这是不可能的。规模越大，需要的信息也就越多，做出正确的决策也就越困难。这就造成了规模不经济。如果将企业规模缩小，反而会提高企业的经营效率。

（四）范围经济

1. 纵向范围经济

企业还可以将自己的生产线进行纵向延伸，扩大经营范围。例如，猪肉价格的波动较大，很多养猪农户将猪仔饲养为成猪时，价格很可能处于低谷，由于成猪吃得多，且不会继续长肉，继续饲养的成本非常高，这就造成了即使猪肉价格低也必须卖出去；一旦卖出去可能面临着猪肉价格上涨，而自己已经没有成猪了，小猪仔也还没有长成，这样就会导致很多农户处于亏损的状态。所以在资金比较充裕的情况下，很多农户会将自己的产业链条延长。例如，自己可以酿酒，将酒糟喂猪，而不再喂粮食，这样大大降低了养猪的成本；同时，养猪一个最大的问题是粪便处理，一般一头成猪一天产生的粪便大约为 2.5 千克，如果饲养一百头猪，粪便处理就成了大问题。所以，此时可以将产业链条继续延伸。例如，在当下的环保背景下，农户可以利用农业补贴、环境净化补贴等有利政策购买粪便运输车，将猪的粪便运送到自己成立的沼气生产厂，这样粪便不再是一种负担，而是可以创造价值的原料。此时农户可以将利用粪便生产的沼气作为商品出售；最后沼气池中的残渣可以作为有机肥料来出售。这样的一个产业链条可以使得上下游的生产成本大幅度降低，保护了企业避免受到局部价格波动的影响，整个过程如图 2-1 所示，其表达了纵向范围经济下的产业循环与成本节约等。

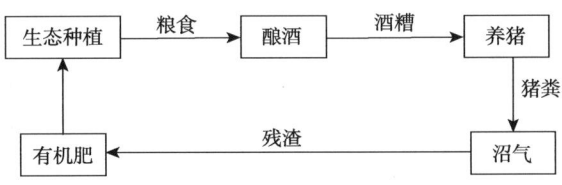

图 2-1　纵向范围经济下的产业循环

2. 横向范围经济

当企业生产多种产品，虽然每种产品经营规模都很小无法享有规模经济，但如果某一产品可以共享，也可以产生规模效应。例如，通用公司在生产小型电子马达方面享有规模经济。因为它可以将这些马达运用于各种电器上，如电风扇、吸尘器和各种其他的产品。再例如，一个企业集团可以成立或者并购一家建筑公司，利用集团的业务拓展基建项目，可以利用建筑公司进行建设，也可以利用建筑公司进行招投标等，这样就会大幅度降低成本，这种生产方式的生产成本低于一组单一产品的生产。这种范围经济的前提条件是与规模经济协同。

(五) 外部性问题

当企业的行为带来的私人收益小于社会收益，且该行为给其带来的私人成本大于私人收益，那么该厂商有可能不会发生相应的行为。在这种情况下存在着社会福利的改进。只要将企业这种行为带来的社会收益一部分通过税收、补贴等形式转移给企业，使其私人收益大于私人成本，那么企业就会发生相应的行为，最终使得社会福利改进。所以，在没有政府干预的情况下，外部经济会导致市场失灵，无法达到帕累托最优。

同样，市场中也会存在外部不经济情况。当企业的行为带来的私人成本小于社会成本，且该行为给其带来的私人收益大于私人成本而小于社会成本时，那么该厂商有可能会发生相应的行为。在这种情况下存在着社会福利损失。很明显这种情况也没有达到帕累托最优。如果促使企业放弃这种行为，那么整个社会的社会福利损失就会减少。

(六) 公共物品

对于公共物品，由于没有价格，没有使用成本，往往会造成过度使用，使得社会承担较高的维护成本等。这就是所谓的"公地的悲剧"。例如，假设有一大湖，内有鱼虾无数，每个钓鱼者的钓鱼边际成本为零，在"自利"假设下，钓鱼者自由进入，每个人竞相捕鱼，最终导致"鱼虾"被过度捕捉；一块公共草地，虽然每个人放羊不影响其他人放羊，然而一旦放羊数大于草地容纳的数量，结局只能是公共草地被滥用，最终导致大家都放不成羊。公共物品具有非排他性，导致供给太少甚至没有，即私人不愿意提供这种物品，但这种物品又是必需的，如国家安全、社会稳定等。公共物品影响到几乎所有的居民，而依靠市场机制无法解决，只有国家或者政府来解决公共物品的供给问题。

三、中央计划经济的效率优势

(一) 政府的公共管制

一个市场要有效运转，就要求生产者和消费者都是价格的接受者，而不是价格的操纵者。在实际中完全竞争很少，且竞争一般必然引起垄断。如果某些人和厂商是价格制定者，那么资源配置一般是低效率的。拥有市场势力的厂商可能通过减少供应的方式，将价格提高，这样用于生产的资源变得不充分。生产的帕累托最优遭到破坏，出现市场失灵问题，导致垄断。垄断形成的副作用表现在：①垄断厂商通过控制产量、提高价格来获取高额利润，使得交易价格大于平均成本，导致资源配置的无效率，还带来收入分配的不公平。②由于高额垄断利润的存在，减少竞争，缺乏尽可能降低成本的动力，最终会导致管理松懈、研发费用减少等。③垄断会导致寻租行为。如果垄断来自政府规则，企业可能会游说政府以寻租。

所以，为了提高市场效率，政府可以进行公共管制。例如，政府通常直接介入的公共管制领域为自然垄断领域。自然垄断领域具有自然垄断性，其往往具有规模经济特征和资本的专用性强特征，如自来水、电力供应，以及电信、邮政等。这些产品和服务由单个企业大规模生产经营比多个企业同时生产经营更有效率。规模经济通常是由大量固定成本驱动的，固定成本是企业必须承担的成本，但并不随产出水平而变化。固定成本必须有更多的产出才能够被分摊掉，使企业处于有利地位。由于大量的固定成本投入，会形成较高的风险，所以很多私营单位无法承担或不愿意承担，这就必须让政府介入或直接经营。这时国家会直接从事生产活动，或者把某些过去由私人从事的生产活动转归国家。通常这种政府管制的领域包括：①对国家利益重大的行业；②私人不愿意经营，或者无力经营的行业；③投入高、风险大的新兴行业等。

（二）税收、补贴等规制外部性问题

实际上，外部的经济性无处不在。在生产领域，生产者的经济行为产生了有利于他人的良好影响，但却不能从中取得报酬，如蜂蜜的生产者传播了花粉；上游居民种树，保护水土，下游居民的用水得到保障。在消费领域，消费者采取的行动对于他人产生了有利影响，如养花观赏的人给养蜂人和邻居带来了好处。在研发方面，如果一家制药公司认为其研究的一些药品会被竞争对手复制，那么它投资的动机就会降低，在这种情况下，市场经济可能对创新投资的激励不足。政府可以对私人企业进行补贴，增加其私人收益，或者减少私人成本，使其私人收益大于私人成本。

在生产领域，生产者的行为给他人造成了损害，但没有给他人予以补偿。例如，造纸厂的三废（废水、废气、废渣）；木工装修房子所产生的噪声；上游伐木造成洪水泛滥和水土流失，对下游的种植、灌溉、运输和工业产生不利影响；钢铁的买方和卖方不会因为它们造成的污染而被收取费用。在消费领域，消费者的行为给他人造成了损害，但没有给予补偿，如吸烟，或者三更半夜大声唱卡拉 OK。对于以上外部不经济性问题，政府也可以对私人企业征收税收，减少其私人收益，或者增加私人成本，使其私人成本大于私人收益，将征收的税收用于弥补受损的市场主体。

（三）政府提供公共物品

公共物品是一种不会由营利公司提供的商品，因为它们无法收取足够的费用来支付其成本。原因之一是，对于一些商品，消费是无法阻止的，如无线电的例子。拥有接收器的任何消费者都可以接收无线电波。而无线电台不可能向收听它们节目的收听者收费。如果它们主要从广告商那里获得收入，将无法获得持续性的运营，那么电台可能由国有资本来承担。此外，如基础设施等大型的公共物品，可以委托私人企业生产，也可以授予其经营权，对私营的公共物品给予经济资助或者参股，如科技、住宅、教育卫生、桥梁、水坝、公路、铁路等。

四、市场和组织的渗透

纯粹市场中的交易伴随着所有权的转移。在交易过程中，每个参与交易的个体都是按照自己的利益最大化和最大限度地发挥资源的效率为原则进行自由交换的，而且这种交易是参与交易的卖方和买方自由决定的。从根本上说，市场交易是以价格为最终的决策要件，且建立在双方自由交易的基础之上。所以，市场交易一般具有两个要素，即价格（price）和交易自由（freedom）。

然而在组织内部的交易一般是在行政指令下做出的，价格无法决定性地影响交易的发生，而且参与交易的双方是组织内部的成员，不会因对指令的不满而随意地退出组织。从根本上来说，企业内部的交易是以行政指令为决策要件的，其建立在遵守和服从的基础之上，不能自由地进入和退出组织。所以，纯粹组织内部的交易一般也同样具有两个要素，即行政指令（command）、遵守与服从（obey）。

市场和行政指令都各自有自身的优势和缺陷。如果组织内部全部采用行政指令，可能会由于协调成本、信息收集成本等较高导致决策无效。如果所有的交易全部采用市场方式进行调节，那么可能会由于市场失灵等问题导致交易成本过高等。所以，纯粹的市场和纯粹的组织只是实际经济体的两个极端经济行为。组织内部既需要行政指令的调节，也需要市场手段的调节；市场中既需要价格的调节，也需要行政干预。实际的经济体都是纯粹市场和纯粹组织的混合体。

所以经济组织中的决策包含三个类型，即价格决策、行政指令决策，以及二者的混合决策。经济组织中交易参与人也包含三种类型，自由人、服从人、自由与服从混合型人。这三种形式形成了不同的组织类型。这就涉及要么采用市场手段进行外部购买，要么进行内部制造，或者通过外部合作等方式来实现。外部购买是一种纯粹的依靠价格调节参与人行为的自由交易；内部制造主要是通过行政指令调整企业内部参与人的行为；外部合作表现为一种中间形态，既有价格的调节，也有行政指令，参与交易的人既有自由，也受到一定的约束。例如，汽车制造商可以和汽车零部件生产商进行合作，将自己的业务进行外包。如果价格合适，双方形成一种合作关系，而且这种合作呈现长期性，对双方都形成相对稳定的成本和业务；但是当价格不合适，过分违背市场，这种合作就会结束，双方会违背彼此的隐含合约。如表 2-1，根据决策原则和参与人属性，可以将日常的经济活动组织分为纯市场、纯组织及中间组织等。

表 2-1 市场与组织渗透的不同表现形态

决策原则	价格	行政指令	价格与行政指令混合
自由人	纯市场	中间组织	中间组织
服从人	中间组织	纯组织	中间组织
自由与服从混合型人	中间组织	中间组织	中间组织

资料来源：今井贤一等（2004）

从本质上来说，市场和组织间的选择取决于交易的三个关键维度：资产专用性、不确定性/复杂性以及交易频率。当交易需要由那些只能用于特定交易的资产来支持时，这种交易就可以称为资产专用性程度较高的交易。资产专用性、不确定性/复杂性和交易频率越高，通过市场进行交易的成本就越高。因此，资产专用性、不确定性/复杂性和交易频率高的交易倾向于在组织内而不是通过市场进行交易。

第二节 市场与行政指令逻辑下的组织设计

一、外部购买还是内部制造

随着规模的扩大，企业逐渐将信息获得成本高、流动成本高、交易障碍大的交易纳入企业内部生产。企业规模比较小时，由于内部管理协调的有效性，管理成本相对上升速度比较慢，而外部的交易费用由于企业规模的扩大在显著下降，这就促使企业规模不断扩大，从而产生规模经济。企业在达到一定规模之前，交易费用下降的速度要大于企业内部劳动关系协调规制的成本上升速度。但是随着企业规模的不断扩大，员工的监督成本显著上升、协调难度更大等导致企业内部的边际管理成本上升速度比较快，在外部交易费用下降速度较慢的情况下，就产生了企业的最佳边界。正如 Coase（1937）在他的《公司的本质》中提到的，经济活动可以通过市场和价格或组织和指挥的双重机制来协调。他提出的问题是什么决定了两者之间的界限，他给出的答案是："公司将趋向于扩大，直到在公司内组织额外交易的成本等于通过在公开市场上执行相同交易的交易成本。"

之所以实践中存在市场和企业，是因为彼此均各自具有其优势。市场的优势表现为：首先，市场经济是一种分散性的经济，在市场中的买方和卖方彼此之间存在着多种选择，提供中间产品的单个供应商面临着众多的厂商需求者，因而销售额比较稳定；其次，中间产品供应商之间的竞争，迫使供应商努力降低成本。

企业的优势：企业规模扩大，形成规模经济，并降低成本。此外还有很多因素促使企业成本比个体经营成本低。例如，厂商自己生产部分中间产品，降低了讨价还价成本、质量风险成本、运输成本、信息收集成本等，最终会明显降低部分交易成本；某些特殊的专门化设备，必须在内部专门生产；厂商长期雇用专业人员比从市场上购买相应的产品或服务更有利。

所以在组织生产过程中，首先，要考虑哪些产品应该纳入企业内部生产，哪些产品应该到市场上购买效率更高。这个答案很明显，在市场交易成本较高的情况下，产品可以纳入企业内部进行生产。其次，在纳入企业内部生产时，还需要关注哪些产品应该是批量生产，哪些产品应该是精细化生产。这就涉及规模制造和精细制造两个决策。

二、规模制造与精细制造

在内部制造中,如果处于生产技术成熟的行业,且需求比较旺盛,生产具有规模优势的情况下,可以采取规模制造。当大规模生产某种产品时,企业才有可能引进并充分利用先进的生产设备,避免资源的闲置,这样就可以分摊固定成本,降低单位产品的生产成本。如果小批量生产引进先进技术,会造成先进机器设备大部分时间处于闲置状态,固定成本分摊到单位生产产品上的成本比较高,最终导致产品的滞销。所以小批量生产的产品没有规模优势,在市场上与其他厂商无法进行价格竞争,只能通过提高产品的性能等来获得竞争优势,这就需要企业采用租赁而非购买设备这种方式来实现,并通过个性化的产品设计满足顾客的需求,达到避免资源浪费的目的。

产品的差异化同样也是生产厂商的一个优势。首先,顾客的需求是多样化的,标准化大规模生产的厂商无法满足客户的多样化需求。其次,产品差异化可以大大降低产品的同质性,形成个性化的产品,降低顾客对价格的敏感度,有利于提高产品的价格,获得更多的利润。最后,产品差异化可以充分调动员工的自主性,在工作过程中员工可以发挥自己的优势来改善产品,实现产品的创新,并不断地获得持续学习的动力。

在大规模生产过程中,由于企业会通过高度的专业化分工来提高工作效率,所以每项工作相对枯燥,员工对自己的工作节奏和工作内容的决策控制都比较小,缺乏工作自由;同时专业化降低了工作的难度,降低了员工的技术要求,使得员工没有价值感等。表 2-2 总结了不同制造战略的生产特点。

表 2-2 不同制造战略的生产特点

维度	规模制造	精细制造
资本设备	专用	灵活
规模	规模大	规模小
产品	标准化	个性化
技术	简单	多样化、创新
工作	控制	自主
学习	无学习	持续学习
不确定性	供应不确定	需求不确定
雇佣关系	低承诺	高承诺

所以,规模制造和精细制造都各自具有相应的优劣势,主要是根据产品的标准化程度以及顾客的需求多样化程度来确定采用哪一种生产方式。这些不同的生产方式也决定了企业内部的集权和分权程度。例如,规模化批量生产实行的是流程化管理,工作任务、工作标准等都已经规定得很明晰,员工自我决策范围很有限。而精细制造则具有较高的工作灵活性,是一种典型的分权式的管理。

三、战略合作

这里以企业与供应商合作为例。企业可以通过向供应商采购以充分发挥企业的比较优势,将最有效的资源运用到价值产出最大的业务上,将比较劣势的业务从其他外部最优秀的专业化资源的企业中购买,从而有效地降低成本,提高效率,发挥企业的核心竞争力,增强企业对环境的应变能力。在业务购买过程中,可以将生产、研发等外包给专业化的公司,如波音 747 飞机将四百五十多万个零部件大部分用于外包,只生产座舱和翼尖;杜邦公司将氟利昂替代产品的研发外包给二十多个外部机构;戴尔、科龙、春兰与苏宁合作,雅芳与邮政结盟;等等。这样的业务外包可以避免组织过度膨胀,集中人力资源降低成本,将投资致力于企业竞争力的提高,提升效益与客户满意度,做到不受限于既有的专业知识技能,使企业运作更灵活。

向供应商采购商品或服务也有自身的局限性。由于这种采购是基于双方的合同而建立起来的合作关系,市场价格的波动、市场机会等诸多因素都会激励双方撕毁合同,导致合同的执行具有较高的不确定性,这种不确定性不仅仅是合同的执行问题,还表现为业务执行的质量、时间等问题。也会造成企业对采购业务的控制力下降。例如,美国一家大众化廉价超级市场 K-mart 将物流完全外包,导致在与沃尔玛的竞争中丧失了对物流的控制权,结果一败涂地。

以上业务合作也会造成逆向选择问题,合作伙伴可能误传它们带到联盟中的资源或能力,开"空头支票"的公司往往不是合格的合作伙伴。所以,当企业评价潜在合作伙伴所做出的承诺的成本较高时,逆向选择容易发生。这其中也会出现道德风险(moral hazard)。合作伙伴可能拥有具有重大价值的优势资源和能力,却不与企业共享,如研发联盟一方承诺派出优秀的工程师,却派出未接受良好训练的工程师,并从对方企业学到很多东西。在合作过程中也可能会出现敲竹杠(hold up)的现象。例如,通过利用合作伙伴所进行的专用性资产投入而过分地压低价格来获益,因为一旦自己不再购买合作伙伴针对自己的专有资产投资而生产的产品,那么合作伙伴就没有了市场,专用资产就会大打折扣,所以,专用性资产投入很容易改变合作双方的交易地位等。

四、经济组织设计的逻辑

任何一个组织都具有市场和行政指令的属性。经济性组织和劳动者作为独立单元,是市场经济中最基本的要素。组织之间和劳动者之间以及组织与劳动者之间都可以采用市场逻辑来进行协调。但是组织内部如果完全按照行政指令,那么也会增加协调成本,使得市场交易费用较高,不利于企业的发展。市场和行政指令既有优势,也有劣势,所以,为了使得组织具有效率性,必须按照市场和政府质量相结合的方式来设计组织架构。

首先，一个组织必须提供与市场同样重要的功能。例如通过分权，让员工个人充分利用自身的信息进行分散性的决策，形成在价格调节作用下发挥市场个人自身的能动性一样的效果。

其次，组织结构设置中所要考虑的一个基本问题是采取集权还是采取分权。一般集权是采用总体性信息做出决策，分权是采用员工自身的信息、经验、技术等做出决策。所以，集权和分权主要和决策者所能够掌握的信息有关。

五、集权与分权的设置

（一）分散化决策

如果和决策相关的信息时效性比较短，需要快速地根据相应的信息做出决策，把握时机（否则信息就会失去价值），这就需要进行分散化的决策。

当和决策相关的信息比较复杂，具有较高的彼此联系性，很难掌握总体的决策信息时，就需要进行分散决策，正如每个消费者会在复杂的市场中根据自己所在的环境、条件、自身的偏好、经济约束等条件迅速做出最优的决策，而非集中所有信息采用行政指令为其做出决策。

并不是任何人都可以聪明智慧地使用所得到的信息，信息需要由有能力、专业性强、有技术的人使用，所以，这就要求企业采用专业化的管理，进行分散性的决策，而非集中决策。

对于预见性较弱，需凭借自己主观经验来进行判断的信息，更需要进行分散化的决策，以充分调动员工的工作积极性，发挥其自身的能力，这也有助于员工的培养。

（二）集中化决策

当市场失灵时，就需要采用集权来组织企业活动。例如，公司的不同部门可能共享共同资产，就有可能产生公共物品效应。不同部门可能在同一公司总部共享空间，或者共享一个共同的产品设计组。可以想象，资产可以通过某种激励机制与分散决策分享。在这种情况下，很多公司试图通过它们的会计系统来分配间接费用。然而，他们很难确定使用资产的成本有多少，或者产生资产的信贷有多少应该归属于某个单位。当共享资产是无形资产时，这种衡量问题就更糟了。在这种情况下，权力下放可能导致激励措施的扭曲和资产的无效使用。被少收费的部门使用太多的资产，而被多收费的部门使用得太少。此时就需要将创建、分配和维护共享资产的部分责任集中起来。

随着信息技术的发展，能够将员工的私人信息转化为企业的一般信息，那么就会加强企业的集权程度。例如，滴滴快车、美团外卖等，企业可以通过 GPS（global positioning system，全球定位系统）定位，以及订单管理，随时了解滴滴司机、外卖员的位置，乘客的位置和下订单的客户位置，以及双方的个人信息、彼此之间的评价，等等，这些信息会统一反馈到企业，企业根据距离最短原则、服务最优原则等统一派单，这样就减少了员工自己决策的权利，最终将司机和乘客、外卖员和顾客私人之间的信息转化为企业的一般信息，为集权的效率性提高奠定了基础。

此外，还有一些需要权变处理。例如，当较低层次员工很难与高层管理者进行沟通时，决策应该选择分散化；解决重要的协调和控制问题时，决策应该集中化；如果信息交流成本不高，就没有理由将决策集中化，如果信息交流成本高昂，公司将面临权衡。信息越有价值，权力下放越有可能是正确的答案。然而，协调的好处越大，集中化就越有可能是正确的答案。

六、企业内部的市场协调和行政协调机制

当市场交易成本比较高的时候，交易的商品将会纳入企业内部进行生产。例如，当生产西服的服装厂发现自己的面料供应商会降低给自己供应的面料的质量，从而降低其生产成本时，服装厂就会通过信息搜寻，找到诸多类似面料的供应商，评估从它们那里购货的风险等，这就会造成一定的交易成本；同样，和供应商签订订购协议后，服装厂也会面临着供应商的违约风险等，如果和供应商交易成本较高时，服装厂就不会再到市场上购买供应商的面料，而是自己生产。在自己生产的过程中，没有了信息收集、信息保障、违约风险等成本，从而使自己的经营更高效。如果生产面料的数量比较大，还可以形成规模效应，进一步降低成本。虽然这种纳入企业内部生产的方式可以规避一些交易成本，减少市场扭曲所造成的损害，但也会在企业内部增加一些协调和管理等成本。例如，随着企业规模扩大，专业化分工会使得企业的协调难度越来越大，最终使得企业内部的交易成本不断地增加。

（一）企业内部市场价格调节

企业内部如果全部采用行政协调，不但管理费用比较大，有时候根本无法解决企业内部行政指令所带来的问题。例如，在流水线专业化生产过程中，前一个生产环节虽然生产高效，但是否能够保障和后一个生产环节形成完美衔接呢？计划部能够制订出一个完美的适合生产部门生产的计划吗？生产部门生产的产品是否能够适应销售部门的订单呢？相互之间如何形成无缝衔接呢？造成的损失由哪些部门来承担呢？这些都是很难协调的问题。所以在这种情况下，需要进行分散式的管理。

1. 按照市场确定转移价格

这种方式主要是在企业内部引入市场手段，让市场来协调不同部门之间的关系。例如，前一个生产环节以一定的价格将其中间产品转移给下一个生产部门，这就使得每个部门以转移价格为调节手段，这样可以节省诸多协调费用。每个部门都会最大限度地减少原材料的浪费、降低次品率，并按照下一个部门规定的时间来交货等。那么这里也可以协调内部转移价格问题。如果前一个部门生产成本较高，出售给下一个部门的价格偏高的话，那么下一个部门就会根据市场价格在市场上进行搜寻，如果市场价格低于前一个部门的转移价格，下一个生产部门就会从市场上来购买中间产品。这样，转移价格和

市场价格把内部交易和外部交易结合起来,对各个部门的生产效率形成了一种压力,促使每个部门在做出决策时都讲求效益和成本问题,提高了企业的生产效率,降低了协调成本,形成了最优的内部转移价格。

但是根据市场来确定转移价格就可能会低估相应产品的营利能力以及对公司的价值。假设可以从外部市场上购买一种中间产品,价格为每单位 3 元,由于存在协同性,中间产品内部生产更有效。内部生产避免了契约成本和强制执行成本,假设 0.5 元的协同性,从而正确的转移价格为 2.5 元,因为对公司来说,2.5 元是生产的机会成本。但是如果市场价格是 3 元确定转移价格,那么与转移价格 2.5 元相比,销售部门就会减少购买数量,公司就不会实现价值的最大化。

2. 按照边际成本确定转移价格

在企业内部生产过程中,也不排除企业生产的中间产品没有外部市场,以及内部各个部门的协同性非常强,从而不能按照市场价格来精确地判断产品生产的机会成本。那么采用边际成本的概念来确定转移价格相对更有效。边际成本是生产最后一个单位的产品所放弃的资源价值。采用边际成本来确定部门间的原料、中间产品的供应量和价格可以提高效率。但是按照边际成本来确定转移价格也存在一定的问题。如果所有的产量都在内部转移,而且边际成本低于平均总成本,那么生产部门的固定成本就得不到补偿,也意味着生产部门会发生亏损。

为了避免生产部门的固定成本得不到补偿,一般在生产部门和销售部门的转移中设置一个固定的服务费用,即在所有的转移产品按照边际成本收费的同时,再对销售部门收取一个固定的服务费用,销售部门按照能够实现公司利润最大化来确定购买的数量。这与直接的边际成本定价不同,固定的服务费用包含在销售部门获得边际成本购买产品的权利之中。固定的服务费用的确定是依据能够补偿生产部门的固定成本再加上权益资本的收益而做出的。

边际成本的另一个问题是随着生产数量的变化,单位产品的边际成本可能也会发生变化。假设单位产品的边际成本随着产量的增加而增加,如随着加班时间的延长,员工要求的夜班加工工资也就越高。如果边际成本高于平均成本,所有的部门将支付更高的边际成本,那么所有部门的总成本就会高于公司发生的总成本,那些没有增加产量的部门的成本也会上升。在这种情况下,公司内部部门就会发生冲突,即如何确定边际成本,更高的边际成本应该由所有部门承担,还是仅由那些产量增加从而增加加夜班概率的部门来承担?

边际成本转移定价法会促使生产部门变相地提高边际成本。例如,生产部门可能将无论是属于固定成本还是属于变动成本的电费都归入变动成本,因为这种分类很主观。这样生产部门和销售部门就会因为费用计入的方式不同而产生冲突,因为这关乎转移价格的高低问题,所以这种争论和冲突也会造成资源的内耗。有时候生产部门可以将 1 元的固定成本转化为超过 1 元的边际成本。例如,以高价买入的部件代替内部生产的便宜部件,这显然会减少公司的价值,对于生产部门来说,用外部购入的部件可以减轻在产品转移过程中固定成本的负担,但是对于销售部门或者整个公司来说,这样的决策会增加额外的成本。

3. 全部成本确定转移价格

当下很多企业采用全部成本来确定转移价格。这种定价方式可以有效地规避按照边际成本定价所产生的问题，避免了人为地将固定成本归入变动成本而产生的纠纷。因为这种定价方式无论是变动成本还是固定成本都要归入生产成本。然而这种方法也有一定的局限性。如果按照全部生产成本来定价就会高估公司内部追加生产和转移一个单位的产品所发生的机会成本。因此，销售部门通常会从内部购买更多数量的产品。按照全部成本确定转移价格也会促使生产部门将所有的非有效的成本转移给销售部门。因此，在按照全部成本确定转移价格的情况下，生产部门将没有提高效率的激励。

虽然这种方法存在着无效成本的转移，但还是在实践中得到了普遍的应用，部分原因是当工厂的生产接近最大生产能力时，机会成本可能会有所上升，因为会产生排队和现有生产能力不足带来的成本。因此，生产的机会成本会高于直接原材料和人工费用，在这种情况下，按照全部成本来确定机会成本比仅仅按照原材料和劳动力成本更贴近于现实。

4. 依据谈判确定转移价格

也可以采用部门之间的谈判价格来确定转移价格，在谈判过程中生产部门不会将价格确定在机会成本之下，销售部门不会允许生产部门将价格确定在机会成本之上，因为销售部门会通过其他部门或市场进行产品购买。谈判价格最终会在机会成本附近达成，所以谈判价格可以促使各个部门达到价值的最大化。但是这种谈判价格的确定需要浪费大量的谈判时间，也会造成部门之间的矛盾。同时部门的绩效也会受到相关谈判部门关系的影响。

（二）企业内部行政指令调节

当企业内部的管理活动具备了市场失灵的特征，企业就需要像政府一样采用行政手段来干预企业活动。如前文提及的例子，当办公场所出现了共享资源，且这种共享资源使用没有成本，那么每个部门都会过度使用该共享资源，甚至出现部门霸占的情况，即使共享资源闲置也不让其他部门使用，无疑浪费了企业资源。所以，此时企业必须采用行政指令来有效地调节共享资源的使用。再比如现在企业管理的高效性和企业信息化建设有很大的关系。虽然信息很重要，但每个部门都不会自我搜集信息，或者根本没有能力做到相应信息的搜集。要么是搜集信息成本过高，要么会形成重复性的信息搜集等，由于信息是共享的，很多部门也不愿意搜集相应的信息。所以在这种情况下，企业就需要成立一个专门的信息中心，负责搜集信息，做好信息的维护工作，以给其他部门提供良好的信息服务。

总之，在企业内部，如果具备了市场特征，采用市场手段来协调效率相对较高，当不具备市场特征，甚至出现市场失灵特征的活动时，就需要采用行政指令来进行干预。

七、不同问题下的市场和行政指令调节

（一）同步性问题

例如，拔河比赛就是一个典型的同步性问题。拔河队员需要在同一时间使出自己的全身力气来拔河。解决这个同一时间问题的方法就是让一个声音洪亮的队员喊口号，通过口号让大家一起发力。这种口号作用就是典型的行政指令，属于集权性的决策。这种方式虽然可以解决同步性问题，但也具有自身的缺陷。如喊口号的节奏，如果节奏太快，那么有些队员会跟不上，或者很容易疲惫，导致拔河比赛后面没有爆发力。所以，在这个行政指令下最重要的是节奏问题。当然，拔河比赛中在行政指令下也可能会出现"搭便车"的道德风险问题，但在这种游戏中"搭便车"的道德风险可能性比较小，或者危害性并不大，所以相对于喊口号的节奏缺陷等同步性问题就显得不是那么重要了。

在同步计划中采用市场价格来进行调节，就会出现很大的问题，甚至根本解决不了同步性问题。如果引入市场价格体系来对所有的队员进行激励，就要每时每刻计算每个队员每增加一单位的努力值多少钱，在进行充分定价之后，每个队员再根据自己的偏好、身体状况等来选择自己的努力程度，最终通过价格调节达到拔河获胜的目的。这个过程在同步性问题解决中几乎是不可能的。每个个体在做出自己效用最大化决策时需要有一个充分的思考过程；价格的形成也是多个个体综合作用的结果；获得关于队员信息给予报价的成本比较高；等等。最重要的是一个时间问题，在上述最优的决策和价格形成后，拔河比赛也结束了。所以，同步性问题比较适合行政指令的调节。

（二）分配性问题

以资源的分配问题为例。假设企业中发放薪酬，那么有可能包括工资和福利。工资和福利的组合就是一个典型的分配问题。采用更多的工资和较少的福利组合进行薪酬分配，还是采用更多的福利和较少的工资组合来进行分配呢？如果采用行政指令，统一规定工资和福利的比例，这将意味着低效率。行政指令发号者需要收集成本信息和劳动者的偏好信息以确定较好的工资和福利的分配比例，即在保证激励效果的情况下，如何组合工资和福利才能够使人工成本更低？在保证成本支出一定的情况下，如何才能使激励效果最大？由于每个员工的偏好是不同的，所以最终通过行政指令无法让所有人满意。

如果引入市场价格调节机制，那么分配问题就会很好解决。例如，通过考察，由于福利免税、购买折扣等，1单位的工资可以替代更多单位的福利。在等成本的原则下，可以有无数种工资和福利的组合。劳动者可以根据自己的偏好来选择不同的工资与福利组合，最终达到效用最大化。如图2-2，纵轴代表工资，横轴代表福利，其中图2-2（1）反映了福利偏好型员工无差异曲线及其均衡选择，图2-2（2）反映了工资偏好型员工无差异曲线及其均衡选择。福利偏好型员工均衡选择的结果是较多的福利，较少的工资组合；工资偏好型员工均衡选择的结果是较多的工资，较少的福利组合。

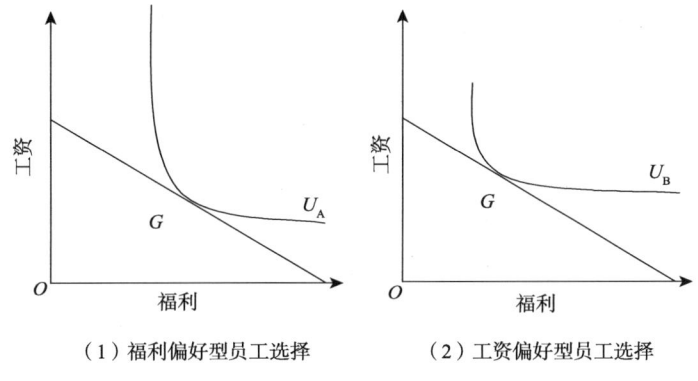

（1）福利偏好型员工选择　　（2）工资偏好型员工选择

图 2-2　不同偏好下的福利、工资组合行为选择

第三节　企业中的层级设计

层级结构的一个好处是可以给员工提供激励。在某些情况下，等级制度也可以代替激励机制，因为它们可以提供一种机制来直接监控员工。Lucas（1978）认为企业中的一些人被赋予了高超的管理技巧，这些技能可以被解释为监控、决策、激励或其他技能，这些技能对经理来说比其他员工更有价值。

为了更好地利用优秀的管理技巧，让公司变得更大更有效率，Rosen（1982）区分了在生产、战略等方面做出选择的管理任务（"管理"），并确保员工执行这些决策（"监督"）。然而，企业在监管方面存在规模经济的问题，因此最优的公司规模可以从管理和监督这两个因素中进行平衡。Rosen（1982）的模型可以解释一个行业中扭曲的公司规模和公司内部扭曲的薪酬。

Garicano（2000）的模型将层级结构作为一种匹配问题的方法，用以构建能够最有效地解决问题的组织。企业内部存在水平和垂直两种方式的沟通，当沟通成本比较高时，水平化的组织可以以更低的沟通成本来实现沟通；当沟通成本较低时，垂直沟通更容易解决问题，因为从低层次到高层次的职位安排是依据技能和能力大小依次进行的。每一个新问题都是从公司的底层开始，如果底层解决不了，那么该问题会通过上报的方式被提升到更高层次，直到该问题被解决。鉴于服务和"知识工作者"的重要性与日俱增，这种以知识为基础的层级结构变得更加重要。从总体上来看，公司的层级可以分为两种类型，即垂直式的组织结构和扁平式的组织结构。

一、垂直式的组织结构

在垂直式的组织结构中，管理幅度往往较小，管理层级较多，管理人员的数量也相对比较庞大。如图 2-3，该组织的管理幅度为 4，那么要管理好 4 096 个一线员工，必须采用 7 个层级，管理人员的数量多达 1 365 人。所以，垂直式的组织结构管理费用相对较高，在信息沟通中容易出现信息的扭曲，沟通成本相对较高，无法对外界环境的变化做出灵活的反应，很容易错失市场机会。

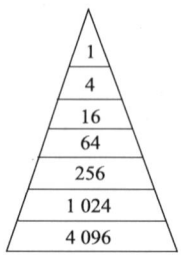

图 2-3 垂直式的组织结构

二、扁平式的组织结构

在扁平式的组织结构中，往往管理幅度较大，管理层级较少，管理人员的数量也相对比较少。如图 2-4，该组织的管理幅度为 8，那么要管理好 4 096 个一线员工，只需要采用 5 个层级，管理人员的数量不足 600 人。所以，扁平式的组织结构管理费用相对较低，由于层级少，在信息沟通中不容易出现扭曲，组织形式相对灵活，可以根据外界环境的变化随时做出反应。这种组织结构相对来讲是一种分权结构，更容易发挥和培养下属的能力，调动员工的工作积极性，让每个雇员根据自己的爱好、能力、环境做出最佳的行为决策。

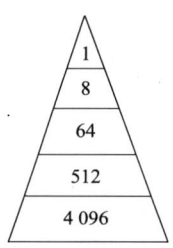

图 2-4 扁平式的组织结构

采用垂直式的组织结构还是扁平式的组织结构，主要受到以下因素的影响：①主管人员及其下属的素质和能力。管理者素质越高，管理能力越大，那么他的管理幅度也就越大，越有能力管理更多的下属，在这种情况下更容易发挥管理者的能力，实现人尽其用。管理者的下属越有能力，那么管理者可以充分授权下属管理更多、更重要的事情，在这种情况下，其管理幅度也倾向于增加，管理层级倾向于减少。②工作的内容和性质。管理者的精力有限，管理者管理的内容越复杂，其管理幅度越小。一般而言，管理层级越高，其管理的工作内容越是例外性的，决策也就越难，决策所需的信息量也就越大，所以管理幅度就会倾向于减少。③计划的完善程度。如果一个部门做的计划很完善，一般倾向于增加了管理者的管理容易度，会增加其管理的幅度，减少管理层级，更倾向于扁平化的组织结构。④授权。如果允许管理者授权，那么可以将不重要的烦琐的事情交给其下属来做，这样减轻了管理者的负担，从而增加了管理者的幅度，减少了管理层级。这种授权也是对下属的一种激励，增加了下属的工作认可度和责任感等。当然，采取何种组织结构还受工作环境的稳定性、沟通的便利性、管理的规范性以及与下属距离的远近等因素影响。

三、决策角度下的组织结构安排

在决策过程中，对于营利性项目和亏损性项目采取的决策结果不同，最终会形成四种不同的决策类型，如表 2-3 所示：一个营利性生产项目被接受，投入生产；一个营利性项目被拒绝，不投入生产；一个亏损性项目被接受，投入生产；一个亏损性项目被拒绝，不投入生产。好的决策是将营利性的项目决策投入生产或拒绝亏损性项目。坏的决策是拒绝营利性项目而接受亏损性项目。拒绝一个营利性项目为第一类错误，接受一个亏损性项目是第二类错误。比如决策实行新的生产线可以盈利，那么决策生产就是好的决策；决策不实行营利性的项目，那么就是消极的错误决策，即第一类错误；如果决策实行亏损性项目造成亏本，那么这种决策就是积极的错误决策，即第二类错误；如果决策不实行亏损性项目，那么这种决策就是好的决策。如果决策者接受每一个新的计划，他就一定会犯积极的错误决策，即第二类错误，越激进越可能犯该类错误；如果决策者拒绝每一个计划，他就一定会犯消极的错误决策，即第一类错误，越保守犯此错误的概率越高。组织设计采用扁平式还是垂直式取决于采纳劣质的计划相比于拒绝优质计划所付出的成本。

表 2-3 不同项目下的决策类型

项目	生产	不生产
生产线盈利	好的决策	消极的错误决策（第一类错误）
生产线亏本	积极的错误决策（第二类错误）	好的决策

在垂直式的组织结构中，每个层级都需要做出决策，而且只有当所有层级部门主管或者决策人都统一接受一个项目时，该项目才会被接受。因此，接受一个项目需要每个层级的决策人一致同意，这种情况下每个层级的决策者都有否决权。如图 2-5 所示，假设每个决策者对项目的评估都是独立的，且假设每个部门接受一个项目的概率是 p，那么在两个层级的组织结构中，该项目被接受的概率是 p^2。

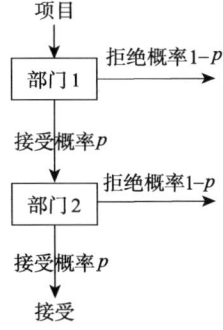

图 2-5 垂直式组织结构下的积极错误概率

如图 2-6，在扁平式的组织结构中，一般是所有部门都否定的时候才会拒绝一个项目，否则项目就会被接受。在一系列的否定决策中只要有一个肯定的评估就可以启动该项目。该项目被接受的概率是 $p(2-p)$。扁平式组织结构相比垂直式组织结构总能接受更多的项目。

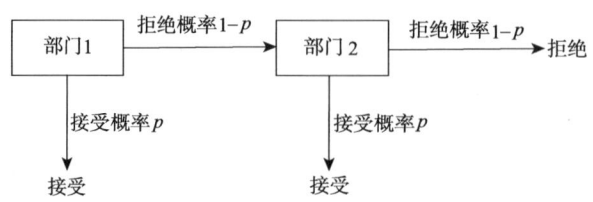

图 2-6　扁平式组织结构下的积极错误概率

所以，垂直式的组织结构更倾向于减少积极错误，增加消极错误；扁平式结构与之相反。在两种错误的平衡中，应该选择何种组织结构呢？收益有限，但是风险很大的企业能承受高水平的消极错误，所以该类型企业比较适宜采用垂直式的组织结构来竭力减少积极的错误决策。刚成立的新公司，需要长足的发展，不能错失市场机会，所以采用扁平化的组织结构可以减少监督，赋予每个员工更多的权力，竭力减少消极的错误决策。

此外，在环境条件相同的情况下，扁平式的组织结构更受欢迎，原因如下：①扁平式的组织结构实行权力下放，可以发挥每个员工的工作积极性。②经济中最有效的组织是面向市场的组织，扁平式的组织结构中的员工可以充分利用分散的信息做出最优的决策。③扁平式的组织结构更具适应性和创造性，因为它鼓励所有员工进行投资并充分发挥自己的想法。④扁平式的组织结构可以借助市场经济实现大量的协调。实现这一目标的方式是通过价格，价格是不同商品和服务价值的信号。分散的决策者使用这些信息来指导他们的决策，而不必知道商品和服务的其他可能用途的细节，或者他们的顾客可能是谁以及顾客会如何使用产品。⑤扁平式的组织结构可以利用市场，通过个人拥有的资产提供强有力的激励。个人可以拥有、购买和出售资产，所以他们有动机最大限度地利用这些资产。这也改善了信息和决策的匹配，因为有动力将信息运用到决策中，这也是分散经济形成创新和充满活力的重要原因。

按照市场的方式进行组织设计非常有用。虽然没有一家公司能够完全模仿市场结构，但其组织的基本目标应该是尽可能复制市场的运作方式。组织结构设计应该能实现几个关键目标：使用信息，特别是分散在整个公司及其客户或供应商中的特定信息；根据需要协调整个公司；提供适当的激励措施使公司价值最大化。

第四节　组织结构设计

对组织层级的设计以及组织中每个工作内容的设计，综合起来就形成了一定的组织结构框架，不同类型的组织框架和工作设计与层级设计密切相关。如果按照不同的工作任务来组合，很自然地就会构成直线型组织结构和职能型组织结构等。组织结构是描述组织的框架体系，是指一个组织内反映组织目标特征，表明平行和垂直的各构成部分或各个部分之间所确立的正式权责关系的网络形式，是一个组织的总体格局。根据组织内外部环境的不同和设计的工作不同，组成的组织结构的类型也不尽相同，一般来说，组织结构的形式有以下几种：直线型组织结构、职能型组织结构，以及以成果为中心的组织结构。

一、多任务型组织结构——直线型组织结构

直线型组织结构是最早使用，也是最为简单的一种组织结构类型。这种结构源于军队，因而又叫军队式组织结构。在这种结构中，命令传递是一条单一直线，任何地方都不存在交叉，上级对下级具有全部责任和权限，下级只接受单一上级领导。一般来说，规模比较小的企业采用这种直线型组织结构，直线型组织结构如图 2-7 所示。

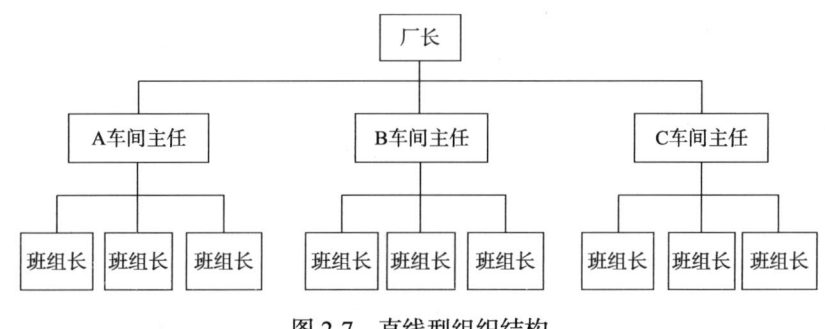

图 2-7　直线型组织结构

（一）多任务型组织的优势

1. 协调成本低

图 2-7 的直线型组织结构最大的特点是没有专业化管理的职能部门。这就意味着在 A 生产车间中，车间主任不但要负责生产任务的组织，还要负责本车间的人事安排、产品研发、原材料采购、产品销售以及财务核算等。所以每个车间主任都是一个多面手。因为将多种工作任务都安排给了车间主任，生产、销售、人事、财务等不需要在不同的岗位之间进行协调，大大降低了协调费用。

2. 决策效率高

每个车间主任由于各个方面都比较熟悉，做决策考虑的因素更为全面，大大降低了片面决策的缺陷。本车间几乎所有的重要决策都由车间主任做出，所以决策速度快，执行力较强，当决策出现问题时，也不会出现推诿的现象，权责分明。

3. 管理费用低

由于多任务安排给车间主任，这样就无须设置采购、人事、销售、财务等岗位，大

大降低了管理成本和费用。每个车间主任均为多面手，今后都有潜力成为高层管理人才的候选人。

（二）多任务型组织的劣势

1. 不利于比较优势的发挥

当车间主任被安排的任务种类特别多时，没有办法使得车间主任发挥其比较优势，导致其无论擅长与否，都必须把相应的精力分配到相应的任务上，这就使车间主任每天都要将时间分配到自己不擅长的任务上，如销售、财务、人事等，从而使得车间主任的效率低下。如果要使得车间主任发挥出相应的效率，车间主任必须在各个方面都具有鲜明的比较优势，这样才具有效率性可言。所以，直线型组织结构对管理人员的素质要求非常高。

2. 过度集权，不利于发挥员工自主性

这种方式使得车间主任在生产、销售、人事等各个方面都具有决策权，形成了过度的集权，进而导致下属的工作自主性较弱，不利于发挥下属的工作积极性。

二、单任务组织结构——职能型组织结构

一旦公司发展到一定规模，整个结构就必须分解成更易于管理的子单元，否则高层管理人员将不堪重负。这样做的一个合乎逻辑的方法是将在某种程度上相似的员工分组到同一个单位，常见的方法是根据相关的技能和任务将组织分成多个单位。公司越大，CEO 就越需要将组织分解成可管理的子单元，然后，每个部门内大多数重大决策的权力都下放给部门经理。一种分解组织的方法是划分职能，即职能型组织结构，这充分利用了专业化的经济优势。

职能型组织结构最早由美国人泰罗提出，并曾在米德维尔钢铁公司以职能工长制的形式加以试行。这种结构按职能划分部门。其特点是组织内部除直线主管外还相应地设立一些职能机构，分担某些管理业务。这些职能机构有权在自己的业务范围内，向下级单位下达命令和指示。如图 2-8 职能型组织结构所示，下级直线主管除了接受上级直线主管的领导外，还必须接受上级各职能机构的领导和指示。

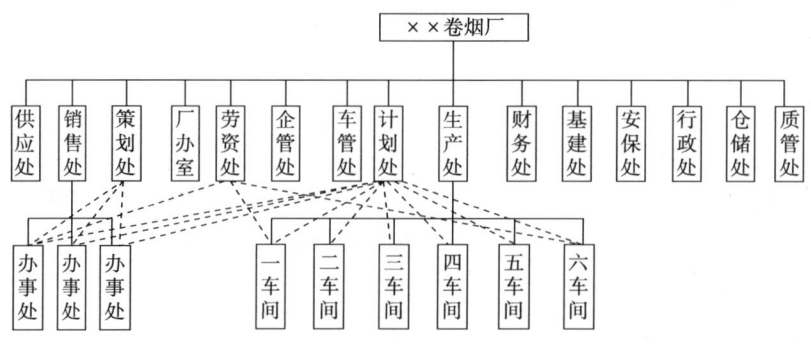

图 2-8 职能型组织结构

（一）单任务型组织的优势

1. 专业化优势互补

职能型组织结构中的工作是按照专业化来设置的，将每个岗位的任务简单化。这时候的车间主任不再负责策划、销售、人事、资产、计划、财务等，而是专门负责产品的生产。这样就会发挥每个生产车间主任的业务专长，将自己不擅长的任务交给擅长的专业人士，如将人事交给人事处主任，将销售交给销售处主任，将计划交给计划处主任等，这样可以实现员工优势互补。

2. 规模化优势明显

当企业发展到一定程度时，专业化管理可以使得每个部门都可以最大限度地降低成本。例如，计划处负责整个公司所有生产车间的计划，这样可以有效地提高计划的效率，用最专业的人士做出最专业的事情；设置采购处，可以通过批量采购降低采购成本，获得采购定价的最大折扣，也可以和采购商建立长期的合作关系，形成较高的采购品质，还可以通过和供应商形成稳定的合作关系，减少价格波动。

（二）单任务型组织的劣势

1. 协调成本高

一项任务的完成需要多个工作岗位的协同。例如，车间主任的生产，不仅需要计划处做出合适的计划，还需要劳资处给予相应的激励和人事安排，更需要销售处将生产出来的产品销售出去，此外还需要物资供应处、仓储处等的密切配合。所以生产任务的完成需要多项任务的协调，而且由于每个部门专业化较强形成"隧道视线"，使得协调成本非常高。由于生产这项任务和很多部门相关，大家都对生产任务具有决策权，都有承担责任的义务，一旦生产车间主任没有完成任务，那么追责是一件非常困难的事情，最终导致生产任务没有完成却无法追责的现象出现。

2. 管理费用高

单一任务的设置会导致企业内部出现较多的管理岗位，最终形成管理费用的大幅度上升。例如，在多任务的工作设置中，本来一个生产车间主任就可以完成的事情，额外设置了劳资处、计划处等，最终会大量增加管理费用。此外，对于高层管理人员来说是需要多面手的，在培养候选人时需要对员工进行大量的培训。而在多任务设置的组织结构中，由于每个管理者都是多面手，就节约了大量的培训成本和时间等。

总体来说，职能型组织结构模式的最大优点是专业化和规模化优势。但这种结构也有很大的缺陷，就是组织中的每一个人往往只了解自己的工作和任务，很难了解整体的任务并把自己的工作和它联系起来。当企业规模较小或外部环境变化不大时，这种结构模式能够适应环境的要求，有效地保证企业总体目标的实现，而当企业规模较大或外部环境复杂多变时，员工的不安全感就会上升，企业的适应性就随之下降。因此，这种结构模式的适用范围较小。

三、以成果为中心的组织结构

然而，简单的功能层级结构通常不足以满足大型组织的需求，因为功能单元可能太大而无法进行有效管理。这些都意味着跨职能部门的协调问题可能会变得更加严重。出于这些原因，大多数中型到大型公司也将它们的结构分成了某种形式的部门，如事业部型组织结构。事业部型组织结构，即 M 型结构（multidivisional structure），最早是由美国通用汽车公司总裁斯隆（Alfred Sloan）于 1924 年提出的，故有"斯隆模型"之称，也叫"联邦分权化"，这是一种在总公司之下，按产品或地区设立事业部，各事业部独立经营、核算、自负盈亏的组织结构形式。总公司负责组织方针的制订和控制，方针的具体执行和运用则由各事业部自行实施。事业部负有向总公司完成利润的责任，同时可以根据本事业部活动的需要设置职能部门和机构。

如图 2-9 所示，企业总部是典型的投资中心，每个事业部都是利润中心，事业部内部的各个职能部门是成本中心。投资中心负责整个公司的资产运作，负责重点业务的投资等。事业部作为利润中心，负责产品的具体经营。每个事业部门内部的各职能部门主要产生成本。企业总部具有重大问题的决策权，主要关系到企业的成长和发展，也会影响到企业的事业部的重要经营决策。所以它们的考核指标往往是资产的增值性，其考核指标的综合性最强，考核的维度也最多。事业部作为利润中心，主要负责的是业务的营利能力，重点不涉及公司资产的增值性问题。

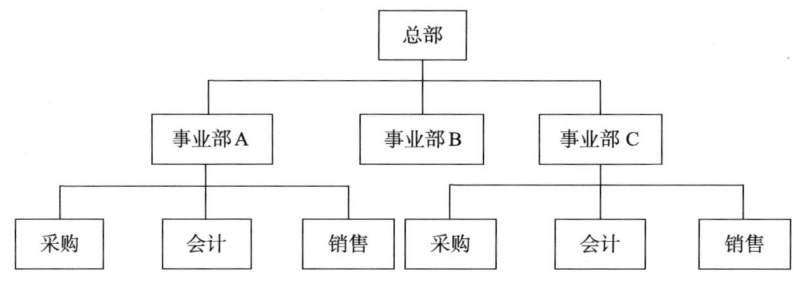

图 2-9　事业部型组织结构

从以上分析中可以看出，事业部型组织结构最大的特点是集中政策和分散经营。高层主要进行政策制定和业务投资。事业部主要负责具体的经营，这样就使得高层集中精力做最重要的事情。

高层可以集中精力考虑全局问题，但公司对各事业部的控制方面存在一定难度；对于事业部内部来说，事业部内部的供、产、销之间容易协调；但公司与事业部的职能机构重叠，造成管理人员浪费；同时对事业部经理来说综合素质要求高；事业部之间竞争可以提高效率，但是由于事业部间竞争激烈，可能发生内耗，协调也较困难。

按照生产流程来设计组织结构的方式形成了典型的模拟分权的组织结构等，它是一种介于直线职能制与事业部制之间的组织形式。它是针对企业规模过大，而产品品种或生产过程根本无法分解成几个独立的事业部门而采取的一种分权结构的组织形式。总体来说，以成果为中心设计的部门结构包括事业部制和模拟分权制等模式。在这种结构模式下，一个企业由若干个自治性或模拟的自治性单位所组成，每个单位须对自己的工作成绩和成果负责，并对整个企业做出贡献。事业部制一般在大型企业中采用，它使每个自治单位既能了解自己的任务，又能了解整个企业的任务；既具有高度的稳定性，又具有较强的适应性。当一个企业规模很大且产品种类复杂或者分布区域很广时，采用事业部型组织结构模式能够取得良好的效果，但需设置较多的分支机构，管理费用较高。模拟分权制结构中的各个部门和单位，由于企业生产技术上的联系紧密，不能完全拥有自治权，但它有自己的管理机构，并用内部规定的转移价格进行购买和出售，或进行利润和成本计算。当一个大型企业的不同组成部门在生产、技术、经营业务方面有紧密联系时，模拟分权结构模式比较适用，但其明确性不强，在实际工作中也不易真正做到以成果为中心。

案例分析：航班上的人事分配

美国航空公司在对每个航班上的职员进行分配时，允许每一位职员在每一个月递交一次愿意飞行的航班单子。如果出现扎堆的情况，主要依靠资历来对员工进行排序。管理层并没有权限对航班上的职员进行分配，很多人认为这样做是有效率的。对航空公司来说谁被指派到哪个航班是无关紧要的，但是这对于每个员工来说却是非常重要的。美国航空公司的航班分配应当被看作是防止雇员进行非生产性影响活动的一种方式。分配程序的刚性可能意味着管理层会少花时间应付那些为争取自己喜欢的航班而投入时间和精力的职员。花费在这些活动上的时间对企业而言是非生产性的。如此分配的不足之处在于，如果机组人员的要求没有得到满足，他们对顾客服务的积极性可能会减少。

资料来源：亨德里克斯（2007）

案例思考题

1. 使用本章理论解释美国航空公司分配职员的利弊。
2. 美国航空公司如何分配职员更为合理？

推荐阅读

Coase R H. 1937. The nature of the firm. Economica, 4（16）: 386-405.

Coase R H. 1990. The Firm, the Market, and the Law. Chicago: The University of Chicago Press.

Commons J R. 1934. Institutional Economics: Its Place in Political Economy. New York: Macmillan.

Kaufman B E. 1988. How Labor Markets Work: Refections on Theory and Practice Lexington: Lexington Books.

Kaufman B E. 2010a. The theoretical of industrial relations and its implications for labor economics and human resource management. Industrial & Labor Relations Review, 64（1）: 74-108.

Kaufman B E. 2010b. Institutional economics and the minimum wage: broadening the theoretical and policy debate. Industrial & Labor Relations Review, 63（3）: 427-453.

Kaufman B E. 2011. Economic analysis of labor markets and labor law: an institutional/industrial relations perspective. Working Paper.

第三章　基于工作设计的激励

本章内容及学习目标

本章主要介绍了工作专业化、工作扩大化、工作丰富化及团队工作设计等方法；从效率角度阐述了工作内容的安排方式，并解释了具有效率性的工作决策赋予、决策管理、决策控制等。本章需重点掌握工作设计的几种方法，以及工作内容的具体设计等。

引例：工作简单化和工作丰富化哪个更好？

一项研究考察了不同的工作设计模式和激励政策对一组钢铁生产线生产率的影响。研究人员收集了各种人力资源政策的数据，以及关于生产力和产品质量的详细数据。该研究项目一个特别好的地方是，所有被研究的公司都使用一种特定类型的制造过程，因此生产率差异不太可能是由于工作设计以外的因素造成的。这些公司可以分为两个极端。一个极端是有些公司采用了专业化程度高的工作设计方法，工人判断力低，技能低，但工作效率高。另一个极端是使用了工作丰富化的工作设计方法，这种方法将连贯的工作组合在一起，设计的口径相对宽泛。专业化的设计方法提高了工作效率，但由于工作枯燥、乏味等导致员工积极性不高。工作丰富化可以将连贯的工作组合在一起提高效率，使得员工更有成就感，降低协调成本，有助于员工的学习和培养等。那么这两种方法哪个更好呢？

资料来源：Ichniowski 等（1997）

大多数公司需要建立与组织规模相适应的组织架构，为完成某些任务设计具体工作。公司如何将任务划分为工作？对这个问题的实证分析很少，因为测量、分类和描述工人一天中所做的工作的难度很大。此外，任务组合在一起的方式往往是由明显的跨任务互补来驱动的。然而，有很多理论强调，激励措施、雇主对员工的学习意愿、公司的生产职能以及其他因素可能会影响工作设计。

Olsen 和 Torsvik（2000）的研究表明公司了解员工所从事的任务的困难，会促使公司给员工更多的自主权。Holmstrom 和 Milgrom（1991）注意到，公司可能要把类似的可测量的任务捆绑在一起，这样工人们就不会忽视那些难以衡量的任务。Itoh（1994）指出，当个人的任务结果无法衡量时，公司将把所有此类任务都捆绑在一份工作中。

工作设计中所要考虑的一个重要因素是将不同的工人分配到与他们技能相匹配的工作中。Rosen 在其研究中更多地关注了工人的异质性，它体现了基于公司需要完成的任务和工人在执行每一项任务时的比较优势。Gibbons 等（2005）认为工作设计是将工人分配给最具生产力的部门，下面主要围绕着工作设计的方法和工作内容的具体设计等介绍相关内容。

第一节　工作设计方法

工作设计是指为了有效实现组织目标采取满足工作者个人需要有关的工作内容、工作职能和工作关系的设计。

一、工作设计的专业化

科学管理思想解决的中心问题是提高劳动效率，即提高资本的回报率，劳动者也会因为生产效率的提高而使得工资收入上涨。为了提高劳动效率，泰勒的科学管理思想采用了标准化和专业化分工的思想，并借助激励手段来提高劳动生产效率。首先，标准化的工具、流程、工作时间、动作设计等，使得最有效的要素被提炼出来。其次，将劳动者进行专业化分工，利用例外原则确定高层和基层的分工思想；利用职能工长制，实行管理的专业化分工；利用计划与执行相分离的原则，将员工和管理者分开；借助差别计件工资制度来激励员工最大限度地提高劳动效率等。从经济角度考虑，这种方法是将工作任务进行单一化设计，减少对员工的工作技能要求。这种工作设计方法使工人工作自主性较低，几乎没有自主决策权，使得工作更为机械化、枯燥，忽视了人在工作中的地位，结果使得工人更加厌倦工作，导致怠工、旷工、离职甚至罢工等事件不断发生。这种方法也不利于员工进行学习，因为所有的工作方法和动作等都是在工作设计师的设计之下完成的，不需要员工自由发挥。同时，专业化设计使得工作之间的协调成本比较高，尤其是使每个任职者形成"隧道视线"，导致其不能从全局来考虑问题，也降低了部门的灵活性等。

但是专业化设计可以给员工带来较强的比较优势。在专业化的工作设计之下，每个员工都会利用自己比较优势的能力，最终达到能力的互补，以更高效地完成工作。在专业化工作设计之下，规模优势更为明显。例如，企业进行专业化管理，设置采购部、生产部、计划部等，这种专业化设计可以发挥每个员工的专业比较优势，同时规模越大，交易成本越低。例如，采购部对外采购，可以减少大量的采购成本，获得较大的折扣等。另外，这种专业化培训也可以提高培训的效率，降低重复性的培训成本，只是针对每个人最强的技术进行培训。所以，流水线式生产过程会导致劳动者的工资相对较低，效率较高，最终给企业带来较高的利润。

在具体的工作中，专业化工作也会损失一定的效率，尤其是将两项具有关联性的工作进行分工时。例如，在室内安装电视时，一个人负责打洞，另一个人负责在洞上安装支架，第三个人负责在支架上安装电视，这种分工会导致各人之间由于具有较强的互补性而丧失效率，第二个工人可能会由于前一个工人打洞太宽而无法把支架安装上去，第三个人会由于第二个人支架安装倾斜无法安装电视等。这三项工作由一个工人来做最好。这就是后面将要讲到的工作扩大化的设计方法。此外，工作专业化太强，就导致不同的工作之间要经常进行协调和沟通，从而增加协商的成本和效率损失。例如，管理中一般会将销售和售后进行分离，一旦客户出现售后诉求，就会导致售后要和销售部门沟通，了解当时具体的销售和允诺情况等。专业化分工也可能使得员工出现"隧道视线"，即在某一项工作上员工是最专业的，但是这项工作的具体做法还要服从于大局，从大局来看最有效的专业化工作不一定是整体最有效的，整体需要局部出现次优化选择，而这促使专业化工作人员从自己立场考虑而否定总体性的决定。虽然这种方法是一种用于事前控制的工作设计方法，但最终会形成的典型特征是集权化、低技能，工作的低灵活性和低积极性等。

二、工作设计的扩大化

单个任务会导致员工工作枯燥、乏味，不利于员工技能水平的提高，所以另一种工作设计方式是将多个任务组织在一起。多个任务组合对员工的技能要求相对较高，更有利于员工能力的培养。

（一）任务的互补性

在进行多任务设计时需要考虑任务的互补性。一个任务的执行有利于另一个任务的执行，或者一个任务完成时，另外一个任务就出现了。例如，维修工先进行诊断，然后再维修，一气呵成，比较省时省钱。当任务之间关联度较大时，协调成本会比较大，偏向于多任务型的工作设计。

当专业化程度较高时，一个工人负责铸模，一个工人负责抛光，一个工人负责涂漆，一个工人负责组装，那么工人之间的协调成本较高，有可能会由于衔接造成时间延迟，也有可能会造成库存增加等。如果一个工人懂得所有的工序，那么协调成本就会大大降低。当一个车间的主任只负责生产，人事由人力资源部门负责，销售由销售部门负责，原材料由采购部门负责，那么整个生产过程的协调成本大大增加，每个部门都需要向其他部门了解相应的生产、销售、采购情况等，以及进行充分的沟通、交流来对相应环节进行协调。为了减少协调成本，可以将所有的任务归入一个部门。

（二）任务的类似性

一般而言，一个工作岗位是一系列工作任务的组合，这些工作任务有些是可以衡量的，有些是无法衡量的。例如，会计工作的其中一项任务是记账，另一项任务是忠诚，不泄露机密信息等。第一项任务很容易衡量，但第二项任务却很难衡量。如果采用计件工作或者绩效工资，那么员工会保证完成可以测量的任务，对于那些不可测量的任务员工很少给予较多的精力完成，这样的后果就是员工仅仅重视那些可以测量的任务，进而拿到更高的绩效工资。人们一般会忽略不能很好测量的任务。最终计件工资或者绩效工资会排挤掉那些难以测量的任务。所以在进行工作内容设计时，尽量将可测量的任务、类似的任务归入同一工作岗位中，将不可测量的任务归到另一类工作岗位中，这样有利于有针对性地设计工资制度进行激励。

（三）工作扩大化的优点

当进行多种任务设计时，意味着员工必须具有多种技能。这种多技能的优点也有很多。例如，多技能可以使得员工之间具有较强的替代性，当岗位出现空缺时可以随时有员工进行替补，减少了空岗成本。此外，多技能需求的工作岗位有利于员工同不同岗位的员工进行沟通交流。最后，多技能的工作岗位设计可以减少员工由于过分专业化而导致的"隧道视线"，更有利于员工创新和变革。

三、工作设计的丰富化

在劳动力市场中，雇主购买的劳动是劳动者的劳动时间，而非劳动力本身。由于劳动者具有人身属性，劳动者携带自己的劳动进入企业内部进行劳动，那么在既定的劳动时间内，根据自己的劳动效率可以或多或少地为企业创造价值，劳动过程不仅受到主观因素的影响，也会受到客观因素的影响。工作设计可以通过改变工作内容和方式等来提高员工的工作积极性，创造出更好的绩效。例如，在不改变工作内容的情况下，增加工作内容的反馈流程可以提高员工的工作责任感以及自豪感。例如，在一架飞机组装过程中专门负责螺丝钉组装的工人，如果长期从事类似的工作，工作非常枯燥和乏味，他将觉得没有人生价值，会出现职业倦怠，对工作没有兴趣，更可能出现怠工等现象。所以，为了提高员工的工作热情，提高其工作的责任感，可以反馈其工作内容的重要性，可以通过告知如果这颗螺丝钉没有得到很好地组装，飞机飞行过程中会出现何种状况；也可以反馈由于其常年以来的工作，这颗螺丝钉的组装出现的事故率为零等。在专业化背景下，很多员工只看到自己的工作，无法看到很多人工作之后综合而成的成果，这就导致员工没有成就感。所以，很多时候通过工作内容设计，工作更具完整性，从而使得员工可以看到自己完整的工作成果。同样，也可以增加员工的工作自主性，减少对员工的监督等，这都会增加员工的工作积极性，使得员工在相同的时间内创造出更大的价值。

工作丰富化和工作扩大化主要用于持续改进的工作设计。最终形成的典型特征是分权化、多任务、高技能员工。

四、团队工作设计

当工作涉及关联度较高的多个任务时,采用多任务的工作设计方法来解决,但是当这个多任务的"多"达到一定量时,这样的方法就不再适用了,这时候应该采用团队,进行分工协作,这种协作在很大程度上是通过知识的共享而形成的。例如,Kate 和 Tor 两个员工具有一定相同的知识背景,但他们所具有的知识并非完全一致。假设两个人的知识范围如图 3-1 所示,左边的方框代表 Kate 的知识范围,右边的方框代表 Tor 的知识范围。椭圆形内表示两人的工作任务所需要的知识。当 Kate 任务 1 用到两人共有的知识比较多时,在这项任务的执行过程中,Kate 从 Tor 的参与中获得了额外的知识,Tor 也从协助 Kate 中获得了知识的补充。但由于该任务需要二者共同的知识相对较多,那么彼此学到的东西相对较少,这种情况下的任务使得知识在团队中的迁移相对较少。对于 Tor 任务 1 来说,其任务执行不需要 Kate 的知识,这种情况下 Kate 的知识背景对 Tor 是没有用处的,在任务执行过程中,团队的知识没有发生迁移,即没有出现知识的共享问题。同样 Tor 任务 2 的执行虽然需要 Kate 的知识,但是这部分知识 Tor 本身就具有,所以这种任务的执行也无法使得两人相互之间出现知识的迁移。对于 Tor 任务 3 来说,要想执行该任务,完全需要 Kate 的帮助,但是这种任务 Tor 是不能胜任的,因为他完全没有执行该项任务的知识。所以,这种情况下知识的迁移也比较弱。总之,在团队构建中,尽量使团队成员具有一定的共同知识,这是团队成员彼此合作的基础,在这个基础上,团队成员之间还需要具有不同的知识,进而发生知识的迁移和共享,产生团队效应。

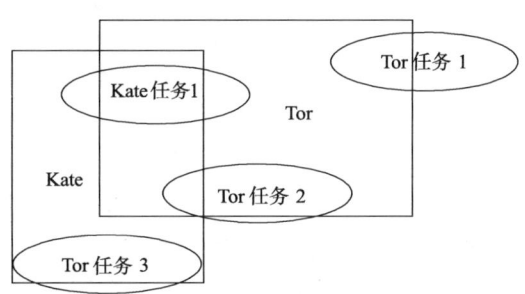

图 3-1 团队成员的任务与知识的交叠情况

资料来源:Lazear 和 Gibbs(2008)

所以,团队合作需要两个重要的条件:首先,团队成员的知识不要完全一致,各自都需要具有一定的特殊知识,这样才能促使知识在团队成员之间进行迁移。其次,每个团队成员所拥有的知识对其他成员来说是有用的,否则也不会产生团队中的知识迁移。如果团队中的知识迁移发生的程度较大,那么团队成员共同具有的知识交叠不能够太大,如果团队成员大部分的知识都是共同的,每个人只有很少一部分私人特殊知识,那么这种团队效果相对较差。最后,团队合作时,成员任务所需要的知识在包含共同知识的情况下,所需要的其他成员私人特殊知识越多,知识的迁移程度也就越大,这种团队合作效果也就越好。

第二节 工作内容设计

从工作设计方法中可以发现，工作内容往往包含工作的任务、技能、自主性以及与上述密切相关的决策权力等。所以，在设计具体工作内容时，必须考虑到上述因素的具体结合。在具体工作内容设计方面，重要的是需要考虑任务与决策之间的关系，以及技术组合与决策之间的关系。

一、任务与决策

在进行工作内容设计时，可以按照任务的相似性来安排。例如，所有办公室的任务合并在一起让一个人来做，那么这个人就是公司办公室秘书。秘书这个工作至少有两个维度，即具体的工作任务是什么，以及为了完成这些工作任务，他可以决定什么时候做并拥有如何做的决策权。

根据任务的多少与决策权的大小不同会形成诸多工作，大体来说这两个维度结合会产生四种不同的情形，如图 3-2 所示。点 1 代表任务少，自主决策权少。这种工作一般发生在标准化的流水线工作中，或者一些独立的个体标准化工作中。例如，日常生活中的打字员，工作任务单一，自主决策权较差，再如生产流水线中的组装工等。点 2 代表工作任务较多，但自主决策权较少。例如，公司办公室秘书等，工作任务具体有文件归档、打字、信件接收和发放、会议安排、会议记录等，但是秘书对这些事务什么时候去做，如何去完成等没有自主决策权，必须在规定的时间内完成。点 3 意味着更多的自主决策权，较少的工作任务。销售工作就是这类工作要素的组合，销售人员的工作任务就是把产品销售出去，至于如何销售，什么时候销售，销售给谁等，销售人员有自主决策权。点 4 是任务较多，自主决策权也较多。这类工作一般发生在扁平式的组织结构中，员工根据自身的能力承担多种工作任务，通过自身的判断来对工作进行决策，发挥个人的主观能动性。由于工作内容由不同要素组合，员工承担的责任也有所不同。例如，点 1 类工作任务单一、自主决策权较少，员工承担的风险较少，所以在对员工进行激励时，工资波动幅度不宜太大。对于任务多、自主决策权少的点 2 类工作，需要按照工作岗位和工作内容的繁重程度进行激励，更多地适宜采用岗位工资激励，员工不会因为自己的决策承担更多的风险。点 3 类工作尽管工作任务单一，但自主决策权较多，因为这是一项专业化较强的工作，需要员工进行大量的自我决策，所以其承担的风险也会比较高，需要采用波动性的工资方式来对其进行激励，如销售提成的方式。对于点 4 类工作，其工作任务繁重，自主决策权较多，与总经理等高层位置的工作非常类似，既需要较高的固定薪水保障其任务的完成，也需要较高的波动工资来保证其自主决策的正确性，所以这类工作一般都具有较高的固定薪水和变动薪水。

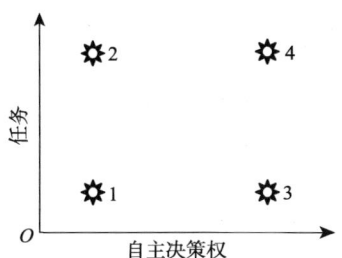

图 3-2　工作中任务和自主决策权的组合

二、技术组合与决策

一般而言，技术越多意味着员工掌握的与工作相关的信息也就越多，那么被赋予相应的决策权也就越多。技术的不同组合与决策权有很大的关系。例如，在各个方面都具有较强的技术，那么该工作岗位上的员工具有较强的话语权，如果在各个方面都不具有较强的技术，那么就需要被别人指挥，所拥有的自主决策权就会较少。这种方式也决定了不同的组织结构，即团队合作形式采用扁平式的组织结构还是垂直式的组织结构。

在许多公司，团队合作已经成为一种工作方式。为什么现在有这么多工作场所使用团队？团队需要耗费时间来组织和协调，团队明显缓慢的进度几乎是众所周知的，而且，管理者和团队成员总是担心"搭便车"的问题——懒惰的人会在一些团队成员的努力下"搭便车"。那么为什么公司要使用团队，团队应该如何管理，哪些类型的公司可能会从团队中获益最多？

公司使用团队的一个原因是团队比单独工作的员工更有生产力。例如，假设目标是开发一种新产品，如何组织员工来实现这一目标？在图 3-3 中，描述了两种不同的情况。假设生产一种产品需要设计和操作两种技能。空间中的一个点反映了每个人在这两种需要的技能中所拥有的知识的数量。

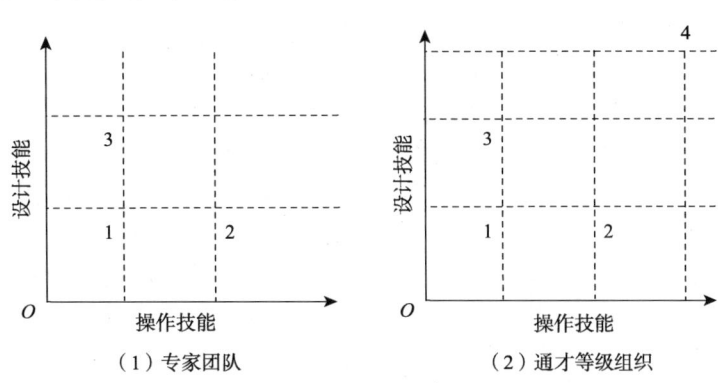

图 3-3　工作中的技能组合

在图 3-3（1）中，个人 2 在操作技能上很强大，但在设计技能上相对较弱。个人 3 在设计技能上很强大，但在操作技能上却很弱。如果个人 2 需要考虑提高设计技能，个人 3 是一个很好的被咨询对象。如果个人 3 需要考虑提高操作技能，那么个人 2 是一个很好的被咨询对象。如果技能像图 3-3（1）那样分布，那么团队交流似乎是最好的，因为每个人在这两种技能中都有绝对优势。有了团队，每个成员都能访问个人 2 的良好操作技能和个人 3 的良好设计技能，而不仅仅局限于他们自己的技能。还要注意，个人 1 没有任何专业领域，但可能足够便宜，使这个人值得雇用。

如图 3-3（2）所示，个人 4 在设计和操作上都有绝对优势。如果个人 2 有一个关于设计的问题，个人 4 是一个比其他人更好的资源。如果个人 3 对操作有疑问，作为被咨询对象个人 4 比个人 2 更好。这个设置更适合于层级结构的组织，个人 4 是所有人的主管。

公司什么时候选择团队和层级？像个人 4 这样的人在这两种技能上都拥有绝对优势，他们就会更加昂贵，因为他们数量很少，为此公司会选择团队。哪种类型的公司可能愿意为在图 3-3（1）中显示的专家付费？也许新技术更有可能与由专家组成的公司联系在一起，因为在新技术中，信息的快速发展使得任何一个人在任何事情上都很难拥有绝对优势。随着技术的成熟，非常有才华的人可能会随着时间的推移，以多种技能获取知识，从而使分层结构更加自然。新技术也确实与引进团队合作的公司有关（Bloom and van Reenen，2007）。

团队合作模式介绍了不同员工之间互补的重要性。当设计专家与操作专家合作时，他们生产的新产品比两个人单独生产的产品更好。换句话说，工人的投入会以乘法的方式进行交互，因此，每个工人的边际产品都是通过与另一个具有不同技能的工人相结合来改善的。

Lazear（1998b）认为创造团队协作价值的核心特征可能包括以下几个。第一个特征是"合作"，在图 3-3（1）中尤为明显：当个人拥有不同的技能或不同的知识时，团队互动的收益会更大。第二个特征是相关性，即团队成员的技能不应该仅仅是互补的，更应该是相关的。第三个特征是团队合作需要沟通，这可能涉及彼此的共同术语和知识。随着时间的推移，沟通成本可能会减少。

各种各样的证据表明，团队合作可以更有成效，原因在于上面描述的生产力的来源。在 Hamilton 等（2011）的支持下，团队中的工人互补模型得到了支持，该模型发现，服装工厂采用团队平均增加了 14% 的生产力，而更多的异质团队比同样能力的团队更有生产力。沟通在团队中也很重要。在一项对 700 名钢铁厂工人的研究中，团队合作工厂里的工人与所有同行和监工的沟通比在等级制度的工厂里要高得多（Ichniowski and Shaw，2004）。考虑到团队协作所需的交流增加，团队在沟通成本较低时效率更高。使用团队最多的公司是那些有复杂问题需要解决的公司。例如，在一项关于钢铁生产的研究中，Boning 等（2001）的研究表明，团队系统会产生最大的收益，而且更有可能被应用于制造复杂产品的组织。

第三节 工作决策设计

一、决策权赋予原则

在安排具体工作时,工作内容必然伴随着任务和权力的对应关系。有些职位任务比较多,但决策权较少,但有些职位任务虽然不多,但决策权相对较大。那么决策权应该赋予哪些岗位呢?例如,价格的决策权一般不会赋予人力资源部门,也不会赋予设计部门,更不会赋予后勤部门,价格决策权通常被赋予生产部门、销售部门等。那么权力赋予的原则是什么呢?首先要明确决策权的意图,其主要是通过选择最优的、最合理的或者最满意的方案来完成组织、部门、工作的目标。要做正确的决策,必须拥有与决策相关的足够的信息,所以,决策的赋予应该遵循信息原则,如果岗位或者部门拥有了或者容易获得与决策相关的重要信息,那么它们就具有与这些信息相关的决策权,这样的决策安排可以减少大量的成本,也可以提高决策的效率和正确性。在企业内部掌握价格的部门一般是生产部门、销售部门等,生产部门掌握着生产成本的大量信息,销售部门掌握着市场的价格信息等,所以两者结合起来可以更好地对价格做出理性的决策。这就意味着当工作岗位上的员工容易获得相关的信息,且具有能够利用这些信息做出正确决策的能力时,其应该被赋予相应的决策权。一般而言,人力资源部具有人事决策权,财务部具有预算决策权,销售部具有价格的决定权等。

二、决策权管理与决策控制

在实际管理过程中,决策包括四个不同的过程,即决策的构思、决策的审批、决策的执行和决策的监督。决策的构思主要是通过收集与决策方案相关的信息来选择一定的标准方案的过程,这里主要考虑如何充分利用现有的资源以创造出目标价值,以及为了创造目标价值采取何种行动等。决策的审批主要是对所选择的方案或者备选方案是否能够达成目标价值的再斟酌。决策的执行是对获得审批通过的方案的实施。决策的监督是对执行中的方案给予评估,以便给予及时的纠正或激励等。

决策的四个过程并非一定是在同一个工作岗位上发生的,彼此之间往往存在着分离现象。决策的构思和决策的执行往往赋予同一个工作岗位,决策的审批和决策的监督赋予同一个工作岗位。一般把决策的构思和决策的执行称为决策管理,把决策的审批和决策的监督称为决策控制。

如果决策管理和决策控制被授予同一个员工,只要所有权和管理权是分离的,那么决策的结果一般情况下会产生委托代理问题。例如,销售人员既具有定价的管理权,也具有定价的控制权,那么销售人员会将价格定得很低,将产品卖给自己的亲戚朋友;管理人员会不顾成本,将自己的办公室进行豪华装修;高层管理者也会做出短期化决策,虽然短期化决策不利于企业的长期发展，但它对任期内的管理者来说是有利的。这些决策会导致员工的利益与组织的利益形成冲突。为了避免这种现象的出现，在所有权和管理权分离的情况下，决策的管理权和决策的控制权必须分离。除非所有权和管理权没有分离，剩余的索取权归决策者所有，那么这时候决策者做出的决策是利己的，同时也是有利于组织的。

大型公司一般都设有董事会，其代表着股东，股东拥有剩余的索取权。总裁和管理层负责日常的运行，但是总裁的股份一般比较少，为了防止委托带来的问题，股东们将主要的决策控制权赋予公司的董事会。总裁和管理层做出的重大决策需要董事会的审批和监督，董事会拥有根据决策的效果对总裁和管理层提出奖励或者解雇的权力。

在实际操作过程中，决策的管理权和控制权可以被授予同一个层级的岗位或部门，也可以授予不同层级的岗位或部门。例如，前文提及的董事会的例子，董事会的层级要比管理层层级高，涉及上下级的授予。流程管理过程也会在同一层级存在。例如，生产部门的产品的合格率可以由质检部门监督，计划部门的决策可以由生产部门监督等。

案例分析：专业化分工

在亚当·斯密的《国富论》中，他指出针的制作过程，与每个人从头到尾负责全部工序相比，如果工人实行专业化分工，每个工人负责一个简单的步骤，那么产出的数量就会明显增加。根据亚当·斯密的描述，专业化造针厂工人的工作情况如下。

一个工人负责拉线，另一个工人负责取直，第三个工人负责切割，第四个工人负责针尖，第五个工人负责打磨针头。做好针头需要 2~3 个操作步骤。上光又是一道工序，甚至用纸包装也是一道专门的工序。

亚当·斯密指出，在一个 10 个工人的工厂中，经过专业化分工，工人每天可以生产出 48 000 根针，如果每个人各自独立制作，那么每天针的产量达不到 20 根。

资料来源：Smith（1937）

案例思考题

1. 工作专业化为什么会产生如此高的生产力？
2. 工作扩大化与工作专业化各自的优势是什么？

推荐阅读

Hackman J R, Oldham G R. 1976. Motivation through the design of work: test of a theory. Organizational Behavior & Human Performance, 16（2）: 250-279.

Ichniowski C, Shaw K, Prennushi G. 1997. The effects of human resource management practices on productivity: a study of steel finishing lines. The American Economic Review, 87（3）: 291-313.

Wruck K H, Jenson M C. 1999. Science, Specific Knowledge and Total Quality Management. Cambridge: Harvard University Press.

第四章　基于个人行为理论的授权式管理

本章内容及学习目标

本章从消费者选择行为理论出发，介绍等成本曲线和体现员工偏好的无差异曲线，以及通过二者结合，解释了在企业理念的引导下员工效用最大化的行为选择，以及员工偏好在企业理念和规则的引导下发生变化后行为的进一步改变。以此为基础，本章介绍了企业基于等成本曲线和无差异曲线的员工福利管理，以及雇主根据自己提供岗位的特征和员工的偏好而发生的自我选择。本章需重点掌握员工在企业理念和规则引导下的行为选择过程，并能够灵活运用于企业的实际管理中，以便对员工产生最大的激励，进而实现企业的利润最大化。

引例：如何让销售人员更加忠诚？

销售人员在销售产品时一般会阐述产品的优点，一旦遇到残次品，在销售提成的引诱下，他们可能会故意向顾客隐瞒真实情况，促成交易的达成。这种行为的结果就是虽然企业和销售人员获得了短期的利润，但是销售人员和公司会逐渐地失去顾客的忠诚。这种顾客忠诚度的丧失对于销售人员来说影响较小，他们可以辞职换一家用人单位，但公司可能会面临倒闭等。销售人员通过隐瞒、欺骗顾客获得的收益相对较高，付出的代价仅为良心的谴责，所以有理由相信销售人员经常会通过欺骗的手段来获得销售额的提高。那么怎样才能够解决销售人员欺骗顾客的问题，对顾客维持良好的忠诚度呢？

根据行为选择理论，首先，企业可以通过规则的设定来约束销售人员的行为。例如，将投诉率作为销售提升标准的一个参照，如果出现投诉率较高的情况，提成标准会大幅度下降。这种下降的幅度主要根据欺骗顾客给企业造成的损失来决定，保证将销售人员的欺骗给企业带来的损失转移给销售人员，最终达到员工欺骗程度选择不会影响到企业利润的目的。这样，销售人员会根据欺骗带给自己的收益和成本来进行行为的合理选择。其次，企业也可以通过提高欺骗的效率损失程度来改变员工的偏好。例如，加强员工对产品或品牌的投入，让员工经常保养公司的产品，久而久之就会增加员工的感情投入，增加其忠诚度。本章主要围绕销售人员的忠诚度培养，结合个人行为选择理论来说明企业授权式的自我管理。

第一节　个体行为理论

一、经济学的一般假设

（一）稀缺性——价格产生

在经济学中，资源的稀缺性假设至关重要，也是现实生活中资源的一种常态。如果资源没有稀缺性，人们可以随心所欲地获得和使用资源，那么现实交易中就没有了价格，也就没有办法有效地调节资源。只有资源具有了稀缺性，人们才不会轻易得到自己想要的资源，在这种情况下，要想获得资源，必须付出一定的代价，就需要对资源有所支付，于是产生了价格。同样的资源在不同人的手中可以发挥不同的价值，这就是资源的最优配置问题。例如，租房子，甲租房子来开店铺，一个月能赚3万元，那么他就有能力支付3万元的租金；如果乙租这个房子作为办公室，租住的房子可以给他带来5万元的净收益，那么他就有能力支付5万元的租金，依此类推。在信息对称、没有交易成本和理性人的情况下，这个房子会不断地在市场上进行交易，直到这个房子通过价格的作用转移给出价最高的买方。通过价格的调节，达到资源最优的配置之前，交易使得买卖双方都可以获得福利的增加。

现实中资源稀缺表现为绝对稀缺、相对稀缺和支付手段稀缺。例如，企业中的人、财、物等资源都是处于绝对稀缺状态，企业不可能随心所欲地获得自己想要的资源。即使相对富裕的资源，也可能处于相对稀缺的状态，这种稀缺是相对于人们的欲望来说的。人们的需求和欲望是无止境的，要想获得自己想要的资源，必须为此付出代价，这就是价格产生的原因。有了价格，就有了成本，购买的价格就成为卖出的成本，自己使用就构成了自己的机会成本。当然，很多人会认为资源稀缺性是与金钱联系在一起的，金钱是衡量价格的重要媒介。人们认为金钱这种支付手段具有一定的稀缺性，资源虽然很多，但支付资源的手段，即金钱是有限和稀缺的。如果没有金钱支付，再多的资源也不属于自己，也就没有办法利用相应的资源来创造更大的价值。

（二）信息对称——价格发挥作用

资源的稀缺性促使资源具有价格，但是价格在市场中发挥调节机制达到资源的最优配置，还必须保证信息具有对称性。在现实生活中，如果信息不对称，那么价格可能就会失去调节作用。例如，在购买商品时，每个人购买同样的商品支付的价格往往不同，这主要是因为人们的信息不对称，获得相应的信息需要一定的成本。例如，很多人在买菜的时候，会只在第一家或者第二家购买，但第一家和第二家并非价格最便宜，要想买到最便宜的蔬菜，必须要了解所有卖菜的商人的出价，但这需要时间成本，收集信息可能也需要金钱成本，这样使得价格低、品质好的卖家的商品可能卖不出去，因为人们没有发现存在着这个卖家。更严重的情况是人们搜集信息的成本很高，或者即使付出更高的成本，也无法获得相应的信息，信息不对称就形成了交易成本。交易成本越高，价格发挥调节作用的能力也就越弱。所以，信息对称是价格发挥作用的重要前提条件。

在信息不对称的情况下，收集信息成本较高，分散的个体利用分散的信息来进行决策，有时候是一种最优的决策，最终达到社会整体的福利最优。因为每个个体都知道自己的偏好、购买能力等，所以在价格的调节作用下，可以根据自己的信息来获得效用最大化。如果通过收集每个消费者的偏好、承受能力来为所有人购买商品，那么要达到整体效用最大化非常困难，支付的信息收集成本也非常高。

（三）理性人——价格发挥作用

理性人假设是市场主体在市场上进行交易时会尽力使自己获得的效用最大化或者利润最大化。如果没有了理性，那么价格发挥作用的空间会大大降低。同样，在市场上购买商品时，加入了非经济性因素，会扭曲价格的作用。所以，在市场上理性人假设至关重要。理性人主要来自现实的约束，即资源的稀缺性，每个消费者和生产者都是在一定约束下进行自我选择的。一旦决策者在市场上长期缺失理性，就会被那些非理性的决策者淘汰。

二、个体行为决策的工具

（一）无差异曲线

在市场经济下，消费者追求的是效用最大化，企业追求的是利润最大化。在市场上，每个消费者无差异曲线的形状取决于其自身的偏好，企业等利润曲线的形状取决于其生产技术水平等。在企业内部，每个员工在客观上也是一个消费者，他们通过劳动获得相应的报酬，进而增加自己的效用水平；企业通过购买劳动者的劳动付出生产产品，进而获得自己的利润。所以企业和员工在工作场所也构成了相互依存的两个内部市场。

员工会根据自己的偏好来获得企业给予自己的在工作过程中的支付，以达到效用的最大化。然而每个员工的偏好是不同的，收集每个员工的偏好对企业来讲成本非常高，甚至根本无法收集到真实的员工偏好。企业代替员工做出决策的方法是一种有损效用和福利的做法，也会打击员工的积极性。所以，在给予员工福利时，必须让员工自己根据其信息来做出最优的选择，在一定的框架下给予员工充足的选择权，这样才会促使员工效用最大化。这种情况是个体信息支持了最优的个体决策，进而达到整体决策的最优。

假设销售人员通过努力将公司的产品销售出去获得的收入为 Y，其销售商品时可能会存在着对客户的忠诚 H，如果对客户忠诚度高，销售人员就会获得一个效用水平的增加,同样,销售人员卖出的商品越多,获得的提成收入也就越多。用横轴表示销售人员对顾客的忠诚度,纵轴表示企业给予销售人员的回报,那么等效用曲线是一个一般性的凸向原点的无差异曲线。忠诚和收入对于员工来说都是正的商品,增加任何一个维度都会使得员工的效用水平增加,所以,二者存在着替代关系。假设员工A和员工B的无差异曲线如图4-1所示,那么通过无差异曲线的形状可以看出两个员工的价值观或者主观偏好。A更注重对顾客的忠诚,愿意通过大量的收入减少来换取忠诚的增加,减少欺诈带来的良心不安。相比而言,B更看重的是金钱收入,为了获得金钱的增加,可以增加较多的欺诈,减少大量的忠诚。无差异曲线的形状代表了不同员工对待收入和忠诚的态度。然而,企业不但需要销售人员把自己的商品推销出去,更在意销售人员对顾客的忠诚度,这样才能减少投诉率,获得长远发展。

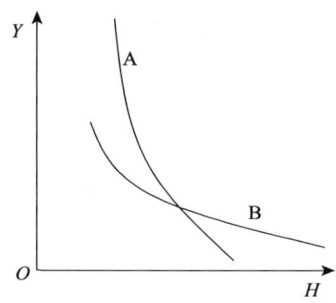

图4-1 不同员工对忠诚和收入的偏好

在同等政策之下,员工A和员工B最终行为的选择是不同的,A会更多地为客户考虑,即便是牺牲个人的收入;员工B会通过欺诈客户来获得更多的销售业绩,进而增加自己的收入,提高自己的效用水平。所以,在理性人假设基础上,员工A的行为是更多的忠诚,较少的销量;员工B的行为是较多的欺诈,较多的销量和收入。员工B的选择是不利于企业长远发展的,员工A的选择才更有利于企业的长远发展。

（二）预算约束线

在企业内部,员工的所有行为也不是无限自由的,就像市场经济中的行为个体一样。在市场经济中,消费者的效用需要获得现实能力的支持。在消费者选择理论中,如图4-2,假设消费者的收入是I,商品X_1的价格是P_1,商品X_2的价格是P_2,那么消费者能够自由选择的商品组合是位于CD线之下,即三角形CDO的面积。消费者获得的收入越多,其自由选择的空间也就越大,即三角形CDO的面积也越大。所以,在经济学中,每个消费者都具有一定的自由选择空间。资源越多,收入越丰厚,那么在消费市场中可以自由选择的空间也就越大。这种选择空间就构成了消费者现实约束。同时,斜率也反映了这两种商品的重要性,如果在同样收入的情况下,全部购买X_2的数量要远远大于X_1的数量,说明市场对X_2的估价较低,对X_1的估价较高。

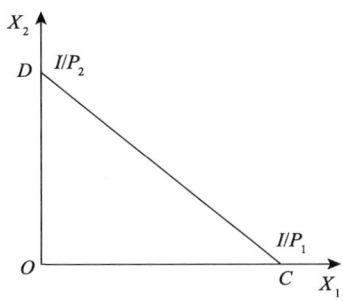

图 4-2 消费者预算约束线

同样,在企业内部,员工的效用水平受企业对其支付的约束。企业对其支付越高,企业成本也就越高,消费者的效应水平在同等条件下也会越高。然而,企业的目标是利润最大化,所以,它们给予员工的支付不可能是无限的。企业在成本不变的情况下是不在意成本组合问题的,所以,员工可以根据自身的偏好来做出最优的选择。仍然以收入和忠诚两个方面来表示企业对员工的报酬。这里的报酬指的是员工认为有价值的所有的东西。保证员工对顾客的忠诚,减少对顾客的欺诈,那么企业就会少卖产品,在不改变员工收入的情况下就会提高成本,降低利润。所以,对于企业来讲,等成本曲线意味着增加劳动者的收入,必须降低员工对顾客的忠诚,促使员工采用更多的欺诈手段来销售本公司的产品。所以,这是一个相悖的问题,二者在企业等成本的情况下此消彼长。

E 公司和 F 公司中的等成本曲线如图 4-3 所示,从等成本曲线的倾斜斜率可以看出,E 公司认为员工忠诚会大幅度减少公司产品的销量,从而降低利润,为了保持利润不变,公司支付给员工的工资就必须大幅度下降,所以 E 公司认为员工对顾客的忠诚不是很重要。F 公司中如果员工对顾客忠诚,公司的销量受到影响的程度较低,公司的利润也不会出现大幅度下滑,所以,公司给予员工的工资并不会因为员工对顾客忠诚而大幅度下降。

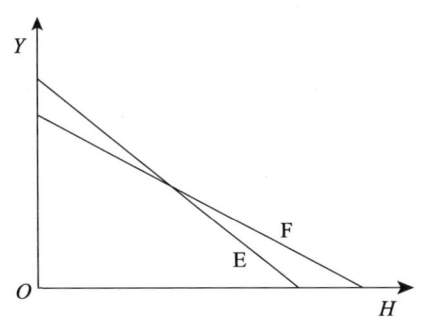

图 4-3 不同企业中忠诚与收入的等成本曲线

(三)员工的个人理性行为

如图 4-4,员工 A 会根据公司 A′ 的等成本曲线,按照自己的偏好来选择自己的行为组合。越是在忠诚的减少、增加欺诈会给公司带来利润的公司中,越会通过这种等成本曲线来调整员工的行为，最终导致员工通过欺诈来为公司获取利益，进而获得较高的个人收益。所以这种行为会导致员工选择更多的欺诈、更少的忠诚来获得收入，进而使得自己的效用最高。

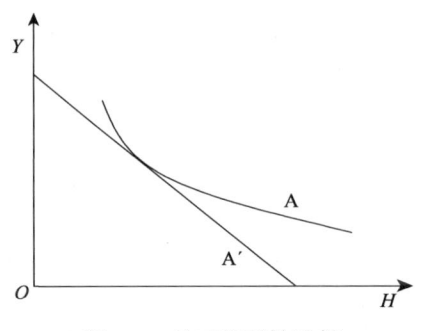

图 4-4　员工的理性选择

（四）对等成本曲线的纠正

在现实中，企业不但看重销售人员销售的数量，更看重销售人员获得业绩的手段。销售人员销售的数量仅仅是一种短期考核指标，客户的满意度缺失指标是衡量企业长远发展的长期指标。所以，企业在对员工进行激励时，不仅要考虑员工的销量，还要考虑员工的被投诉率。将长期指标和短期指标结合起来评价员工的绩效，才能获得企业可持续的绩效提升。

所以，企业的等成本曲线的斜率表达了企业对销售收入和客户满意度的价值评估。同样的一家公司，如果在绘制等成本曲线时更加平缓，如图 4-5 中 q′ 企业的等成本曲线，表明企业员工的忠诚不会给企业带来较大的损失；图 4-5 中的 s′ 企业的等成本曲线，表明员工对顾客的忠诚会给企业带来较大的损失，所以员工对顾客忠诚会给其带来工资水平的显著下降。最终 q′ 企业的员工会选择较多的忠诚、较少的工资以达到效用最大化；s′ 企业中的员工会选择较多的工资、较少的忠诚以达到效用最大化。

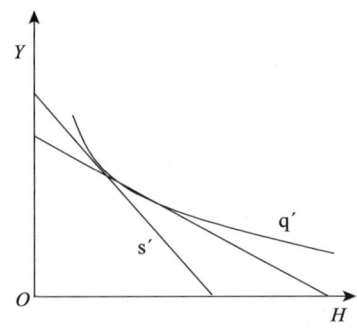

图 4-5　忠诚对企业不同重要程度下的员工行为选择

所以，等成本曲线的绘制代表了企业对忠诚与欺诈、收入之间的关系的态度，也代表了企业的重要导向。通过等成本曲线的绘制，让员工在等成本曲线下自我选择，就会出现不同的状况。当忠诚对企业损害比较大的时候,员工就会做出欺诈的选择,减少忠诚;如果企业认为员工对顾客的忠诚对企业利润程度影响很小,那么员工在相应的规制下就会选择更多的忠诚。图 4-5 说明员工的偏好没有改变,仅仅改变了等成本曲线的斜率,员工效用最大化的行为就会发生明显的改变。等成本曲线的改变在某种程度上也是企业给予员工对顾客忠诚的价值评价改变引起的。企业对收入和欺诈的态度不同,或者实际情况不同,同样的员工根据自身的效用最大化就会出现不同的选择,而且这种选择是向企业价值理念靠拢的。

企业是通过等成本曲线规则的制定来改变员工的行为的。如果企业比较看重员工对客户的忠诚,希望减少对客户的欺诈,那么员工的收入不但和其销售数量挂钩,而且还会与客户的满意度、投诉率等关联起来。员工通过欺诈手段来获得销售收入的增加,公司收到投诉后,会让员工的收入大打折扣,因为公司认为通过欺诈给公司创造的利润较少。这样,就形成了比较平缓的等成本曲线。如果企业认为欺诈手段对企业无关紧要,只要销售数量上去即可,那么公司就会制定出与销售数量挂钩的收入分配政策,长此以往,员工就会通过欺诈来获得销售收入的增长,因为欺诈不会给员工带来收入的折扣,员工会选择更多的欺诈来获得更多的收入。所以,从根本上来说,企业的价值理念是通过制度来落地的。

(五)对无差异曲线的纠正

如果企业非常重视忠诚,漠视欺诈手段,员工会根据自己的效用最大化做出更多的行为维护客户的满意度,减少自己的欺诈行为,这既符合公司的利益,也符合员工的利益。在一个尊重客户,把客户的满意度作为企业经营价值观的企业中,员工长期在这种规则理念的倡导下,也会逐渐地改变自己的理念和偏好,认同企业的文化。所以,企业可以通过改变规则来改变员工的行为和偏好。员工偏好的改变可以促使员工的行为和企业期望行为达到更大限度的一致。例如,尊重客户的价值理念的等成本曲线相对平缓,长期来讲,员工的偏好就会更加重视忠诚,其无差异曲线就会变得相对陡峭,即员工的无差异曲线就会由图 4-6 中的 U 形变为 U' 形。当员工的偏好最终发生变化后,员工选择更多的忠诚。

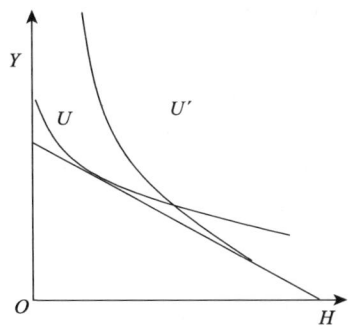

图 4-6 员工偏好改变下的行为选择

三、个体行为决策与企业文化

企业文化一般被认为包括三个层面，即最外层的物质文化、中间层次的制度文化及最中心层次的精神文化。为了企业的长远发展，企业会提出一个愿景和使命，这个愿景和使命代表了企业经营的价值观、经营伦理等。然而这种价值观要想让所有的员工接受需要一个长期的过程，这也是一个通过规则制度来内化的过程。所以，为了实现相应的精神文化，必须通过一定制度的构建来规制员工的行为。然而这种规制不是强迫性质的，而是在规则下具有一定的自由选择空间，这种空间的选择是借助于物质文化来加强的，如基于行为的回报等。所以，企业文化的构建过程可以从个体行为决策过程中提炼出来。

企业首先通过价值理念来制定规则，并通过规则约束员工的行为，让他们在一定的自由空间中做出选择，使其根据效用最大化来做出与企业要求相一致的行为。最终通过长期的行为选择和物质的回报等，将企业的价值理念内化，通过改变员工的偏好，最大限度地使员工的行为和企业的期望相一致。

第二节　基于个体行为理论的福利选择

雇主提供的福利是巨大且不断增长的就业成本的一部分，它是由买卖双方的决定和非货币的物物交换所驱动的。最广泛讨论的就业福利是健康保险，一些雇主甚至还提供牙科保健补贴、免费饮料、膳食补贴、免费儿童护理、公司产品折扣和在职按摩。鉴于非现金薪酬的广泛使用，必须证明，这些工作场所的福利创造了经济效益，如果员工自己做出所有的消费选择，就无法获得经济效益。当企业能够比员工更有效地购买商品和服务时，福利可以创造就业关系中的价值。也就是说，该公司为其雇员提供了一个买方俱乐部，其潜在的成本优势是由税收优惠政策所推动的。

一、企业薪酬中为什么包含福利？

企业的薪酬总额通常包含工资和福利两个项目。工资往往以货币为兑现形式，而福利通常的表现形式是物品或者服务。在经济学中，货币具有较强的流动性，人们也具有较强的流动性偏好。在企业支付成本相同的情况下，一般而言，货币具有较强的吸引力，而福利的吸引力相对较小，那么企业为什么还在薪酬支付时包含一部分福利呢？这需要从福利优势说起。

第一，福利是一种法定要求。例如，《中华人民共和国劳动合同法》《中华人民共和国劳动法》等规定，劳动者有休息休假的权利，且规定了相应的法定节假日，其中包括春节、清明节、端午节、劳动节、中秋节、元旦等，全民法定节假日共计11天[①]，这些节假日是带薪休假；《中华人民共和国劳动合同法》《中华人民共和国劳动法》等规定公司应按照员工工资一定比例来缴纳住房公积金等；规定公司有给劳动者缴纳社会保险的义务，包括养老保险、医疗保险、工伤保险、失业保险和计划生育保险。以上这些都是法定福利，企业必须予以承担。

第二，福利具有成本优势。首先，企业为员工购买福利，由于规模较大，可以获得较高的价格折扣，例如，购买商业保险、购物卡以及各种服务等。尤其是在购买保险方面，单个人买往往比群体买要贵，如果企业所有员工都购买某一种商业保险，那么就给商业保险企业分散了风险，自然保费就会下降。其次，企业提供的福利在与业务相关的情况下会大大降低成本。例如，企业如果经营餐饮，为员工提供餐饮福利，成本就会较低；企业如果经营服装，给员工提供服装，员工在获得福利时就会减去营销成本等，从而以最低的折扣拿到衣服，但对于企业经营成本并没有影响。再比如，企业提供某种服务，然而在提供服务的过程中可以分为高峰期和低谷期，在低谷期价格往往偏低，高峰期价格会偏高，那么这种服务作为员工的福利时，就可以在低谷期提供给员工，在不影响企业利润的情况下，自然就会降低员工接受服务的价格；尤其是当企业经营业务出现滞销时，以经营产品作为福利，就会减少员工获得产品的边际成本。

第三，福利具有税收优势。各国政府为了鼓励企业为员工提供福利，将企业的福利支出作为税前成本，抵扣企业所得税和员工的个人所得税。例如，企业给员工提供食物福利，员工不需要为此缴纳个人所得税，也不需要按照食物的价格折合成工资缴纳养老保险、失业保险、医疗保险等。企业也无须将福利计入工资中为员工缴纳社会保险，这就大大降低了企业的人工成本，也增加了员工的当期实际收入。

第四，福利也可以提高企业产出。例如，企业提供自己的产品作为福利，那么员工可以感受本公司产品的优点、缺陷等，以有效地改进产品的设计和提高员工在生产过程中的责任感等。同样，企业为员工提供福利，也可以提高劳动效率。例如，企业为员工提供各种家政服务，就可以把员工从繁杂的家务中解放出来，全身心地投入工作当中，延长工作时间；如果不允许加班，那么劳动者在享受家政服务的过程中可以享受闲暇，进而提高其在工作时间的劳动效率等。

第五，福利具有信号功能，降低甄选成本。例如，公司中一项重要的福利是培训。员工接受培训，不仅可以提高自己的劳动效率，而且也在一定程度上反映了员工的真实工作能力。愿意接受培训的员工往往学习能力较强，培训的成本相对较低，培训结束后获得的收益较高。能力较低的员工，他们一般不会接受这样的培训。在企业不了解员工能力的情况下，对员工提供培训，通过员工的接受程度可以在一定程度上甄选出优秀的员工。

基于以上原因，企业可以在保持成本一定的情况下，提供给员工相比工资价值更多的福利，从而提高员工的总体效应。所以，如果利用等成本曲线来表示的话，工资和福利之间的替代关系不再是如图4-7（1）所示的1∶1的关系，而是一个单位的工资减少可以换来更多的福利，如图4-7（2）所示。

---

① 注：2019年劳动节多放1天。

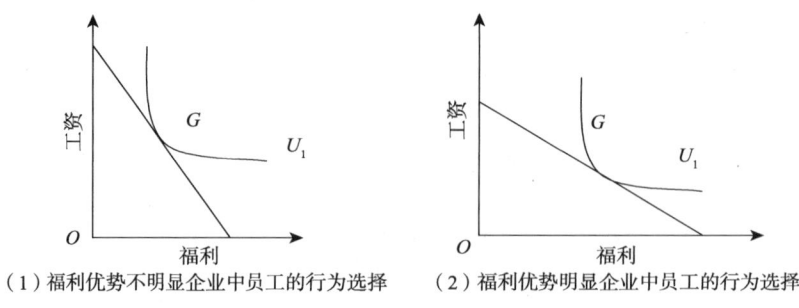

(1)福利优势不明显企业中员工的行为选择　　（2)福利优势明显企业中员工的行为选择

图 4-7　不同福利优势下企业员工的行为选择

图 4-7 表明，在员工偏好不变的情况下，福利的优势越大，一单位的工资可以替代的福利也就越多，在这种情况下，员工就会选择更多的福利，较小的工资组合。所以，从总体上说，企业提供福利优势越明显，企业薪酬总额中福利所占的比重也就越大。

二、劳动者对福利的偏好

在企业内部，劳动者对待福利的态度并非完全一致，大致可以分为工资偏好型和福利偏好型。对于工资较低的员工，福利抵税的效用对他们来说微乎其微，基于货币的流动性偏好，他们更加喜欢工资；对于工资较高的员工，福利抵税幅度较大，他们更加喜欢福利，以更好地抵扣个人所得税。年龄较大的员工会偏爱健康保险，因为年龄越大，健康对他们越重要，从保险中获得的价值越大；年轻员工由于身体健康，对健康保险的需求低，他们更加喜欢流动性较强的货币，以满足家庭的需求等，所以年龄较大的员工往往偏爱福利，年龄较小的员工偏爱工资。不同偏好的员工，最终选择的工资和福利组合也会存在较大的差别。

如图 4-8，在福利优势相同的情况下，不同偏好的员工最终选择的福利和工资的组合也不同。其中图 4-8（1）中 U_A 表示福利偏好型员工，最终选择的组合是较多的福利和较少的工资；图 4-8（2）中 U_B 表示工资偏好型员工，最终选择的组合是较高的工资和较少的福利。

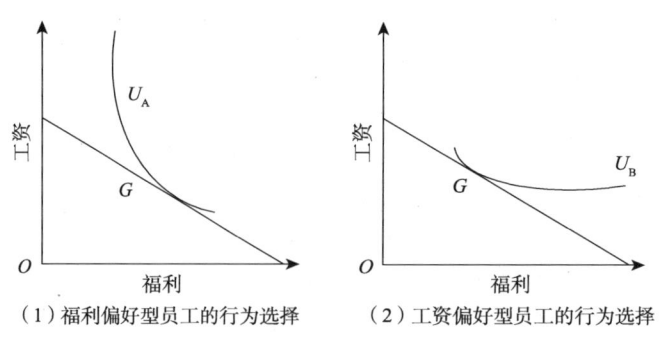

(1)福利偏好型员工的行为选择　　（2)工资偏好型员工的行为选择

图 4-8　不同偏好下员工的行为选择

三、公司提供福利的类型

如图4-9，纵轴表示工资，横轴表示福利，斜线 G 代表企业的等成本曲线，U_A、U_B 表示员工的偏好。公司提供福利的优势和员工对福利的偏好，最终决定了福利占薪酬总额的比重。如果提供福利对公司具有较大的优势，且企业员工多数属于福利偏好型的，那么企业提供福利的比重就会偏高，如图4-9（1）；否则偏低，如图4-9（2）。这种组合是公司和员工共同的均衡行为选择结果。

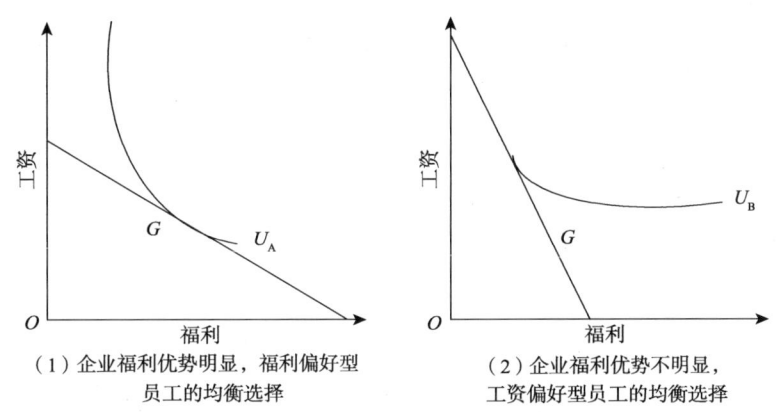

（1）企业福利优势明显，福利偏好型员工的均衡选择　　（2）企业福利优势不明显，工资偏好型员工的均衡选择

图4-9　不同福利优势企业与员工福利偏好下员工的行为选择

在实际操作过程中，不同公司员工的偏好不同，即使是在同一家公司，员工的偏好也存在着较大的差别。所以，为了在成本一定的情况下，让员工获得最大的激励和效用，需要给员工以充分的选择自由，让不同的员工根据自身的偏好来提高自己的效用水平。例如，年纪大的员工更在意健康福利，不在意儿童保育福利；年轻的员工更关心儿童保育福利而不是退休金福利。为此，需要制定一个在成本一定情况下的弹性福利选择计划，让员工根据自身的偏好来做出选择。

第三节　基于个体行为理论的雇员与雇主匹配

在享乐定价模式下，每种商品都有一系列不同于其他商品的属性特征，这些属性特征被捆绑在一起以商品的形式在特定市场上进行销售。被销售的商品特征为买卖双方所熟知。尽管商品的每个属性特征的市场价格没有办法分离和观察出来，但可以使用计量经济学中的计量技术对商品的各个特征价格进行估算。

在劳动力市场中，每个工作可以被描述为一组工作特征（如所需的教育水平、与工作相关的风险、工作压力等）。假设不同工作的工资差距是为了弥补非工资工作特征的差异，而工作特征中有一个不好的职业风险特征，我们下面来分析对于职业风险的补偿性市场定价。

一、无差异曲线

图 4-10 反映的是劳动者个体 A 关于职业伤害风险和工资水平之间的无差异曲线,该无差异曲线表明个体随着职业伤害风险的上升,必须获得工资水平的上升。无差异曲线上的点提供相同级别的效用。职业伤害是负商品,而工资是正商品,所以,个体 A 的无差异曲线是斜向上的。另外,无差异曲线使得边际替代率是递增的,劳动者在职业伤害风险较低时,心理上是可以承受职业伤害风险上升的,但需要工资上升对心理负担增加进行补偿;但是当职业伤害风险较高时,再增加职业伤害风险,劳动者对于职业伤害风险的承担能力越来越小,心理压力越来越大,给劳动者造成的效率损失值也就越大,所以,为了达到效用水平不变,必须用大量的工资水平的上升对其效用损失值进行弥补,所以,劳动者个体的无差异曲线如图 4-10 所示。

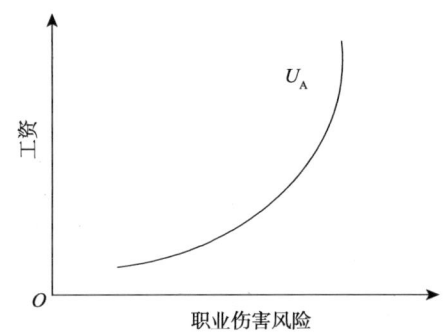

图 4-10　员工的工资、职业伤害风险的无差异曲线

当然,在劳动者工资水平不变的情况下,职业伤害风险越高,劳动者的效用水平值越低;在职业伤害风险相同的情况下,劳动者的工资水平越高,劳动者的效用水平越高。所以,纵轴值工资越远离原点的无差异曲线所代表的效用水平越高,如图 4-11,U_1 所代表的效用水平最高,U_3 所代表的效用水平最低。

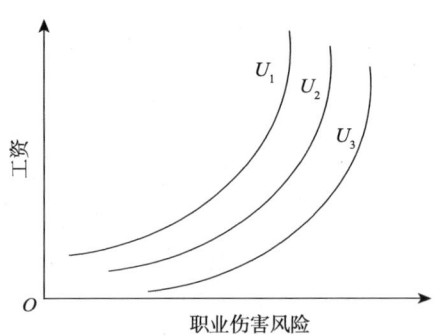

图 4-11　员工的工资、职业伤害风险无差异曲线的大小比较

无差异曲线的形状也反映了劳动者个体对于工资和职业伤害风险的偏好水平,虽然职业伤害风险是负商品,但是不同的劳动者对于职业伤害风险的讨厌程度是不同的。如

图 4-12，U_A 和 U_B 代表两个不同的劳动者个体对工资和职业伤害风险的偏好曲线。根据曲线的形状可知，A 的职业伤害风险上升之后在保持效用水平不变的情况下必须使工资水平大幅度上升，即职业伤害风险的上升必须用大量的工资水平的上升来补偿，所以，A 对于职业伤害风险的上升很敏感。另外，对于 B，随着职业伤害风险的上升，相对而言，工资水平上升的幅度不是很大，这说明职业伤害风险的上升并没有伴随大量的工资水平上升而得到补偿，所以，可以判断 B 对于职业伤害风险上升的讨厌程度并不是很严重。所以 A 是风险厌恶型的，B 相对而言是风险偏好型的。

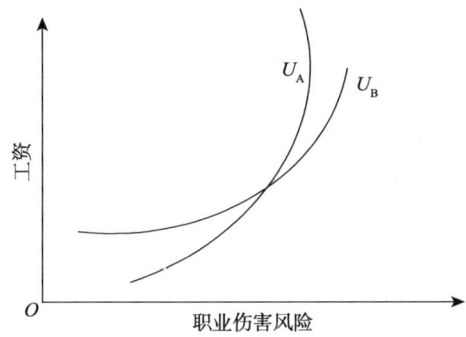

图 4-12　员工在工资、职业伤害风险不同偏好下的无差异曲线

二、等利润曲线

了解工资和风险之间的权衡后，需建立公司等利润曲线的概念。在模型中，企业的等利润曲线图形组合用工资率和职业伤害风险来表示，即工资率和职业伤害风险构成了企业的等利润曲线。等利润曲线向上倾斜，因为企业利润如果保持不变，减少职业伤害风险，就必须付出大量的工作环境的改善成本，相应地，就必须降低工资率，从而节省人工成本，这样才能保证企业的总体利润不变。图 4-13 为零利润公司 A 的等产量曲线。在职业伤害风险较低的情况下，继续降低职业伤害风险的困难比较大，所以降低职业伤害风险所需要的成本比较高，为了保持等利润，工资水平必须快速下降。所以，在职业伤害风险比较低的情况下，职业伤害风险对工资的边际替代率相对较大，随着职业伤害风险的逐渐提高，职业伤害风险对工资率的边际替代率逐渐减少。

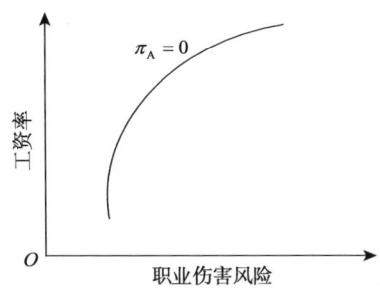

图 4-13　企业关于工资率、职业伤害风险的等利润曲线

图 4-14 包含一组三个等利润曲线，分别是零利润的等利润曲线、正利润的等利润曲线和负利润的等利润曲线。在保持企业工资率不变的情况下，职业伤害风险越高，说明企业改善工作环境的成本越低，企业的利润也就越高；同样，在职业伤害风险一样的情况下，企业的工资率越低，说明企业的利润越高。

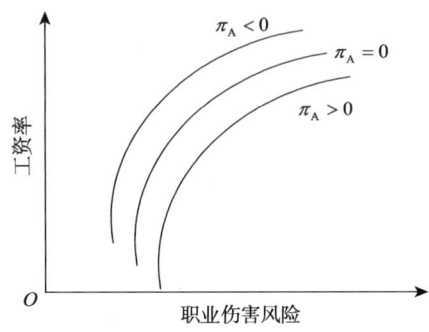

图 4-14　企业关于工资率、职业伤害风险的不同水平等利润曲线

同样，等利润曲线的形状也代表了企业对于职业伤害风险控制的难易程度。如果企业对于职业伤害风险控制难度较大，那么公司为了降低职业伤害风险，就必然付出大量的工作环境的改善成本或费用，为了实现利润水平不变，必然大幅度降低该岗位上的劳动者的工资水平。所以，对于职业伤害风险控制比较困难的企业，等利润曲线中职业伤害风险对工资的边际替代率普遍偏高。所以，图 4-15 中企业 A 是职业伤害风险控制比较困难的企业，企业 B 是职业伤害风险控制相对容易的企业。

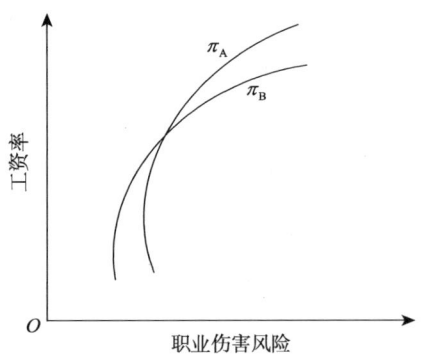

图 4-15　不同职业伤害风险控制难度下企业的等利润曲线

三、雇员雇主的匹配

在保持企业的某一个利润水平不受影响的情况下，雇员可以自由地选择自己的工资与职业伤害风险组合，那么他们最终选择的效用最大化的点位于雇员的无差异曲线与企业的等利润曲线的切点上。在保证企业的等利润水平 π 不受影响的前提下，如图 4-16，当雇员的无差异曲线与等利润曲线相交时，如 U_3，雇员的效用水平并没有达到最高，

他可以通过选择其他的工资与职业伤害风险的组合来提高效用水平；如果是 U_1，那么雇员在不影响企业的利润水平下根本无法实现最高效用水平，要实现 U_1 的效用水平，企业的等利润水平必然要下降。所以，在企业等利润水平 π 的情况下，能够达到的最高的效用水平是 U_2。

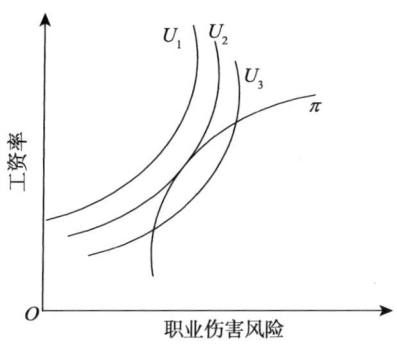

图 4-16　雇员雇主的匹配

对于职业伤害风险厌恶较重的员工，在企业的等利润曲线上，他们会选择较低的工资和较低的职业伤害风险；对于职业风险厌恶较轻的员工，在企业的等利润曲线上，他们会选择较高的工资和较高的职业伤害风险。如图 4-17，对于职业伤害风险比较厌恶的 A，最终选择的点为 a，即较低的工资率和较低的职业伤害风险，而 B 选择了较高的职业伤害风险和较高的工资率 b 点。

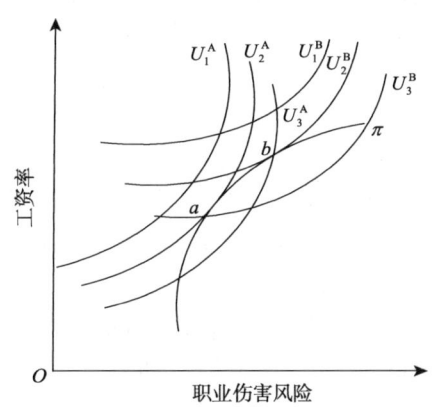

图 4-17　不同类型企业和不同类型员工之间的匹配

另外，不同类型的员工和不同类型的企业会存在着匹配关系，即风险厌恶程度较重的劳动者 A 会到职业伤害风险控制较为容易的企业 A 中进行工作，而风险厌恶程度较轻的劳动者 B 会到职业伤害风险控制难度较大的企业 B 中进行工作，这样不同的人和不同的雇主都可以达到自身效用的最大化，如图 4-18 所示。

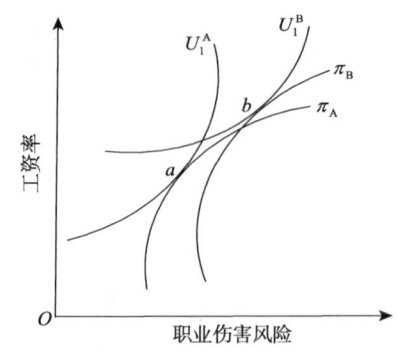

图 4-18 市场出清的享乐主义工资包络线

第四节 授权程度管理

一、授权增进福利

一般情况下,员工不会将自己的私人信息过多地透露给企业,因为一旦企业掌握了他们的信息就会做出有针对性的政策。例如,管理层知道了员工特别关心某种特殊福利,那么公司明白员工如此看重这项福利,以至于不会离开公司,就会以削减工资(或不提供后续加薪)等为条件给员工提供其所看重的福利。同样,员工也不会让企业过多地了解自己的潜在生产率,因为一旦企业发现员工的潜在生产率,就会不断地提高劳动标准,提高劳动者工作的繁重程度。但是员工提供这些私人信息给公司能使双方都获益,如公司能以比员工自己更低的价格购买并提供其所需的这项福利。

为了引导员工将自己真实的私人信息传递给企业,员工必须有一定的权利决定信息的使用方式,这样员工才会通过自己真实的私人信息来获得效用的最大化。例如,企业不需要通过询问的方式来获得员工对福利和工资的偏爱,以及偏爱的福利类型,这种询问方式会让员工认为表达出来的私人信息只会使自己陷入不利的境地。如果给予一定的空间,让员工自由地使用和表达自己的私人信息,在员工自由使用私人信息的过程中获得效用的增加,出于理性人的考虑,他们会根据自己的真实信息来做出行为活动的表达,显露出自己的真实信息,从而给公司和自己创造价值。

例如,企业不需要了解每个员工对福利和工资的偏爱,因为收集这样的信息成本比较高,也无法获得真实的信息等。企业只需要授予员工自由使用私人信息的权利即可,即企业提供一系列的工资和福利的组合,在保证企业成本不变的情况下,无论员工做出何种组合的选择,都不会影响到企业的成本,反而会使得员工在使用私人偏好信息的过程中获得效用的改进。所以,员工会真实地表达出自己的偏爱,同时也会增强对员工的激励,增强工资福利的激励效果。

二、授权与人力资本互为因果

通过前文的分析可以发现,授权可以让私人信息发挥作用,进而增进个人福利。所以,私人信息的多少在授权型的企业中显得尤为重要。拥有的私人信息越多,使用私人信息给自己带来的福利增进度也就越大。尤其是企业中人力资本含量较高的人,当其拥有了一定的自主决策权,可以通过一定的方式将自己的人力资本发挥到极致,最终不仅给企业带来福利的增加,更会给自己带来福利的增进。当没有决策权时,员工只能被动地接受行政指令,自己的人力资本无法发挥作用,也不会给自己带来回报,这就埋没了员工的人力资本。所以,员工的人力资本含量越高,越需要权利来自由支配其人力资本以发挥更大的价值。拥有特殊人力资本的员工更可能坚持要求授予权利。在员工愿意进行一项特殊人力资本投资之前,员工更希望得到公司的保证,以避免管理层强迫他们离开公司。

此外,员工拥有的人力资本越多,与管理层沟通越困难。例如,一个专业化程度极高的博士学位任职者在与上级管理者进行沟通时,管理层很难说服其自愿服从决策,因为专业性极强的员工拥有领域内的信息非常多,他可以通过各种信息来对当下的决策进行反驳,造成沟通成本极高。在这种沟通成本极高的情况下,需要将自主决策权下放给员工,以节约管理成本。此外,员工在授权激励下,也可以改进同事的生产率,实现公司中人力资本的共享。

三、授权增强了员工的剩余索取权

正如前文分析,人力资本含量越高的员工越要求授权,同时他们也具有了对剩余的索取权。正如企业主一样,他们用流动性比较强的现金投资了机器、厂房、设备等,这些都具有重要的资产专用属性,如果他们经营不好,这些资产很大程度上没有办法正常变现,会有一个大量的资产缩水和折扣。同样的道理,企业很在意自己的人力经营,会用各种手段来约束员工。

当劳动者在企业中工作年限比较长,进行的人力资本投资比较多时,往往也具有了资产的专用属性,一旦企业倒闭,他们也无法到其他单位获得比较好的工作。所以他们像企业主一样关心企业的运行,也要求对公司的管理和运营有话语权,要求享有对专有资产带来的剩余进行索取的权利。在这种情况下,一旦企业离不开某种特殊的人力资本,导致其他特殊的专用性资本对该人力资本依赖程度过高,最终该人力资本对剩余的索取权就会增强。同样,拥有特殊人力资本的员工也会更在意对企业的管理和运营,因为企业的运营结果关系到该特殊人力资本专用性资产的收益。

四、企业最佳授权程度的安排

员工自主决策权的提高,意味着员工的行为选择会增多,从而提高了员工的创造性和生产力。那么员工的行为什么会增多,这种增多是否有成本?这还可以根据个人行为选择理论来理解。如图 4-19(1),等成本线及以下都是员工可以自由选择的决策空间,与图 4-19(2)相比,企业的成本较低,员工可自由选择的活动空间较小,在这种较小的选择空间中员工 A 获得的最大效用水平也偏低,即图 4-19(1)中员工 A 获得最大效用水平低于图 4-19(2)中员工 B 的效用水平。这说明企业给予员工自主决策的空间越大,企业所需的成本越高,但是这种成本在一定程度上提高了员工的效用水平。随着员工自主决策权的增加,员工从企业的价值增值中获得的比例也越来越大,企业的剩余索取比例相对减少。

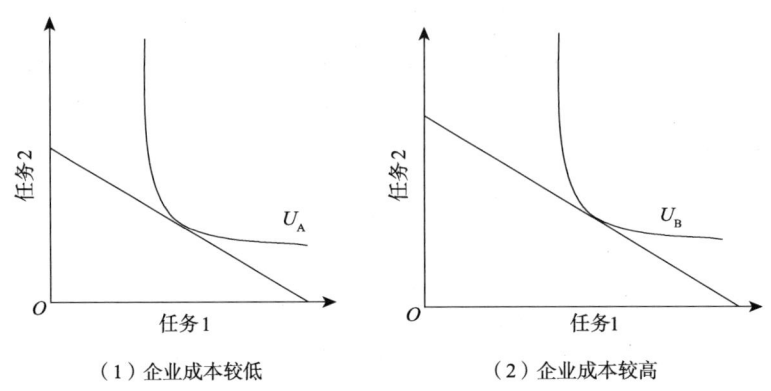

图 4-19 不同自主选择条件下的企业成本与员工效用

在图 4-20(1)中,$S(X)$ 为公司的利润份额和员工的授权程度函数。员工的权利为 0 时,公司的份额为 1,意味着公司获得全部的价值增值。这种极端永远不会达到,公司获得 100% 的增加值,工人得不到报酬,这种情况下没有员工愿意工作。另一个极端,员工拥有极大的权利,以至于公司的份额为 0。这家公司没有保留任何利润,甚至正常的资本投入回报也被员工获取。这种情况也不可能实现,任何投资者都不会把钱投资给回报率为 0 的公司。所以即使员工因为拥有技能而拥有很大的权利,也必须和资本共同分配剩余。总的观点是,员工权利和公司对剩余分享的比例是相反的。员工拥有的权利越多,公司的剩余索取比例越少。

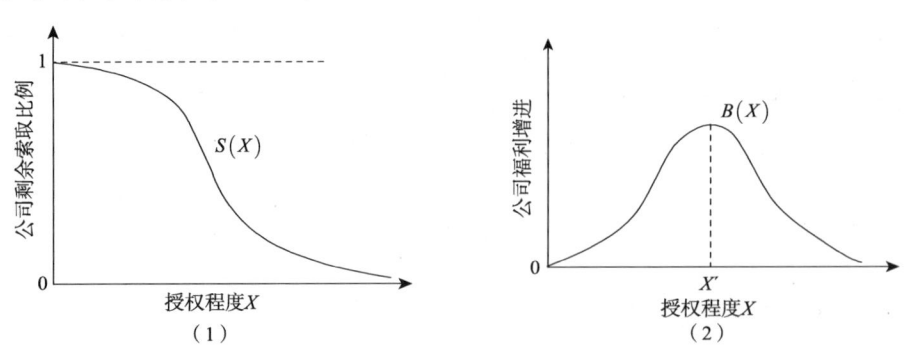

图 4-20 授权程度与福利增进

资料来源:Lazear 和 Gibbs(2008)

图 4-20（2）显示了福利增进和员工权利的关系。在员工没有权利的时候，公司和员工不能互相真诚地沟通，员工不敢表达他们的感受。当公司忽视员工的观点、愿望和建议时，员工的创造力被扼杀。在这种情况下，员工积极性降低，生产力往往极低。当员工的权利上升，他们的生产力首先会上升，最终在 X' 的时候达到顶峰。X' 之后权利增加反而会降低生产力。员工的权利变得如此大，以至于形成工会管理公司，这样造成不能对竞争做出及时反应。员工往往会利用他们的权利从公司中榨取利益，从而降低企业的生产力，最终，这家公司可能会破产。员工的权利不能太多或太少，但最终经理要给员工多少权利，不是取决于员工给企业带来的价值增值，而是企业获得的利润。企业的利润是不同授权程度下的企业剩余分享比例和与之对应的福利增进成绩。由于授权会不断地降低企业分享剩余的比例，所以，企业的利润曲线 $p(X)$ 在福利增值曲线 $B(X)$ 的下方，且早于福利曲线达到最大值，如图 4-21，企业的利润在 X^* 处达到最大值，在 X' 处达到福利增值最大值，即在企业看来的最佳授权程度是 X^* 而不是 X'。

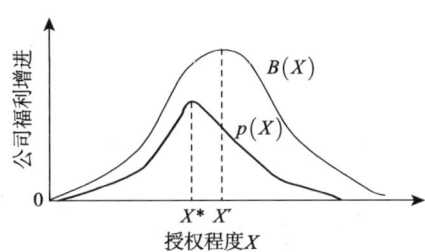

图 4-21 公司的授权程度与利润
资料来源：Lazear 和 Gibbs（2008）

案例分析：百货商店的抓窃员

在经营会议上，某百货商店的一位高层管理人员夸口说，他经营的商店，已经将失窃率降低到总销售额的 1%。一位女同事却摇头说，这一比率太低了。失窃率达到销售额的 2%，才是最好的。为什么失窃率高反而好呢？以下是某百货商店抓窃员的劳动边际收益（表 4-1）。

表 4-1 某百货商店抓窃员的劳动边际收益

商店营业时间内每小时抓窃员人数/人	每小时所避免的失窃损失/美元	每小时所避免的边际被窃价值/美元
0	0	0
1	50	50
2	90	40
3	110	20
4	115	5
5	117	2

降低失窃率是需要付出成本的。如果降低失窃率的成本超过收益，追求利润最大化的厂商是不愿意采取措施降低失窃率的。从表 4-1 可以看出，某百货商店多雇用 1 名抓

窃员的边际收益是逐渐降低的。假设雇用1名抓窃员的成本为每小时20美元,则该百货商店雇用的抓窃员的最佳数量为3人。这是因为在雇用3人的情况下,雇用抓窃员每小时支付的边际成本20美元等于百货商店每小时所避免的边际被窃价值。假设雇用1名抓窃员的成本是40美元,则该百货商店雇用的抓窃员的最佳数量为2人。在此情况下,百货商店再多雇用1名抓窃员,就会亏损。

案例思考题

1. 公司该如何设定激励规则才能保证抓窃员能够做出适当的行为实现公司的利益最大化?

2. 公司给抓窃员设计激励时应考虑哪些因素?

推荐阅读

戴蒙德 P. 2013. 行为经济学及其应用. 北京:中国人民大学出版社.

贺京同,那艺. 2015. 行为经济学:选择、互动与宏观行为. 北京:中国人民大学出版社.

威尔金森 N. 2012. 行为经济学. 贺京同,那艺,等译. 北京:中国人民大学出版社.

Beer M, Cannon M D, Baron J N, et al. 2004. Promise and peril in implementing pay-for-performance. Human Resource Management, 43(1): 3-48.

Osterman P. 2011. Institutional labor economics, the new personnel economics, and internal labor markets: a reconsideration. ILR Review, 64(4): 637-653.

第五章 员工配置

本章内容及学习目标

本章主要介绍雇主在配置员工过程中对员工显性信息的使用。显性信息往往用于对员工能力的初判，当员工之间能力差别细微时需要进一步了解员工的生产率信息。为了能够合理配置人员，本章阐述了招聘的黑盒子理论和招聘中的本质经济问题，以此引出公司配置的策略，包括统计性歧视配置、文凭信号配置、雇员和雇主的匹配、基于绝对优势和相对优势的工作配置，以及非升即走等策略。本章需掌握公司配置中通常采用的策略。

引例："35 岁现象"的深层根源

目前全国各地的人才市场上出现了一种"35 岁现象"，即越来越多的企业在招聘员工时，将用人的年龄限定在 35 岁以下。作为社会范畴的"35 岁现象"的出现，不能一味归咎于用人单位，而在为 35 岁以上择业者"说理"时更不能片面。对企业来说，在目前比较宽松的人才流动制度下，如何合理配置与使用人才，当然有自主决定权，其招聘新员工，要考虑求职者的现实能力和潜在能力。特别在服务业，对招聘员工提出年龄限制是有必要的，不管我们是否承认，年轻女性的优势要明显强于中年女性。即便人才市场的上级主管要求招聘单位取消年龄限制，但这条年龄线还是会留在招聘单位的心里，只不过他们可以找到拒绝求职者的理由：不提年龄问题，而是说求职者不适合这份工作。因此，企业从自身的经济利益出发来选择求职者是必然的。

问题的另一面是，35 岁以上求职者也有其自身的优势。比如，他们积累了失败的教训或成功的经验；理解力、办事能力、为人处事能力比较成熟；比较踏实，且更有责任心；对个人价值的定位更准确，对待遇的期望会更合理一些。在某些行业领域里，年纪轻及年纪大的人应该同时存在，以使其在不同岗位上更好地发挥自己的作用，做到优势互补。在香港，许多餐厅的侍应生是一些老先生；在德国，一名钳工、车工，可能毕生只会这一个工种，因为不断积累的经验已足够让他们不会失去这份工作。惠普公司创始人比尔·休利特的信念：我相信男男女女们全都想把工作干好，有所创造，只要给他们提供适当的环境，他们就能做到这一点。比尔的意思是说，每个人都是潜在的人才，只要有合适的环境激发潜能，他们都将成为现实的人才。那么企业采用"35 岁"这个群体标志是否有经济意义呢？本章主要结合企业员工的配置来对该问题进行回答。

第一节　信息不对称及信号传递

假设通过广告发布一个投资银行家的职位空缺之后，公司收到了一份求职者的简历。在投资银行工作中，能力、个性或其他员工特征的微小差异可能导致工作效率的巨大差异。然而，求职者的自我选择，以及招聘部门通过简历的进一步筛选，使得剩下的求职者越来越相似。一般来说，一组申请人被分类越多，剩下的申请人之间的差异就越小。下一步公司应该怎么做？

公司可以随便雇一个，然后碰碰运气。然而，考虑到其中的利害关系，花费一些资源来做进一步筛选可能是有意义的。

公司筛选求职者的方法多种多样。例如，很多公司会对求职者进行测试，看看他们在具体任务中的表现如何。这种方法可能适用于具有固定的、可衡量的工作，但对于招聘投资银行家来说，它的效果会比较差。也有许多公司使用心理分析方法，这种技术在实践中也不是很有效。原因之一是，心理学是一门高度不精确的科学。另一个原因是，求职者有动机在考试中作弊，试图让自己听上去比实际情况更优秀。例如，一项研究发现，在一项心理测试中，90%的求职者会夸大自己的"认真"分数。还有就是几乎所有的公司都会对求职者进行个人面试，这样的面试可以从简单到详细。就投资银行业务而言，求职者可能要接受几轮面试，最后去公司总部，与高层合作伙伴进行几天的会面。这样的过程是可行的但成本非常高。

一、招聘的黑盒子模型

雇用涉及较高的搜寻成本和不对称的双边信息。Jovanovic（1979a）提出了劳动力市场匹配的含义。他认为某一特定的工人/公司匹配的生产力在招聘时是未知的。一旦开始工作，随着时间的推移，员工/公司的匹配质量会随着公司对员工生产率的观察而逐渐清晰。只要当前雇佣关系的预期盈余超过双方的外部选择，良好的雇佣关系就会持续下去，这就意味着员工从公司离职的风险会随着工作年限的增加而降低。然而，就业匹配很难与企业特有的人力资本区分开来（Jovanovic，1979b）。在公司特有的人力资本形成假设下，随着员工投资于公司特有的技能增多，工作匹配也会随着时间的推移而改善。

大量文献研究了搜寻成本对劳动力市场的影响。在基本搜索模型中，工人按工资高低顺序依次选择工作。失业工人的搜寻策略具有最优停止搜寻时间点。当市场上提供的岗位工资高于求职者保留工资时，该岗位将被求职者接受，否则会被拒绝。基本的员工搜索模型可以应用于失业持续时间的研究。均衡搜索模型明确地考虑了劳动力市场双方的搜寻过程、工资分布、工作机会和可能的职位空缺时间等。工人/企业匹配质量的异质性搜索模型被应用于理解工作流动和失业以及均衡工资分布等问题。

典型的 Spence（1973）信号模型首先假设求职者和公司信息不对称，求职者会采取代价高昂的行动，可信地传达有关生产率的信息。Greenwald（1986）指出，雇员的现任雇主（而不是潜在的竞争对手）很可能在雇员的工作效率方面拥有重要的信息优势。如果雇主只保留他们认为有能力的员工，那么从失业人群中招聘员工的雇主只会以低工资招聘员工。因此，不对称的信息会阻碍员工与公司的有效匹配。

二、招聘中的本质经济问题

招聘中最根本的经济问题是配置的高搜寻成本和双边信息不对称密切相关。求职者的资质、技能和动机各不相同，公司对这些特质的需求也各不相同。经济效率要求劳动力市场确定求职者与公司的最佳匹配。如果求职者和公司不能毫无代价地观察到潜在交易伙伴的所有相关方面，这一事实使配置问题变得复杂。这意味着搜寻是招聘的一个常见特征。更复杂的是，作为交易伙伴，公司和求职者都可能会歪曲自己的品质。众所周知，求职者会美化简历或伪造证书，公司有时会选择淡化或隐瞒不愉快的工作任务。当然，劳动力市场是异质性的，因此匹配、搜索和不对称信息在不同的劳动力市场中普遍存在的程度可能会有所不同。

三、招聘中的员工信号

在员工招聘过程中，企业给予求职者的工资高低一般取决于求职者能力的高低，如图 5-1 所示。然而求职者的能力是不可观测的，企业必须找出一个与能力相关的强烈信号，并依据这个信号来支付员工工资。在招聘过程中求职者的重要信号是学历和工作经历。一般情况下，能力越强的人学习成本越低，学历越高。在这个假设下，设定一个合理的学历工资差距、学历获得年限和学习成本，使得能力高的人获得高学历是有利可图的，能力低的人由于学习成本较高无利可图。所以自然地学历将不同能力的人区别开，成为能力的一个强有力的信号。

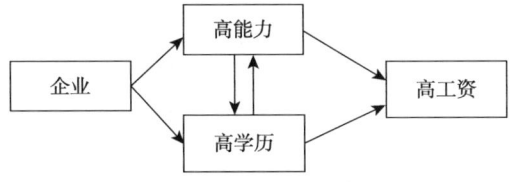

图 5-1 企业采用学历信号的机理

同样，一个人的工作经历也可以作为求职者能力的信号，他过去做得好，将来在同样的任务下也会表现得很出色。下面围绕学历和工作经历两个方面来介绍员工的求职信号。

（一）文凭的自我筛选机制

Spence（1973）的信号模型包含了筛查和自我选择。在他的模型中，生产力与智力正相关，智力与教育的成本负相关。公司通过一定的工资差距，确保只有那些更聪明、更有生产力的人才会觉得获得教育证书更有利可图。

在该模型中，教育本身并不提高一个人的能力，它纯粹是为了向雇主"发出信号"（signaling），表明求职者能力高。Spence 做了一个重要假设：同样程度的教育投资对能力低的人来说边际成本更高。在这种假设下，Spence认为市场交易中具备信息的应聘者可通过教育投资程度来示意自己的能力，而雇主根据这一示意信号可区别开不同能力的人。显然，这种示意方法可以帮助雇主克服信息不对称带来的困惑。但是，这种示意方法是有成本的，这里的成本就是相对于社会最优的过度教育投入。该模型的关键假设是求职者受教育的成本和其生产率正相关。雇主根据求职者生产率的高低发放工资，假设生产力高，发给的工资为2，生产率低则发放1的工资水平。判断生产力大小的标准是高等教育年限 e^*。假设生产率高的人，学习能力也高，且其学习的教育成本较低，为 $C/2$；生产率低的人学习能力也低，学习的教育成本较高，为 C。根据理性人原则，高成本的受教育者将会选择不接受高等教育，低成本者将会选择接受高等教育 e^* 年，如图 5-2 所示。

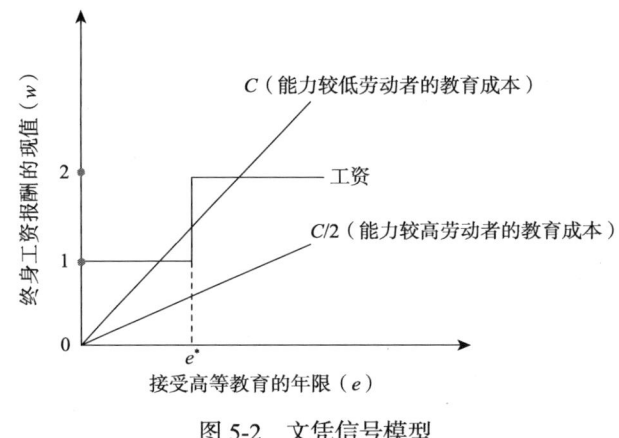

图 5-2 文凭信号模型

根据假设，能力高的人接受高等教育 e^* 年，获得的净收益大于不接受高等教育。而能力低的人，接受高等教育 e^* 年的净收益少于不接受高等教育的收益。此时高等教育年限的信号就会发挥作用。故此正好和企业以教育年限来判别生产率高低的标准相吻合。

（二）文凭信号的失效情形

上述假设教育文凭发挥作用的情形是在一定的条件下实现的。假设教育年限延长，要想获得一定的教育信号（如本科）必须投入更多的学习时间 e'，或者减少能力高和能力低的两类人群的工资差距（图 5-3 中为 0.6），或者使得那些上大学的人目标变得短浅，致使继续上学的收益减少，或者使能力高和能力低的人上学成本差距减少（$C/6$），在这些条件下，求职者无论能力高低可能都不会参加学习。这样教育文凭的信号就会丧失作用，如图 5-3 所示，能力较低的人的教育成本为 $C/2$，能力较高的人的教育成本为 $C/3$，达到高等教育年限 e' 的工资是 1.6，未达到该教育水平的工资为 1。求职者无论能力高低，获得教育水平 e' 的净收益可能均小于 1，因此他们都不会选择教育水平 e'。

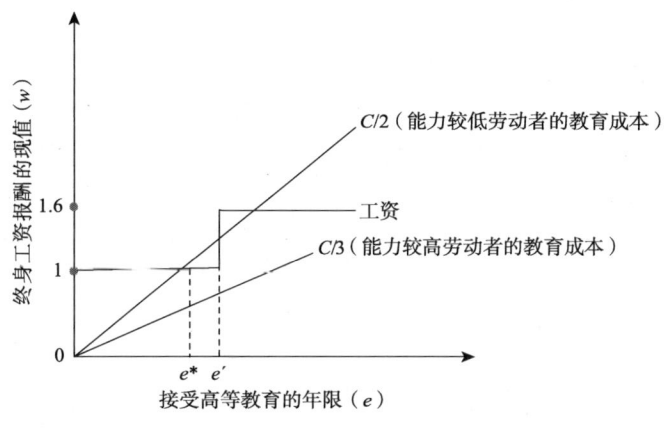

图 5-3　失败的文凭信号模型

当然，文凭信号可以发挥作用的最关键的条件是能力高的人学习成本低，能力低的人学习成本高。如果不满足这个假设，文凭信号不但不会发挥积极作用，还会发挥相反的作用，即能力高的人不会接受高等教育，而能力低的人反而会投机继续接受高等教育或获得更高的工资，从中受益，如图 5-4 所示。

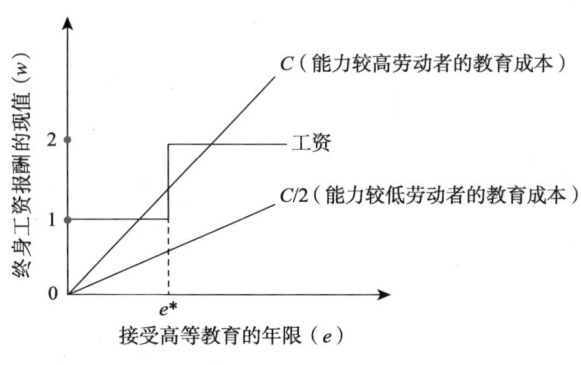

图 5-4　具有误导性的文凭信号模型

（三）区分均衡和混同均衡

假设初级会计师可以投资一些教育或在职培训，如果完成了培训，他们就会成为注册会计师。假设有两种类型的会计师，"快"和"慢"，究竟属于哪一种类型取决于他们的能力。"快"类型的会计师往往生产率较高，也更容易经过训练通过注册会计师考试，"慢"类型的会计师与之相反。下面用 Q 表示注册会计师的生产率，C 表示通过注册会计师考试的成本，下标 q 和 s 分别表示两种类型的会计师。

假设劳动力市场支付给会计师的薪水是按照他们的期望生产率支付的。在劳动力市场中出色的会计师比例为 α，不出色的会计师比例为 $1-\alpha$。如果劳动力市场不能区分两类不同的会计师，那么他们会被支付相同的薪水。所以：

$$平均薪水 = \alpha \times Q_q + (1-\alpha)Q_s = Q$$

另外，如果出色的会计师通过某些信号可以很成功地将自己和其他人区分开来，他们将会被按照他们较高的生产率来支付报酬 Q_q；那些没有信号的将会被认为是不出色的会计师，就会被按照低生产率支付报酬 Q_s。

出色的会计师更倾向于将自己与其他不出色的会计师区分开，从而获得更多的报酬。同时，那些不出色的会计师倾向于和出色的会计师混淆在一起，从而避免较低的报酬支付。一般的逆向选择模型是，低质量类型的求职者会试图和高质量的求职者联系起来，将自己的低质量特征隐藏起来。那么不出色的会计师能否通过取得注册会计师作为表明他们能力的信号？

首先，如果所有出色的会计师都有信号，不出色的会计师没有信号，那么每个拥有信号的会计师必须具有较好的能力。这就要求对获得注册会计师的净成本给予补偿，且这种补偿要比决定不拥有注册会计师信号的不出色会计师的薪水还要高：

$$Q_q - C_q > Q_s$$

其次，如果所有不出色的会计师都不参加注册会计师考试，而出色的会计师参加注册会计师考试，那么不出色的会计师必须获得更好的收益。如果不出色的会计师决定渗透到出色的会计师群体中，他们将获得的报酬是 Q_q，他们的成本将会是 C_s。如果他们不参加注册会计师考试，那么他们获得的工资支付为 Q_s。因此，对于不出色的会计师不参加注册会计师资格考试的条件为

$$Q_q - C_s < Q_s$$

这两个式子结合起来可得

$$C_q < Q_q - Q_s < C_s$$

即从信号中获得的收益必须高于出色会计师的信号成本，低于不出色会计师成为出色会计师的信号成本。

再次，对于所有获得信号的出色会计师，他们的收益必须高于所有人都没有信号所获得的收益。如果没有信号，每个人获得的平均工资为 Q，那么：

$$Q_q - C_q > Q$$

该条件使上面描述的另外两个条件更重要。因为 $Q > Q_s$，如果 α 的比例比较高，那么 Q 就与 Q_q 比较接近，这样会使最后一个条件无法得到满足。

如果出色的会计师很少，其将自己与那些不出色的会计师区别开来将获得更多的收益。如果出色的会计师很多，那些不出色的会计师就能很容易隐藏在出色的会计师群体中。

如果这些条件都没有得到满足，会计师既没有动力来参加注册会计师的考试，出色的会计师也无法将自己从那些不出色的会计师群体中区分开来。在这种情况下就没有了信号，构成了混同均衡。这也说明信号功能并不总是有效的。

如果上面的条件得到满足，出色的会计师将会拥有信号，不出色的会计师将不会拥有信号，这就是区分均衡，因为出色会计师可以通过投资将他们与不出色的会计师区分开来。

（四）重组与破产中解雇的信号传递

企业在经营过程中可能面临多种情况，有可能会受到其他公司的威胁以至于被并购重组，也可能会出于公司的长远发展而进行并购与重组，另外也可能在与其他企业的竞争过程中出现资金链断裂引发危机而倒闭。无论是被其他公司重组并购，还是经营不善而倒闭，都会导致劳动关系的结束。这就意味着员工需要到劳动力市场上重新找工作。那么此时劳动关系结束的情形会反映到履历中，成为下一家企业用人的参照信息。假设前一家公司 A 破产或者重组之前员工的生产率分布如表 5-1 所示，企业 A 中存在着从绩效差到绩效好的五类员工，分别是 A、B、C、D、E 类员工，他们的分布情况：A 类员工占企业员工总数的 10%，除去工资的生产率是 –5 000；B 类员工占企业员工总数的 20%，除去工资的生产率是 10 000；C 类员工占企业员工总数的 30%，除去工资的生产率是 20 000；D 类员工占企业员工总数的 30%，除去工资的生产率是 30 000；E 类员工占企业员工总数的 10%，除去工资的生产率是 50 000。如果该企业被重组之后会有 10%的员工被解雇，那么应该是绩效为 –5 000 的员工被解雇。所以，无论出于什么原因被解雇的员工到下一家用人单位应聘，这项工作经历传递出的信号是他们是能力最差的 10%的员工，而且雇用该类员工给企业带来的损失是–5 000。所以，员工在企业重组之后被解雇，无论其能力高低，都将会处于非常被动的地位，因为雇主很容易搜集到企业的数据，但很难获得员工的个体属性信息。

表 5-1 A 公司的人员生产率分布情况

人员类型	A	B	C	D	E
人员占比	10%	20%	30%	30%	10%
生产率	–5 000	10 000	20 000	30 000	50 000

同样，如表 5-2 所示，假设重组或破产的企业为 B，其企业中也存在着从绩效差到绩效好的五类员工，分别是 A、B、C、D、E 类员工，他们的分布情况是 A 类员工占企业员工总数的 10%，除去工资的生产率是–100 000；B 类员工占企业员工总数的 20%，除去工资的生产率是 0；C 类员工占企业员工总数的 30%，除去工资的生产率是 50 000；D 类员工占企业员工总数的 30%，除去工资的生产率是 100 000；E 类员工占企业员工总数的 10%，除去工资的生产率是 200 000。所以，无论出于什么原因被解雇的

员工到下一家用人单位应聘，这项工作经历传递出的信号是他们是能力最差的 10%的员工，而且雇用该类员工给企业带来的损失是 -100 000。所以，当前一家企业员工绩效分散程度越大，而且能力差的员工给企业带来的损失越大时，在重组中被解雇的员工在劳动力市场中应聘越被动，因为企业认为雇用该类员工会给企业带来比较大的损失，新的用人单位一般不愿意承担这样高的雇用风险。

表 5-2　B 公司的人员生产率分布情况

人员类型	A	B	C	D	E
人员占比	10%	20%	30%	30%	10%
生产率	−100 000	0	50 000	100 000	200 000

如果前一家企业倒闭而导致劳动关系结束，无论前一家用人单位员工的绩效分布如何，离散程度如何，绩效最不好的情况下给企业带来的损失如何，基本不会影响员工到新的用人单位求职的境遇，因为公司倒闭，无论是绩效好的员工还是绩效差的员工都会被结束劳动关系，新的用人单位没有过多的信息来判断员工的能力。

四、招聘中的雇主信号

技术工人一直以来都被看作公司的竞争优势。全球化和正在进行的技术创新促进了技术工人对非技术工人的替代。德国 2001 年大约有 20%的工作机会提供给熟练工人（Schmidtke，2001a；Kölling，2001）。所以技术工人的招募和保留将成为人力资源管理的主要挑战之一。然而，各个公司填补职位空缺的能力并不相同，它们之间存在着巨大的差异（Holzer，1994）。

一个相当明显的经济解释是，不同的职位空缺比率是由于技能要求和工人技能之间的不匹配造成的。不同公司内部的职位空缺率是公司内部的技能需求方面的差异所导致的结果。然而，德国的实证结果并不支持这样一种解释：即使工作中技能结构保持不变，招聘是否成功仍然存在巨大的差异（Schmidtke，2001b）。另一个相对简单的经济学解释是，职位空缺率的差异是由工资差异引起的，但相关数据似乎并不支持这样的假设：职位空缺不仅存在于低工资的公司中，而且在高工资的公司中也是如此。因此，现在仍有一个谜团，这也是 Schmidtke 和 Backes-Gellner（2002）试图解决的问题。他们提出了一种新的理论和经验证据来解释不同的职位空缺率之间的差异，并展示了在劳动力市场紧缩的情况下，单个公司是如何获得竞争优势的。他们扭转了 Spence（1973）提出的最初的劳动力市场信号，以解释公司招募的相对成功。Spence 认为，在就业市场中雇主并不了解申请人的生产能力，他们必须在不确定性情况下做出决策；而 Schmidtke 和 Backes-Gellner 认为员工在找工作时也面临着类似的信息问题和相同的决策问题，只不过决策的主体和考虑的问题不同。

因此，Schmidtke 和 Backes-Gellner（2002）利用人事经济学理论来解释为什么劳动力短缺程度在不同公司是不同的，什么样的公司会在获得技术工人方面或多或少具有优势。然而，大量心理学和营销学术研究表明，不可观察的工作和公司的特征对员工选择特定的工作场所或公司是至关重要的，关于员工如何收集这些无法观察到的特征的可靠信息的问题仍未解决。Schmidtke 和 Backes-Gellner（2002）认为员工使用信号来代替无法观察到的特征。他们采用了大约 700 家公司的数据，对职位空缺率的估算结果支持了他们的基本假设：职位空缺率的内部差异可以用一个反向的信号模型来解释。良好的工作特征通过可观察到的特征传达给潜在的员工，这些特征被公司用来作为未被观察到的工作质量的可靠信号。用一个反向的信号模型解释职位空缺率的好处是，它有助于识别那些被认为不重要的变量，或者被认为对职位空缺有不同的影响的变量。例如，学徒制的存在对技术工人的招聘似乎并不重要，因为他们已经完成了学徒制，无法预期直接的正回报。然而，通过反向信号模型，很容易理解为什么学徒制仍然是重要的。此外，值得注意的是，那些不可观测的特征比工资和福利更重要，因为它们对职位空缺率有重大影响。人力资源管理这些可观测的特点不仅可以影响到回报，还会影响到其他人事活动（如学徒制度在供给短缺的劳动力上可以减少职位的空缺率）。

第二节 筛选求职者

吸引高质量求职者的一个策略是提供高水平的薪酬或福利。不幸的是，低质量的求职者也会前来求职，人力资源部将堆积大量简历，但可能只有一小部分合格的求职者。所以，一些不受欢迎的求职者在招聘过程中也有可能成为员工，而一些受欢迎的求职者也可能会在人事变动中处于永远不会被聘用的境遇。筛选本身并不是一种很好的机制。

求职者在申请过程中由于存在信息不对称会出现逆向选择。这是经济学中一个普遍问题，而不仅仅是就业问题。一方知道自己是哪种类型的人（高质量或低质量的求职者），而另一方不知道。知道的人会把这些信息战略性地用于追求个人利益最大化。一个典型的例子即二手车销售，车主知道他们的二手车的质量。那些拥有高质量二手车的人更有可能保留它们，而那些拥有低质量二手车的人更有可能卖掉它们。这意味着二手车的质量普遍偏低。拥有高质量二手车的人可能会发现，他们的车很难卖出高价，因为买家担心这是一辆低质量的车。

当公司吸引了错误类型的员工时，就会出现逆向选择。许多方法可以用来缓解招聘中的逆向选择问题，最常用的是信号。

筛选求职者简历的一个简单方法是寻找那些能将某些求职者与其他求职者区别开来的信号，具体包括申请人的工作经历（工作和晋升经历）、培训类型（如大学专业），以及申请人就读学校的质量。这些几乎是每个人简历上最重要的内容。什么使文凭证书信号对招聘有用？总体可以包括以下几个方面。

一、证书的信息性

做好工作的能力必须与获得证书的能力呈正相关。例如,只有大学毕业生在工作中更有效率,大学学位证书才是有用的证书。文凭证书可以通过两种方式提供信息。首先,它可能意味着证书的持有者拥有适用的知识或技能。例如,注册会计师或工商管理硕士。其次,这可能意味着证书的持有者具有使他在工作中更有效率的天赋。一个可能的例子是在能力倾向测试中得到高分,或者获得奖学金。

二、获得证书的成本

证书的一项宝贵属性是,与不合格的工人相比,合格工人获得证书相对容易。这样的话,证书很可能会显示出能力上的差异。例如,一个合格的会计师通过注册会计师考试并不难,但是一个没有受过会计培训的人几乎不可能通过。因此,使用注册会计师证书作为一个筛选机制可以有效地在合格和不合格的会计师之间进行分类。

另外,对于所有工人来说,获得一个极其昂贵的证书并不能很好地对他们进行分类。如果文凭很难获得,很少有申请人会拥有它。证书要有效,必须使大多数合格的申请人拥有证书,而大多数不合格的人没有。如果一小部分合格的申请者和一大部分不合格的申请者拥有证书,那么证书的用处很小。

三、获得证书的投资回报

如果有资格证书的人与没有资格证书的人的工资差距不是很大,那么资格证书的微小差距将意味着能力的巨大差异。例如,如果资格证书指学位,而获得大学学位的人收入增长很小,那么只有最有才华的人才能拿到学位。这是因为他们是为了获得学位投资最少的人。当获得学位的回报很大时,即使是能力不强的人也可能被诱导获得学位。

信号是解决逆向选择问题的一种方法。在许多情况下,高质量类型的人可能会花费一些成本向其他人发出高质量的信号。如果低质量类型的人不投资于信号,那么高质量类型的人就可以将其与低质量类型的人区别开来。例如,拥有高质量二手车的车主可以提供保修。

第三节 公司配置策略

一、雇员与雇主的匹配策略

如果劳动力像其他生产要素一样是一种商品,那么与工人进行匹配将是一个简单的过程。然而，劳动力可能是生产函数所有投入要素中最具有异质性的。这对市场上的雇员、雇主来说都是真实的——一名雇员的价值可能会在潜在的雇主之间发生巨大的变化，而与工作相关的努力的负效用，在他可能为之工作的公司中的典型员工身上也会有所不同。将合适的雇主与合适的雇员进行匹配（以及将工人匹配到公司内最合适的工作岗位），就能创造出其他经济过程不能够带来的经济价值。

考虑到就业市场匹配的重要性，经济学家们一直在研究匹配过程，这并不奇怪，因为人事经济学的主要理论贡献来自两种不同的理论模型：非对称信息的博弈理论模型和基于对称学习雇员生产效率的效率匹配模型。

（一）学习模型

假设员工 i 在 t 时期的产出为 (y)，被雇用在公司 j，则：

$$y_{ijt} = \alpha_i + \mu_{ijt} + \varepsilon_{ijt}$$

其中，α 表示工人 i 天生的才能；μ_{ijt} 表示工人 i 和公司 j 匹配之后的生产率；ε 表示生产率的冲击量。假设等式右边的三个变量是随机变量，它们的均值是零，且其方差分别为 σ_α、σ_μ、σ_ε。假设 $\sigma_\alpha = \sigma_\mu = 0$，每个人都是同质的劳动力商品。效率独立于工人与公司。如果这是一个合理的假设，那么人事经济学领域将不会研究工人对工作的选择问题。

现在考虑 $\sigma_\mu = 0$，但是 $\sigma_\alpha > 0$。在这种情况下，工人的生产率是不同的，但是他们的生产率独立于他们的工作。那么在这种情况下，只要雇员和雇主之间的信息是对称的，研究工人对工作的选择也是没有意义的。

如果 $\sigma_\mu > 0$，那么这就是雇员和雇主匹配模型的核心问题所在。在特定时期工人的期望生产率主要取决于其在哪里工作。在这种情况下，雇员和雇主的匹配质量可以有效地提高劳动者的工作效率。在工作成本没有任何改变的情况下，工人为了寻找最佳的匹配，会在他们的职业生涯早期多次换工作。但是，在某些搜索或其他交易成本的转换中，只有当预期收益足够大时，工人才会换工作。

匹配模型有两个关键的经验意义，两者都与特定的人力资本模型相一致。首先，离职率会降低（也就是说，一个人在工作中停留的时间越长，他在任何一段时间内离职的可能性就越低）。其次，只要工人和公司愿意花一点时间去了解他们的匹配价值，工资就会增加。这一含义在大多数规范性的研究中都是存在的，但对于是否正确地确定了工资模型的正确性，存在一些争议。Altonji 和 Shakotko（2002）认为，在适当地控制其他匹配质量的代理变量时，工资与任期不存在明确的相关关系。Topel（1991）认为终身职位与工资的因果关系是相当高的，这与专有人力资本的重要性是一致的。

匹配和公司特定人力资本的相对重要性仍然是一个悬而未决的问题。如果 σ_μ 是非常高的，导致匹配质量各不相同，雇主在筛选和选择方面就必须谨慎。但是，如果匹配的质量没有变化，而特定的人力资本是生产力的重要驱动力，公司应该把重点放在培训和其他人力资本的发展上。

研究雇员和雇主匹配的文献对于匹配（μ）的价值描述是非常模糊的。Lazear（2009）构建了一个模型，在这个模型中技能是通用的，但是由于技能的组合不同从而产生不同的价值。Hayes 等（2005）强调了同事的特定匹配质量的价值，认为员工在某些公司比其他人更有价值，因为他们在一些公司里可以更有成效地工作。虽然这两种想法都有助于找到匹配的根源，但它们并不能帮助区分是来自特定的人力资本还是雇员与雇主的匹配。因为技能与同事的关系可以在找到工作后得到发展，这将使它们成为一种特定的人力资本，而不是事前的匹配质量。

有两篇文章更直接地讨论了匹配的重要性：Andersson 等（2009）研究了最有才华的软件工程师与技能高回报的雇主匹配案例，Woodcock（2015）则分析了个人技能、企业效应和匹配特定生产力对工资影响的重要性。随着可以使用的含有丰富雇主雇员信息的数据集越来越多，实证研究逐步揭示出了匹配过程是如何发生的，以及它创造了多少价值。

（二）信息不对称模型

匹配模型主要适用于雇员和雇主对于双方信息都非常了解的情况，在这种情况下，信息是对称的。但是还有些模型会考虑当一方获得更好的信息时，员工是如何与公司竞争的。信息不对称的一个例子是，当一个人知道他的能力时，公司只有一个模糊的估计。如果所有的员工都是诚实的，公司可以简单地向求职者询问他们的能力，并根据申请者的意见做出雇用决定。但不合格的申请者有诸多理由夸大自己的能力，因此公司必须找到另一种方法来获取这些信息。

为此学者们提出了两种解决方法。在 Spence（1973）的开创性研究中，雇主使用昂贵的信号来推断申请者的能力。个人获得教育的成本与他的能力成反比（因此，他把教育作为雇员能力和生产力的信号）。雇员只会在获取信号时付出一定的成本，而且当获取信号的成本与其能力成反比时，信号才可以发挥出选择功能。另外，信号是选择过程的一种低效的解决方案，因为获取信号的成本是一个无谓损失。另一种区分不同技能的方法是使用自我选择。如果薪酬的一部分或其他部分对未来员工有不同的价值，这些价值的差异与生产效率有关，那么更多的生产效率较高的员工将会自我选择成为组织的一员。虽然自我选择具有不浪费资源获取信号的优势，但它依赖于雇主能够找到一个根据能力将应聘者区分开的就业条件。

Lazear（1986）通过构建模型说明了绩效激励机制对于信号和自我选择是有用的。假设潜在员工知道他们的能力，但雇主不知道。如果不能在工作中衡量生产力的差异，那么所有的员工将会得到平均生产力的工资。但假设雇主可以以某种成本来衡量个人的生产能力，当一个雇主测量了某一个劳动者的生产率时，市场上所有的雇主都可以观察到这个人的工作效率，公司只会在员工支付测量绩效成本的情况下进行测量（大概是通过较低的薪酬）。一旦生产率被测量，员工的工资就会与他们的生产力水平相一致。如果测量是无成本的，每个人的工作效率都可以被准确地测量出来。但是，如果测量成本较高,那么那些生产率相对较低的人就不愿意承担测量成本,与生产率最低的人区分开。结果是一些公司为所有员工支付固定工资,并吸引能力相对较低的员工。这个简单的框架可以解释为什么销售人员获得基于产出的佣金,而大多数高级服务人员领取固定薪水。在后一种情况下,获得产出的测量成本较高,公司会更多地依赖于投入的代理变量给予支付。

现在考虑一种不同类型的不对称信息模型,它可能导致低效的劳动力市场。假设每个员工有能力 α_i,企业在雇用他之前是无法观察出其能力的。然而,再假设公司在雇用他后不久就能准确地估计出他的能力。然后,正如 Greenwald(1986)的研究所显示的,在某些条件下,员工流动(特别是在高技能工人中)将受到损害。当他们收到外部的邀请时,公司利用他们的信息优势来留住高技能的员工,而不对那些表现平庸的员工(在报纸上他们被称为"柠檬")做出回应。

在一些劳动力市场中,这可能不是问题。例如,专业运动员(或学院派经济学家)的生产力很容易被其他团队(大学)观察到,而这些专业人士服务的市场是具有流动性的,且有大量的劳动力市场中的雇员和雇主的匹配交易发生。然而,在其他市场上,能力并不是外人轻易观察到的。Greenwald(1986)分析了雇主怎样才能更好地利用他们的内部信息来了解员工的能力。Waldman(2000)认为,当一个公司对员工进行战略性工作安排之后,外部公司把这些任务作为员工能力的信号。他表示,员工可能不会被分配到工作效率最高的工作岗位,而薪水将取决于被安排的工作,而不是严格的工作能力。

Milgrom 和 Oster(1987)通过考虑两类工人——普通群体和弱势群体——来扩展这个观点。如果将弱势群体生产率隐藏起来比普通群体更容易,那么企业就不会像对待普通群体的技术工人那样晋升或支付同等水平工资给弱势群体的技术人员。这导致了持续的对弱势群体的歧视(即在高级职位上的低工资),以及这一群体成员对人力资本的投资减少。Bernhardt(1995)也认为,企业可以利用与员工能力有关的信息优势,这种优势可能会在某些类型的工人身上有所不同,为此他开发了一个与一些劳动力市场的一些程式化的事实相一致的模型,该模型还预测了所谓的"彼得原理",即一些经理被提拔到不适合自己技能水平的职位。

尽管裁员,甚至是自愿离职,在某些情况下可能会出现"柠檬"问题,Gibbons 和 Katz(1991)指出,当一家公司倒闭时,情况就不是这样了。他们预测,由于雇主所做的推断,工厂工人的再雇用工资将高于从持续经营中下岗的工人的工资。他们找到了一些证据来支持这一预测,虽然后续的研究认为他们的结果可靠性低。尽管如此,在公司裁员中失去一份工作可能会让人感到更多的耻辱,这一观点已经被广泛地应用于劳动经济学文献中。

二、雇用歧视配置策略

工作场所中可能存在雇员之间的歧视,或者雇主对雇员的歧视等。这种歧视为什会发生？一种观点认为歧视行为是一种利己行为，在歧视中可以使得自己获益。如果根据这种观点来解释，那么被歧视一方也会对对方进行报复性歧视，那被歧视群体也将获得收益。而现实情况是被歧视一方往往是利益受损者，所以这种观点一般无法得到认可。另一种观点认为歧视行为一般会使得歧视一方利益受损，被歧视一方的利益也会受到损害，只不过是歧视一方损失要小于被歧视一方。那么歧视有哪些类型，歧视是如何发生的呢？

（一）统计性歧视

企业在招聘员工时最大的难点就是信息不对称。雇主搜集求职者的个体特征非常困难，如爱好、特长、素质水平、能力等。这就需要招聘单位运用各种甄选手段，花费大量的甄选成本，对求职者的能力进行筛选。最后录用的员工真实能力也可能无法达到企业要求，导致招聘失败。对于人力资源招聘管理者来说，招聘一个不合格的人员比错失一个合格人员带来的损失更大。所以，为了提高招聘成功的概率，很多企业采用了统计性歧视。

统计性歧视在现实生活中主要表现为人为地在招聘标准中加上一些硬性条件：比如，985 高校的学生；211 高校的学生；某一所高校某专业的学生；等等。这些条件虽然限制了招聘的范围，但是增加了招聘范围内求职者的质量。同时，从这些条件的特征来看，主要是群体性的特征，而非个体性的特征。表面上和个体的能力没有很大的关系，所以我们往往把这种招聘方式称为统计性歧视。

之所以称这种歧视为统计性歧视，是因为这些条件不是雇主随意制定的，而是根据历史的统计经验加上去的。一般而言，985 高校学生平均能力高于 211 高校学生的平均能力，即从 985 高校中随机地抽出一个求职者能力大于 211 高校学生求职者能力的概率相对偏高。但由于 985 高校当中会有一部分学生的能力低于 211 高校部分学生的能力，那么 985 高校这部分学生就会受到偏爱，而 211 高校的那部分学生就会受到歧视。但是对于雇主而言，这种歧视是有一定经济意义的。

首先，由于雇主收集群体特征信息的成本会大大低于收集个体特征信息的成本，雇主用群体的特征来代替个体特征会大大降低信息的收集成本。

其次，由于雇主采用具有统计意义上的群体特征，在同等条件下雇主可以获得较高的招聘成功概率。例如，图 5-5 中两个群体能力均服从正态分布。由于第一个群体具有良好的特征，他们的能力平均值大于第二个群体，假设第一个群体的能力平均值为 80，第二个群体能力平均值为 70；雇主雇佣中所需要的求职者胜任能力为 70；那么随机地从第一个群体中挑出高于胜任值的求职者概率不低于 50%，随机从第二个群体中挑出高于胜任值的求职者概率为 50%。所以，采用这种群体性特征来代替个体特征甄选员工可以大幅度提高招聘的成功概率。

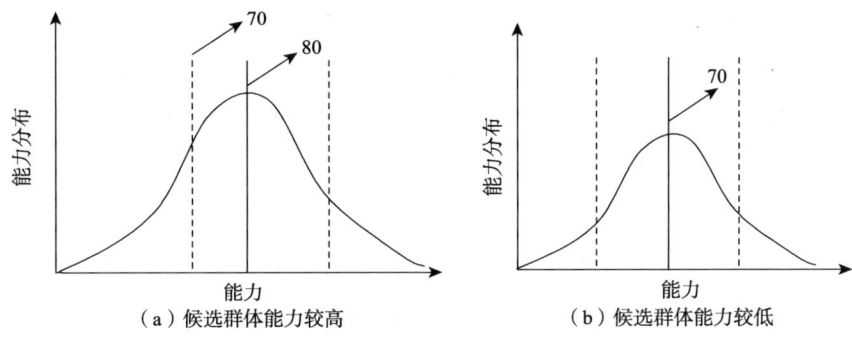

图 5-5 候选群体的不同能力分布

从两个群体的分布来看，雇主招聘成功的概率还和两个群体的离散程度有关。群体的离散程度越大，说明该群体中每个个体差别比较大，大家的能力有显著的差别，所以均值越不具有代表性，招聘成功的概率也就越小。如图 5-6 所示，如果群体的差异比较大，也就意味着方差比较大。图 5-6（a）代表的样本群体离散性比较小，图 5-6（b）代表的样本群体离散性比较大。所以，从图 5-6（a）中甄择大于 70 的概率要明显大于从图 5-6（b）中甄选成功的概率。图中阴影部分表示招聘失败的概率，非阴影部分表示招聘成功的概率。

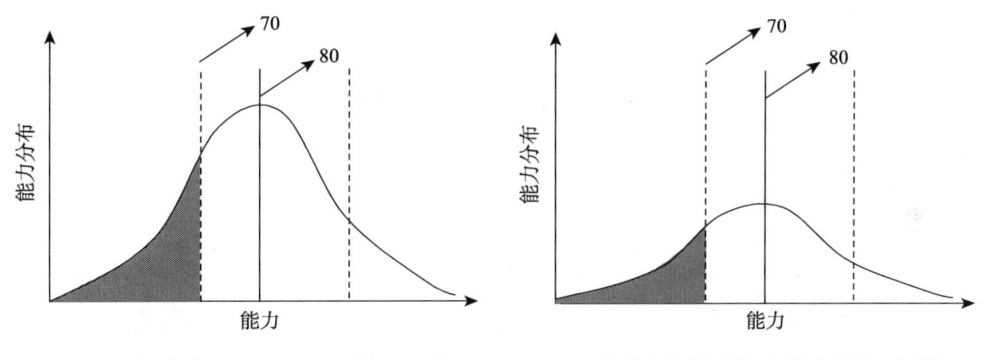

图 5-6 能力均值相同、分布不同下甄选成功与失败概率示意图

（二）市场搜寻性歧视

统计性歧视表明由于求职者具有一类不受企业欢迎的群体特征而受到差异性对待，即使自己的能力比较突出也会受到歧视。那么他们在市场搜寻过程中可能会遭受进一步的工资歧视。例如，女性可能会由于女性这个群体性特征而受到歧视，因为实践经验表明女性一般职业生涯比较短，结婚前后、生育前后是其改变职业生涯的关键时间点，结婚或者生育之后她们会以家庭为重，事业发展相对缓慢。所以在劳动力市场上企业就会很自然地对女性产生歧视。在寻找相同工作的情况下，女性在劳动力市场搜寻工作相对困难，搜寻成本相对较高。这样导致男性和女性在劳动力市场中出现了搜寻成本的差别，由于这种搜寻成本的差别，在企业降低工资时，男性和女性出现了不同的反应。一

一般男性会跳槽，对他们来说搜寻成本相对偏低；女性由于在劳动力市场上受到企业歧视，她们一般不会因为雇主降低工资而辞职，因为她们在劳动力市场上找到工作相对较难。所以，正如图5-7（a）所示，男性搜寻成本低，只要企业稍降一点工资必然导致这些工人离开企业，而稍增加一点工资，就会从其他企业吸引过来许多求职者，故这一群体的劳动供给曲线S_M弹性较大。这意味着与之相联系的劳动边际费用曲线MC_M也较为平坦。为追求利润最大化，雇主将会从这一群体中雇用E_M个工人，并向他们支付W_M的工资率。图5-7（b）反映了搜寻成本高的女性群体，她们有一条更加陡峭的劳动供给曲线S_W和一条更为陡直的劳动力边际费用曲线MC_W。这导致劳动边际收益产品与工资率之间存在较大的差距。最终女性群体的均衡工资为W_W，均衡的就业量为E_W，根据比较可知，尽管男性和女性两大群体的求职者具有相同的生产率，但是具有较高搜寻成本的女性群体得到的工资却更低。

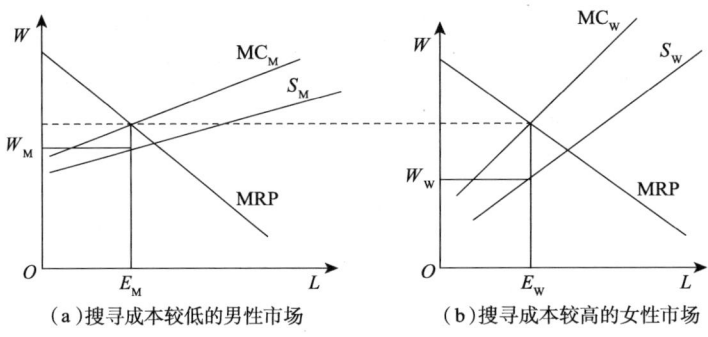

(a) 搜寻成本较低的男性市场　　(b) 搜寻成本较高的女性市场

图5-7　不同搜寻成本下的工资歧视

（三）贝克尔歧视分析模型

贝克尔在构建歧视模型时假设社会是完全竞争性的社会，不存在政府和垄断，忽略了社会资源的多样性，并假设只存在两种同质性的生产要素，即劳动和资本，且劳动和资本是两种完全的替代品。假设W、N两个群体彼此独立，都拥有两种生产要素，两个群体的生产过程也是独立的。但是这两种生产要素在各自群体中的充裕程度是不同的。这两个群体在彼此交易时主要依据比较优势原理向对方出售自己相对富裕的要素：W出售资本，N出售劳动。在特定的劳动和资本的交换比例下，N用于出售给W的劳动数量会由于其拥有的劳动总量和使用劳动量的不同而不同。W也具有同样的决定方式。

在没有歧视存在情况下的均衡应该满足以下几个条件：①假设任何一种生产要素价格是统一的，和是W使用还是N使用没有关系；②每一种产品的价格也是统一的，和是W生产还是N生产没有关系；③每种要素的价格等于其边际产品价值。如果W成员想对N拥有的劳动和资本进行歧视，W为了避免和N在一起工作，通过更多的资本来替代劳动，进而降低了资本的边际产品价值，这种歧视会减少W群体的资本与N劳动力结合的净收益，降低了W的金钱收入。同样，这种歧视在增加资本替代劳动的同时，也会减少W出售资本的数量，N群体只能用更多的劳动来替代资本，从而降低了劳动的边际产品价值，导致降低了N群体与资本结合的净收益，也减少了N群体对劳动的出售。

在新的均衡下，N群体和W群体会分别降低自己的劳动和资本出售。这种新的分配均衡降低了W和N两个群体的净收益。所以，W群体的歧视不但损害了其自身的利益，也损害了N群体的利益。

虽然歧视降低了W和N两个群体总体的净收益，但是W群体的资本和N群体的劳动回报收益受到影响的方式并不相同：虽然W群体的资本和N群体的劳动回报收益都下降了，但是W群体的劳动和N群体的资本收益率提高了。一般情况下，在竞争激烈的社会中优势群体往往是歧视和偏见的最大受益者。如果W代表社会中的优势群体，那么这个命题的谬误就很明显了：歧视损害了W群体中的资本家，W群体中的劳动者获益；同时，歧视会导致N群体劳动者的工资低于W群体的劳动者，二者的工资差距就形成了W群体中资本家的利润增加。但是这种情况下，只有工资差异是由于价格歧视造成的（即存在垄断），而非偏好歧视造成的，企业的利润才会存在。

三、绝对优势和比较优势下的工作配置策略

（一）无工作岗位数量限制下的工作安排

工作的专业化可以发挥员工的绝对竞争优势和比较竞争优势。在劳动力市场上每个员工都各有所长，这就是绝对优势。例如，科研人员最大的竞争优势是学术研究；教师的最大竞争优势是在课堂上授课；秘书的竞争优势是文字处理；公关的竞争优势是沟通交流；等等。此外，每个人不可能只有一种技能，他可能掌握多种技能，但是这些技能可能都具有绝对竞争优势，也可能都不具有绝对竞争优势，那么采用哪一种能力来从事自己的专业化工作呢？这就需要发挥比较优势的作用。例如，A和B两个员工负责两项任务，且这两项任务的产出价值是相同的。A在第一项任务上的小时工作产出是200单位，在第二项任务上的小时工作产出是200单位；B在第一项任务上的小时工作产出是100单位，在第二项任务上的小时工作产出是50单位，如图5-8所示。这样，A员工在两项任务的工作中都具有绝对的竞争优势，B在两项任务的工作中均不具有绝对的竞争优势。这就意味着A员工生产的可能性边界在B员工生产可能性边界上方。

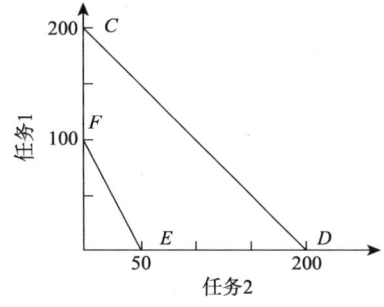

图5-8 不同比较优势下的任务分配产出效应

由于A在两项任务上的产出是一样的，A无论是采用第一项任务的能力来生产，还

是采用第二项任务的能力来生产，最终产出结果都是200单位。即员工A无论是做第一项任务还是做第二项任务，他的机会成本都是一样的。但是对于 B 来说做第一项任务和做第二项任务的机会成本是不一样的，他必须做出任务的选择。员工 B 将自己的工作时间逐渐地由第二项任务转移到第一项任务的过程中，B 的产出总值是在不断增加的，即从 50 单位逐渐增加到 100 单位，这就意味着员工 B 最佳策略是只做任务 1，不做任务 2。

上述过程没有考虑企业内部具体的工作岗位数量，只是简单地根据员工的能力来做出工作任务的最优安排和选择。但是在人力资源管理实践中，岗位人数往往是有限制的，不可能都根据员工的绝对优势和比较优势来安排岗位，这也就意味着必然会涉及有些员工的绝对优势和比较优势无法发挥出来。那么在实际的人力资源管理实践中，是否是先安排生产率最高的员工，最后安排那些生产率最低的员工呢？答案是否定的。

（二）工作岗位数量限制下的工作安排

假设 M 部门有两个岗位空缺，N 部门有三个岗位空缺，企业通过外部招聘录用了 5 个新员工 A、B、C、D、E。经过轮岗，发现他们在 M 部门的绩效和在 N 部门的绩效如表 5-3 所示。

表 5-3　员工在部门中的绩效产出及其绩效差异

员工	M	N	M−N
A	1 000	980	20
B	800	950	−150
C	700	900	−200
D	900	800	100
E	600	400	200

根据表 5-3 可以知道，A 在 M 部门工作具有绝对排序优势，其创造的产出为 1 000 单位，其他员工按在 M 部门的绝对排序优势排序依次是 D、B、C、E。在 N 部门工作具有绝对排序优势的依然是 A，其创造的产出为 980 单位，其他员工按在 N 部门的绝对排序优势排序依次是 B、C、D、E。在实践中，A 员工不可能同时在 M、N 两个部门工作。所以，按照绝对优势理论无法安排员工到合适的岗位上。

同样，A 员工在 M 部门工作具有比较优势，因为其在 A 部门工作创造的产出为 1 000 单位，在 N 部门工作创造的产出是 980 单位。按照比较优势来说，A 应该安排在 M 部门，同样，B 应该安排在 N 部门，C 应该安排在 N 部门，D 应该安排在 M 部门，E 应该安排在 M 部门。但是这种情况在实践中可能也无法操作，因为 M 部门只有两个岗位空缺，N 部门有三个岗位空缺。这种情况下，A、D、E 当中必须有一个不能按照比较优势来匹配岗位。

在这种岗位空缺有限的情况下，首先匹配哪些员工到合适的岗位上呢？这就需要看错误匹配给企业带来的机会损失。如果 A 错误匹配到 N 部门，那么给企业带来的机会损失为 20 单位；如果 D 错误匹配到 N 部门，那么给企业带来的机会损失为 100 单位；如果 E 错误匹配到 N 部门，那么给企业带来的机会损失为 200 单位。所以，E 一旦错误匹配给企业带来的损失将是最大的，所以 E 必须首先按照比较优势理论将其配置到 M 部门，其次是 D 员工。而 A 员工错误匹配给企业带来的机会损失最小，所以，A 可以被错误匹配到 N 部门。最终 D、E 在 M 部门工作，A、B、C 在 N 部门工作。

在实践操作过程中，企业会按照比较优势进行匹配，其优先匹配的是那些一旦匹配错误给企业带来机会损失最大的员工。例如，员工在任何一个部门工作的绩效是一样的，那么该员工就会被最后安排，当员工被错误匹配后不会给企业带来机会损失，其被错误匹配的概率最大。这也纠正了我们一般的观点，即优先匹配最优能力的员工，然而在人力资源实践中并非如此，那些一旦匹配错误给企业带来最大损失的员工将优先匹配。

四、加班与招聘配置策略

当企业销售的产品处于市场需求大幅度提升阶段时，往往存在供货不足的情况。为了增加产量，企业可能会扩大员工的需求数量，通过对外招聘员工来获得产量的增加，还可以通过企业内部的员工加班来缓解供货不足的情况。这些都是企业在需求旺盛的情况下经常采用的手段。然而招聘员工、加班等决策是根据什么标准做出来的呢？在经济学中仍然假设企业决策者是理性人，根据决策的利润最大化原则做出决策。首先考虑加班与招聘的决策。

企业采用对外招聘和加班都可以增加产量，弥补市场的不足。如果决策者做出理性决策，必须首先考虑这两种决策的成本和收益。在对外招聘时，首先需要考虑招聘成本，包括信息的发布成本、招聘团队参加招聘会的差旅费、机会工作成本，以及各种甄选成本；录用员工后需要对其进行培训产生的培训成本；以及员工需要到新的工作岗位上工作产生的适应岗位成本，即他们的效率会低于老员工的工作效率而发生的机会损失等。更重要的一点是当企业的业务量下降，不需要以往的员工规模时，企业必须裁员，如果雇用的是标准劳动关系员工，按照劳动法律法规要求，必须符合法定的解雇条件才能解雇，这些法定的解雇条件相当苛刻：当员工存在着主观过错，可以随时解除劳动合同，如犯法、严重失职、严重营私舞弊给企业带来重大损失，欺诈形成的无效劳动合同等，但这些情况在现实生活中很难被证明；当员工不存在主观过错，但劳动合同无法继续履行时，如员工经调整岗位后仍不胜任，遇到法定裁员情形、客观情况致使劳动合同无法履行等。除了上述法律所规定的情形外，如果不是双方协商一致解除劳动关系，那么都属于非法解雇。此外，在员工不存在主观过错，但劳动合同无法继续履行的情况下解除劳动合同仍要支付经济补偿金。所以，招聘员工是需要成本的。

同样，让员工加班也存在着一定的成本。例如，《中华人民共和国劳动法》规定，员工工作日加班需要支付150%的工资，在休息日加班需要支付200%的工资，在法定节假日加班需要支付 300%的工资，而且只有休息日加班允许调休，其他的均不允许调休，必须支付加班工资，所以加班费构成了企业员工加班的一个重要成本。此外，加班时间并非是可以无限延长的，一个月内的法定加班时间是 36 个小时，即意味着每个人一个月法定累计加班时间是有限制的，超过法定的加班时间为非法加班。招聘和加班成本如图 5-9 所示。

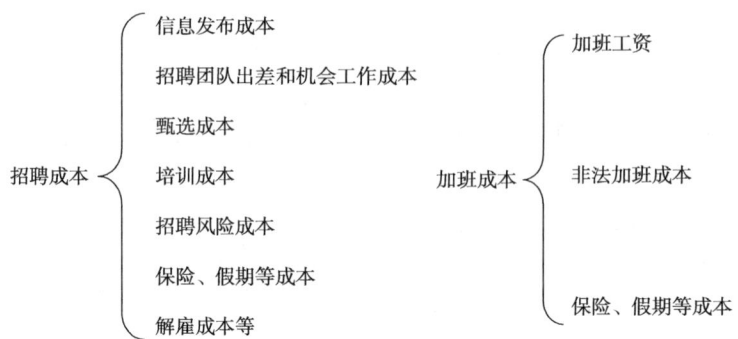

图 5-9 招聘和加班成本内容

所以招聘和加班都会给企业用人带来一定的成本，但是这两种策略也会给企业带来一定的收益。所以，究竟采用加班还是招聘呢？一般来说企业采用两种方式结合。因为一味地采用加班，会增加非法加班的风险；一味地采用招聘，会有解雇成本增加等的风险。假设增加招聘人数时增加了员工的数量 L，加班时增加了工作时间 H。现在假设增加一个单位的员工给企业带来的成本增加量为 MCL，给企业带来的收益增加量为 MRL；增加一个单位的加班时间给企业带来的成本增加量为 MCH，给企业带来的收益增加量为 MRH。企业的决策依据是一单位在招聘上的投入带来的收益大于一单位在加班上的投入带来的收益，那么企业会增加对招聘的投入，减少对加班的投入，反之则会增加对加班的投入，直到一单位在招聘上的投入带来的收益等于一单位在加班上的投入带来的收益，此时的招聘人数和加班时间的安排（L, H）可以使得企业利润最大化。如表 5-4 所示，只有当招聘 2 个员工，每个员工加班 3 个小时时，不管是投资于招聘还是投资于加班，二者的收益都是一样的，即最优招聘和加班组合为（2, 3）。

表 5-4 企业招聘与加班策略最优组合

招聘				加班			
L	MCL	MRL	MRL/MCL	H	MCH	MRH	MRH/MCH
1	5	60	12	1	6	60	10
2	10	50	5	2	7	56	8
3	20	40	2	3	10	50	5
4	30	30	1	4	14	42	3
5	40	20	0.5	5	20	40	2
6	50	10	0.2	6	30	30	1

五、人员与资本数量配置策略

企业在扩大生产规模时，可以引进先进的机器设备，也可以扩大招聘规模，当然也可以二者结合起来。一般生产要素具有协同性，增加机器等设备的同时，可能需要招聘相应的员工。无论是招聘员工还是增加机器设备，都会发生成本。例如，增加员工，就会发生前文所说的各种招聘成本，而购买机器需要支付购买机器的成本、机器安装的成本等。那么如何使得资本和员工数量达到最佳的配比以获得企业的利润最大化呢？假设增加了员工的数量为 L，增加了资本的数量为 K。现在假设增加一个单位的员工给企业带来的成本增加量为 MCL，给企业带来的收益增加量为 MRL；增加一个单位的资本给企业带来的成本增加量为 MCK，给企业带来的收益增加量为 MRK。企业的决策依据是一单位在员工身上的投入带来的收益大于一单位在资本上的投入带来的收益，那么企业会增加对人员规模的投入，减少对资本的投入，反之则会采取相反的措施，直到一单位在员工上的投入带来的收益等于一单位在资本上的投入带来的收益，此时的招聘人数和资本数量的安排（L，K）可以使得企业利润最大化。如表 5-5 所示，只有当增加 2 个单位的劳动，增加 3 个单位的资本时，不管是投资于劳动还是投资于资本，二者的净收益都是一样的，即最优的人员和资本组合为（2，3）。

表 5-5　企业人员与资本数量配置最优组合

人员				资本			
L	MCL	MRL	MRL/MCL	K	MCK	MRK	MRK/MCK
1	5	60	12	1	80	800	10
2	10	50	5	2	70	560	8
3	20	40	2	3	100	500	5
4	30	30	1	4	140	420	3
5	40	20	0.5	5	200	400	2
6	50	10	0.2	6	300	300	1

六、人员结构与资本类型配置策略

当企业经营的产品处于市场需求大幅度提升阶段时，为了满足市场的需求，企业也可能会引进先进的机器设备，但引入先进设备的同时，员工的素质要求也会发生变化，那么就需要对之前的员工进行培训或者重新配置可以熟练使用先进机器设备的员工。所以，在企业的发展过程中，既面临着使用什么类型的员工好，也面临着使用什么类型的机器设备好的问题。企业的发展，使企业面临着两种重大的决策，即是否需要引进先进的技术设备，以及引进先进的技术设备之后是否需要提高员工的技能，或者重新招聘高技能的员工。从经济学的理性人出发，企业做决策的依据依然是利润最大化。

假设企业中的低技术工人和高技术工人都可以生产某种产品。如表 5-6 所示，假设企业采用旧机器设备进行生产，该机器设备每天的折旧是 100 元。在旧设备的生产条件下，高技术工人一天工作 8 小时，每天可以生产出 8 件产品，每天企业要给高技术工人支付 8 元的小时工资；低技术工人一天同样工作 8 小时，每天可以生产出 5 件产品，每天企业要给低技术工人支付 5 元的小时工资。所以，在旧机器设备的生产条件下，高技术工人每天给企业带来的净收益是 30×8-100-8×8=76 元，低技术工人每天给企业带来的净收益是 30×5-100-5×8=10 元；采用高技术工人进行生产的回报率为 76/（100+64）=46.34%，采用低技术工人进行生产的回报率为 10/（100+40）=7.14%。如果企业的资金比较充裕，那么企业会按照净收益的大小来决定采用哪一类员工，所以在此决策标准下，企业在旧机器设备下采用高技术工人来进行生产；如果企业的资金不充裕，那么企业会按照收益率来进行决策，企业依然会采用高技术工人进行生产。

表 5-6 人员结构和资本类型的最优匹配（一）

类型	旧设备（折旧为100元/天）		新设备（折旧为200元/天）	
	高技术工人	低技术工人	高技术工人	低技术工人
时间/小时	8	8	8	8
产出数量/件	8	5	20	15
价格/元	30	30	30	30
小时工资/元	8	5	8	5
净收益/元	76	10	336	210
收益率	46.34%	7.14%	127.27%	87.50%

假设企业采用新机器设备进行生产，该机器设备每天的折旧是 200 元。在新机器设备的生产条件下，高技术工人一天工作 8 小时，每天可以生产出 20 件产品，每天企业要给高技术工人支付 8 元的小时工资；低技术工人一天同样工作 8 小时，每天可以生产出 15 件产品，每天企业要给低技术工人支付 5 元的小时工资。所以，在新机器设备的生产条件下，高技术工人每天给企业带来的净收益是 30×20-200-8×8=336 元，低技术工人每天给企业带来的净收益是 30×15-200-8×5=210 元；采用高技术工人进行生产的回报率为 336/（200+64）=127.27%，采用低技术工人进行生产的回报率为 210/（200+40）=87.50%。不论企业资金是否充裕，即无论是按照净收益还是按照收益率做决策，企业都会采用高技术工人。

通过新旧机器设备下净收益和收益率对比，企业进行生产时都会采用新机器设备，因为新机器设备生产条件下的总收益或者收益率都远远高于旧机器的总收益或收益率。

通过上述分析可知，是否采用新机器进行生产，与新机器生产条件下的产出与折旧有很大的关系。假设企业采用新机器设备进行生产的各种条件不变。如表 5-7 所示，假设企业采用新机器设备进行生产，该机器设备每天的折旧是 300 元。在新设备的生产条件下，高技术工人一天工作 8 小时，每天可以生产出 13 件产品，每天企业要给高技术工人支付 8 元的小时工资；低技术工人一天同样工作 8 小时，每天可以生产出 10 件产品，每天企业要给低技术工人支付 5 元的小时工资。所以，在新机器设备的生产条件下，高技术工人每天给企业带来的净收益是 30×13-300-8×8=26 元，低技术工人每天给企业带来的净收益是 30×10-300-8×5=-40 元，在这种情况下，不论企业资金是否充裕，即无论是按照净收益还是按照收益率做决策，企业都会采用高技术工人在旧机器设备条件下进行生产。

表 5-7　人员结构和资本类型的最优匹配（二）

类型	旧设备（折旧为100元/天）		新设备（折旧为300元/天）	
	高技术工人	低技术工人	高技术工人	低技术工人
时间/小时	8	8	8	8
产出数量/件	8	5	13	10
价格/元	30	30	30	30
小时工资/元	8	5	8	5
净收益/元	76	10	26	-40
收益率	46.34%	7.14%	7.14%	-11.76%

究竟是采用高技术工人还是采用低技术工人，主要取决于两类工人在新旧生产条件下的产出差距以及二者的工资水平。如果保持二者的工资不变，二者的产出数量差距减少，就会导致决策发生改变。如表 5-8 所示，低技术工人的每日产出量为 7 件，其小时工资降低为每小时 4 元，那么结果就会出现很大的差异，在旧机器设备下低技术工人的净收益和收益率都高于高技术工人，所以，不论企业资金是否充裕，在旧机器设备条件下采用低技术工人更有利可图。

表 5-8　人员结构和资本类型的最优匹配（三）

类型	旧设备（折旧为100元/天）		新设备（折旧为200元/天）	
	高技术工人	低技术工人	高技术工人	低技术工人
时间/小时	8	8	8	8
产出数量/件	8	7	20	15
价格/元	30	30	30	30
小时工资/元	8	4	8	5
净收益/元	76	78	336	210
收益率	46.34%	59.09%	127.27%	87.50%

七、非升即走策略

（一）雇主视角下的非升即走

员工被给予的工资在完全竞争条件下与其边际产品价值相等，企业无法从中获得超额的利润。但是一旦企业建立了内部的职业梯，形成了内部劳动力市场，那么情况就不同了。因为员工在晋升过程中会努力地提高自己的绩效，以获得职位晋升。如果员工当期获得晋升后获得的工资与其边际产品价值相等，那么他们的绩效和稍微逊色于晋升标准的那些员工绩效差距并不明显，但是他们晋升后与没有因此获得晋升的那些员工报酬差距却是显著的。所以，可以认为晋升过程使得员工的边际产品价值高于其工资，进而使得企业获得了超额利润。所以，在晋升过程中企业是获利的。但是一旦员工长期在一个岗位上工作，那么其工资水平与其边际产品价值相当，企业也无法再从这类员工中获得更多的收益，这就导致企业采取非升即走的策略。例如，高校中的教师职称晋升就是一个典型的例子。如果教师想获得职称晋升，必须发表数篇质量较高的期刊论文，获得各种科研和教学奖项，以及各种国家级课题等。所以，年轻教职工的科研成果丰硕。但是一旦其获得晋升成为教授之后，就再没有发表论文、申请课题等的强烈动机，从而高校受益于教授的份额就会逐渐变小。这也是企业采用非升即走策略的一个重要原因。

（二）雇员视角下的非升即走

在通过职业梯建立内部劳动力市场的过程中，很多雇员会获得晋升。随着员工的晋升，员工的报酬增加相对较快，而其责任却没有明显的增加。例如，在高校中讲师承担的工作责任与教授基本相当，低级雇员获得的报酬要比资深雇员少得多。那么在非升即走的策略下，这些低级员工付出较多的努力，拿较低的薪水，为什么他们还愿意继续留在企业中呢？其中重要的原因是晋升，他们希望通过晋升获得较高的企业利润，进而从其他低级员工身上获得经济租金。如果员工达到了晋升标准而企业不让员工晋升，那么员工就没有办法通过晋升获得租金分享，在这种情况下，所有的员工就不会继续参与晋升游戏。

案例分析：日本雇员与雇主的终身雇佣关系

日本许多大企业，雇员和雇主之间的关系是一种终身雇佣关系。企业从不解雇员工，而是采取激励措施鼓励雇员终身留在企业工作。工资和员工的资历挂钩，员工在企业工作的时间越长，其退休后获得的养老金给付就越多，带薪休假假期也越长。企业则提供家族式服务，如公司住房、健康照顾和旅游服务等，鼓励雇员对公司忠诚。目前，日本 1/2 的企业和雇员存在着依附关系。有的经济学家认为，日本工业关系制度是一种古代家族方式的延续，不是理性地从企业家角度考量后的最佳制度选择。但是也有经济学家认为，这是基于企业培训、管理的需要。1900 年前后，日本开始工业化，此时工厂的熟练劳动力严重短缺，企业之间竞相争夺熟练工人，激烈的竞争使工厂职工流动率高达 100%。到 1917 年，企业利用派发红利，甚至人身威胁等手段获得和挽留工人。为了减少不断招募员工的费用，延长职工的任职期限，企业开始向员工提供红利、出资举办旅游活动，让长期在企业工作的员工参与企业的利润分享，改善员工的住房条件和生活质量。所有这些措施，都是企业人才竞争的一部分，都是为了获得高质量的优秀人才。

案例思考题

1. 终身雇佣制度的优缺点是什么？

推荐阅读

Kaufman B E. 2008. The non-existence of the labor demand/supply diagram, and other theorems of institutional economics. Journal of Labor Research, 29(3): 285-299.

Kaufman B E. 2009a. Labor law and employment regulation: institutional and neoclassical perspectives//Dau-Schmidt K, Harris S, Lobel O. Labor and Employment Law and Economics. Northampton: Edward Elgar.

Kaufman B E. 2009b. Promoting labor market effciency and fairness through a legal minimum wage: the webbs and the social cost of labor. British Journal of Industrial Relations, 47(2): 306-326.

第六章　基于岗位的晋升激励

本章内容及学习目标

本章主要介绍企业内部晋升对员工产生的激励作用，重点阐述了内部晋升的标准问题，包括当前岗位的绩效标准和目标岗位的任职资格标准，以及根据具体情况采用的混合型的晋升标准，并进一步介绍了企业中通过薪酬设计形成的工作激励和晋升激励。本章还介绍了以提升晋升激励效果为目的的具有激励性效果的职业通道设计理念，并探讨了人事管理经济学中内部劳动力市场的学术问题。本章需重点掌握企业内部晋升的标准及其优劣势。

引例：内部晋升中的问题

某环境工程集团有限公司成立于 1995 年，是一家集水处理技术和设备的研究、开发、制造、销售、服务于一体的集团公司，下属 6 家子公司和 8 个办事处。公司现有员工近千人，其中中高级以上职称的120人，大专以上学历者占公司员工总数55%以上。公司致力于环境工程总承包、设备研发制造、药剂生产、建设-运作-转让（build-operate-transfer，BOT）建设项目的实施、环保设施的运营等全方位综合发展。该公司对技术研发非常重视，也投入了大量资金，其自行研制的 20 多项产品均获得了实用新型专利，并得到推广及应用。凭借较高的技术水平、严格的质量控制体系以及优质的服务，近年来该公司发展迅速，在当地成为领头企业，公司规模逐渐扩大，第七家子公司正在筹建之中。随着企业的迅速发展，员工晋升通道却一直较为混乱，很多员工反映不知道自己的发展前景在哪里，上升空间不足，进出口不畅通，出现只能上不能下，而且不同的职业通道之间无法形成有效的切换，导致不适应岗位的员工无法通过职业梯改变工作岗位等问题，最终导致大量的优秀人才外流。所以，内部的职业通道建立，以及职业通道中的晋升激励等都对人力资源管理中的用人效果产生着重要的影响。那么内部晋升对企业员工会产生哪些激励呢？

资料来源：http://bbs.chinahrd.net/thread-823252-1-1.html

第一节　基于岗位的晋升激励概述

内部晋升对员工来说具有较强的激励性。尤其是高层管理者的晋升，可以给企业带来一场空前的晋升竞赛。例如，当一个副总位置出现空缺，很多部门主任、部长甚至分公司的厂长、经理等都有资格参与晋升竞赛，这样每个候选人都会带领其部门积极地工作，创造出色的业绩，从而在相对业绩评估中脱颖而出，获得晋升竞赛的胜利。这样当某个部门的部长获得晋升，其下属就有机会获得晋升，这样整体职业梯上的员工都获得了晋升的机会。所以，高层的内部晋升可以带动整个公司的积极性，给企业带来超额利润。

内部晋升使得招聘员工更加准确，节省招聘成本。内部晋升只需要在企业内部发布招聘广告，无须到企业外部进行招聘，节省了差旅费、误工费等。

内部晋升也可以在企业内部形成"用脚投票"和人力资源重新配置的结果。例如，部门主管管理方式存在问题，能力低下，优秀人才无法得到重用，那么他们就会通过内部晋升的方式，到相应的空缺岗位应聘，进而形成了"用脚投票"的效果。如果一个部门中优秀的员工较多，说明该部门的主管管理能力较强；否则在一定程度上说明部门主管能力存在问题。内部晋升的员工有时候是在当下的工作岗位上不合适，没有能够发挥出实力，人岗不匹配造成效率低下。在内部晋升的情况下，员工可以公开应聘适合自己的空缺岗位，从而使得人岗在内部晋升的制度下实现匹配。另外，内部晋升也可以使得内部晋升的员工快速地适应工作程序，减少培训和磨合成本等。

内部晋升给员工在企业内部发展提供一个比较长的职业发展轨道，从而拓宽了员工在企业内部的发展空间。通过内部晋升建立内部劳动力市场，可以培养员工各种技能。如果员工在企业中工作时间较长，就会形成企业特殊的人力资本，这种特殊的人力资本具有企业专有资本属性，这样会使得员工更具有稳定性，同时也会给企业带来更多的利润空间。这种专有人力资本的形成也增加了员工工资，工资的增加主要体现在企业内部的不断晋升使员工获得的薪水大幅度上涨。内部晋升在保证员工稳定的情况下，也有利于企业对员工进行培训。员工长时间在企业内部工作，掌握熟练的技术，具有丰富的经验，也更有利于改进生产技术，形成创新。所以，内部劳动力市场的完善有利于员工的自我发展和企业的可持续发展，最终实现企业和员工对剩余利润的共享。

完善的内部劳动力市场，可以促使员工更加努力地工作。因为当企业发展迅速时，会出现很多空缺岗位，以促使员工努力工作，通过岗位晋升获得工资上涨等。但是当企业衰退时，员工很有可能被解雇，那么长时间在企业工作的员工，一旦被解雇，就会面临重大损失，如前期的延期支付、沉淀的专有人力资本投资等。所以，当企业遇到危机时，员工会努力工作，和企业一同渡过难关。从本质上来说，员工在企业中工作的时间越长，资历、经验、专有人力资本越多。这种内部劳动力市场主要通过套牢的方式，使得员工和企业紧紧地捆绑在一起，在一定程度上也降低了员工的自由性和与企业谈判的能力。

晋升也很容易滋生腐败，产生近亲繁殖等现象，尤其是在企业快速发展的过程中，仅仅局限在内部晋升可能会出现候选人胜任能力不足的现象。同样，晋升也是基于相对考核的方式，这样就会出现员工之间的不团结，彼此破坏绩效等现象。如果将晋升作为一种激励手段，那么就丧失了激励的灵活性特点，而很多晋升需要较强的专业技术，局限性较强。晋升在有些员工那里并非很强的激励手段，如科学家和教授等。

第二节 基于岗位的晋升绩效标准

在企业员工晋升过程中，可以采用两种晋升标准：一种是根据员工的工作绩效来选拔，这样通过个人绩效的相互对比，优选出绩效最好的员工为空缺岗位的候补者。另一种是只要达到了空缺岗位的任职资格，无论是谁都可以获得晋升，这意味着此种晋升只是简单地根据任职资格来确定员工是否可以晋升，但晋升的人数没有控制，这种情况会造成所有的考核员工都可能会达到空缺岗位的任职资格，从而获得晋升。所以在空缺岗位的晋升过程中，前一种是按照相对绩效来控制候选人数；后一种是以绝对的任职资格为晋升标准。将相对绩效作为员工晋升的依据，员工的绩效是建立在同事的绩效基础之上的，有很大的不可控性，这样就会降低晋升对员工的激励；同样，采用以任职资格为标准的晋升，会导致很多人都符合任职资格，最终形成集中趋势，导致无法甄别最终晋升哪位员工，或者一次要晋升多位员工的现象出现。

一、按照当前岗位绩效的内部晋升

（一）按照当前岗位绩效的内部晋升层次的最优选择

一般职位越高，任务越重要，对员工的综合能力要求也就越高，为此给予员工的薪酬水平也就越高。同样，员工要想在较高的职位上工作，必须具有较高的能力、突出的业绩表现。如果一个职位对员工的要求与其能力相对应，且能给予该岗位上员工的报酬非常丰厚，那么员工就会非常努力地工作满足职位标准的要求，否则该员工就会被解雇，从而失去高薪的职位。如果工作阶梯上每个层级的报酬、绩效水平以及每一个层级上晋升标准设计恰当的话，员工们就会努力地工作进而获得晋升，直至晋升到一个恰当的位置。这个恰当的位置就是自己的绩效足够好，以保障其能够在当前的职位上任职，但是他也不愿意继续增加自己的努力获得更高的绩效来获得工作的晋升，因为要想获得进一步晋升，相对于他的能力而言，必须付出更高的努力成本，但获得晋升给他带来的回报会少于这种额外努力付出的成本。这样员工会根据自己的能力来进行自我选择，即是否继续增加努力程度获得更多的绩效以赢得晋升机会。该过程如图 6-1，横轴代表员工的努力程度和职位等级，纵轴代表员工努力付出的个人成本，以及获得的绩效或报酬。随着努力程度的增加，员工努力获得的报酬增加速度越来越慢，因为已经工作得很好，再增加努力使得自己的绩效更好相对较为困难。所以，随着努力程度的增加，员工要想获得同样绩效的增加必须付出更多的成本。如图 6-1 所示，员工在增加努力程度的过程中成本会越来越多，绩效和回报增加的速度会越来越慢，当员工通过努力获得的边际回报与发生的边际成本相等的情况下（如图 6-1 中 A 点所示），员工达到最优的努力程度，此时员工在该努力水平下，既可以保持当下的工作岗位，又可以获得自身效用最大化。

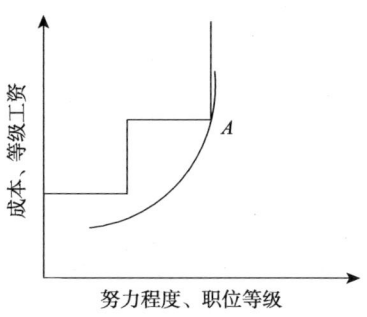

图 6-1　员工晋升中最佳的职位等级

如图 6-2（1）所示，员工 A 工作能力较强，那么该员工随着努力程度的增加付出的成本相对偏少，获得的绩效增加量相对较多，进而其均衡的努力程度相对较大，获得的晋升层级也相对偏高；如图 6-2（2）所示，员工 B 工作能力较差，那么该员工随着努力程度的增加付出的成本相对偏多，获得的绩效增加量相对较少，进而其均衡的努力程度相对较小，获得的晋升层级也相对偏低。通过晋升这种方式也可以实现员工的自我定位与自我选择。

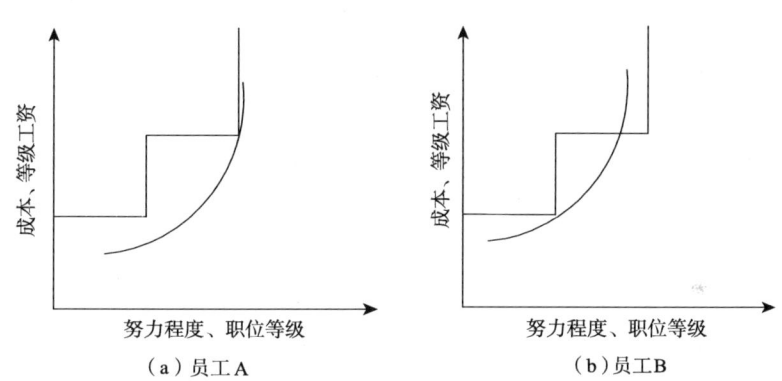

（a）员工 A　　　　　　　　　　（b）员工 B

图 6-2　不同能力的员工晋升最佳职位等级选择比较

员工一旦获得均衡的晋升职位，就会稳定下来，且获得与其创造的边际产品价值相同的工资回报，所以此时企业不会从员工身上获得任何的经济租金或者超额利润。然而企业可以从晋升过程中的员工身上获得经济租金，因为他们会不断地增加自己的努力度，以获得额外的工作绩效的增加，虽然其工作绩效增加了，但由于其工作职位没有获得晋升，就会给企业带来经济租金，即超过工资的边际产品价值净值。所以很多企业愿意吸引具有晋升潜力的员工加入本企业工作。

（二）按照当前岗位绩效的内部晋升的优劣势

将当前工作岗位的绩效作为晋升的依据，如同相对考核一样，可以消除不可控因素，规避集中趋势，最终选拔出最出色的员工。同时按照当前岗位考核可以促使员工将精力放在当前的工作岗位上，形成晋升竞赛。一般而言，晋升的岗位越高，晋升竞赛带给企业的福利增加值也就越大。

将当前工作岗位的绩效作为晋升的依据,可能会破坏员工之间的团结,导致公司内部不良的人际关系。采用相对绩效作为员工晋升的考核标准,使得那些晋升无望的员工会自愿放弃,因为他们的绩效决定不了是否可以获得晋升,他们的绩效是通过同事的绩效来评判的。最终导致员工对个人绩效排名的影响力较弱,也会促使那些虽然在当前的岗位上业绩平平,但在目标岗位上工作却会很出色的员工自动离职。也可能由于当下是根据相对绩效来决定晋升的,造成某一个部门中都很优秀的员工由于数量限制而无法获得晋升,最终导致优秀员工的流失。这种晋升标准也可能促使员工只关注当前岗位的绩效而忽略了人力资本投资,造成在晋升后的工作岗位上不胜任而使得晋升失败。

二、按照目标岗位任职资格的内部晋升

(一)按照当前岗位绩效的内部晋升的优劣势

假设现在的工作岗位上有两名员工——A 和 B,他们能力相当,当前工作岗位绩效的高低取决于努力程度。如果岗位晋升是将他们当前的绩效作为依据,他们会非常努力地工作。然而当前岗位上的努力代表他们对当前岗位的胜任能力,不代表拟晋升的目标岗位要求。假设两个人虽然在当前岗位上的工作能力相同,但在拟晋升的目标岗位上的能力并不相同,可能其中一个人被提拔到目标岗位后会给企业带来较大的利润提升,但是企业对二人未来岗位的胜任能力并不了解。在这种情况下,员工 A 和 B 就会面临两种选择,即把自己的工作时间都分配到当前的工作上以提高当前的工作岗位绩效;或将自己的工作时间都分配到目标岗位的任职资格条件的获取上。后者晋升的可能性更大,但这种做法会降低当前工作岗位上的业绩。

在晋升的激励下,员工的工作将会具有自我选择性。每个员工都会对自己将工作时间全部分配到目标岗位的资格条件获取上形成的收益与自己当下工作业绩的降低而形成的损失进行权衡。企业也会通过一定的晋升政策来引导员工将工作时间在当前的工作和未来的资格条件获取之间进行合理的分配。因为一旦员工将所有的工作时间都分配到资格获取上,那么当前的工作损失就是企业要承担的代价。如果雇主能够完全观察到员工的工作时间分配,雇主可以根据与晋升相联系的工资差别解决该问题。此外,在制定晋升政策时,还必须满足参与约束条件,即晋升员工获得晋升后的工资报酬不低于外部企业给予的机会工资水平,除非这样做比该员工跳槽带来的成本更高。

(二)按照任职资格标准的内部晋升层次的最优选择

将目标岗位的任职资格作为晋升的依据,如同绝对考核一样,只要达到了任职资格就可以获得晋升。这样避免了同事之间的竞争和相互破坏绩效的情况,促使员工团结合作,也有利于员工的人力资本投资,可以促使员工主动地提前培养未来岗位所需要的能力。

以目标岗位的任职资格作为晋升标准往往会导致员工将时间更多地分配到资格获得上,而非当前的工作岗位上,使得企业形成无形损失。这种基于任职资格的晋升也会导致企业无法控制晋升的数量,大规模提拔员工,最终导致企业人员冗余等。所以,很多

时候企业往往将两种标准综合使用。

三、混合型的内部晋升

根据上述分析，将当前岗位上的绩效作为晋升依据，员工就会将工作时间全部分配到提高当前的工作绩效上，但依据当前的绩效决定晋升资格，候选人在拟晋升的目标岗位上可能会不胜任，因为目标岗位的资格要求和当前岗位的资格要求并不相同。如果是按照资格条件来作为晋升的依据，那么员工就会将工作时间全部分配到拟晋升工作岗位的任职资格获得上，使得当前的工作业绩受损。所以，为了使员工能够将工作时间合理地进行分配，减少企业的损失，需要采用合适的报酬与晋升政策。

（一）任职资格与未来目标岗位绩效密切相关

如果员工是否胜任目标岗位会对企业的利润产生很大的影响，那么就有必要花费成本搜寻到合适的候选人，并将他提拔到合适的工作岗位上。在这种情况下，如果不希望雇员忽视当前的工作，而将所有的时间花费在资格条件的获取上，企业就必须提供某种激励以使得雇员将他们的工作时间分配到当前的工作上。

当前岗位和目标岗位的报酬差距使得员工错误地匹配了工作时间，所以缩小这种工资差距，就会减弱员工错误分配工作时间的动机。但是这种方法不能完全消除这种错误的时间分配，因为当前岗位和目标岗位的工资差距不可能完全消除。只要报酬与当前的绩效没有关系，任何报酬差距的存在都相当于激励员工完全忽略当前的工作活动，因为对于雇员来说，这样做的成本为零。所以，当前的工作报酬要和当前的绩效联系起来，这种联系可以激励员工将工作时间分配到当前的工作上以提高绩效，获得较高报酬。也可以将当前的绩效部分和未来岗位的晋升联系起来，进一步激励员工将工作时间分配到当前岗位的工作上。

（二）任职资格与未来目标岗位绩效无关

如果员工是否胜任目标岗位与其在目标岗位上的绩效没有关系，不会对企业利润产生较大的影响，那么谁获得晋升都将没有太大意义，就可以提拔当前绩效最好的员工。如果当前的绩效结果不可测量，那么可以随机地挑选一个候选人晋升。这种做法可以使员工将全部的工作时间分配到当前的工作中去。

如果任职资格部分地与企业利润有关，那么可以采取混合的方法，通过一定的绩效标准和晋升标准综合性地对员工进行激励。

四、晋升激励与工作激励

在相同的企业规模下，如果企业结构是垂直式的组织结构，一般企业管理层级越多，晋升的目标岗位相对越多，更有利于企业采用晋升激励。为了产生更强的晋升激励，一般企业会设置与晋升相关的工资，即员工的工资很大一部分依赖于职位的晋升；如果企业结构是扁平式的组织结构，管理幅度较大，管理层级较少，也就意味着每个员工具有较强的自主性，在当前的工作岗位上可以充分发挥员工的工作能力和创造能力，工作本身就是一种激励，而非晋升，所以企业在设置薪酬时的原则是工资差距不是通过层级拉开的，而是通过工作本身拉开的，员工主观能动性在其中发挥作用。如图6-3（a）所示，工资的差距主要依靠晋升，只有通过晋升才能获得较高的工资；在图6-3（b）中，不同层级之间的工资差距较小，工资多少主要取决于当前岗位员工的能力和绩效。一般情况下，企业的层级越多，越倾向于采用图6-3（a）中的工资与职位层级的设计，扁平式的组织结构倾向于采用图6-3（b）中的工资与职位层级的设计。

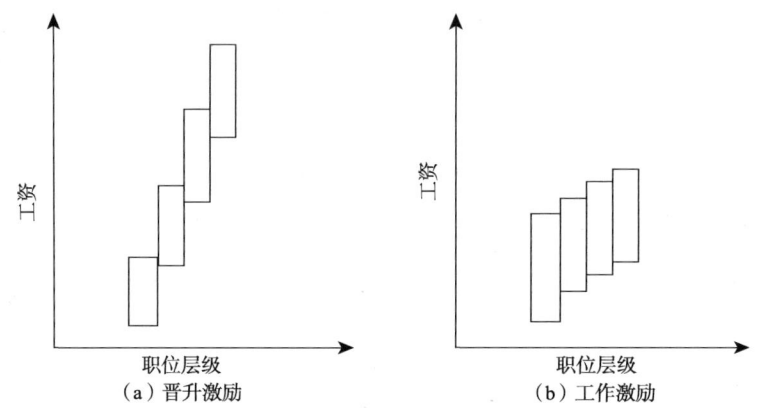

图6-3　晋升激励与工作激励

五、等级职位报酬差距

企业内部的管理一般是一种金字塔结构，层级越低，管理幅度越大；层级越高，管理幅度越小。在图6-4中，当所有的管理职位都处于空缺状态时，员工晋升的可能性较大，因为基层的管理数量较多，此时晋升相对比较容易，晋升后与晋升前的岗位工资差距主要是为了吸引员工积极工作以获得晋升。此时仅仅需要一个很少的工资差距就足以吸引员工参与晋升竞赛的游戏。

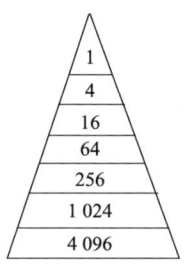

图6-4　组织层级与管理人数

当员工晋升到一定层级之后，员工晋升的难度会逐渐地加大。首先是因为参与晋升的同事数量虽然越来越少，但他们都是从基层晋升上来的最优秀的员工，所以竞争的激烈程度并不比低层级低。同时较高层级的职位空缺会随着层级的升高而越来越少，这就导致了员工晋升竞争越来越激烈，同时员工要想成功晋升，其付出的努力也会更多。所以为了吸引员工在较高层级上进行晋升竞争，必须保证员工在晋升之后获得的工资足够多，以弥补在晋升竞赛中努力付出的成本。所以，基于这种晋升的岗位报酬设计，应该是随着岗位层级的升高，员工的岗位工资增加的幅度越来越大，合理的职位等级工资差距表现如图 6-5 所示。

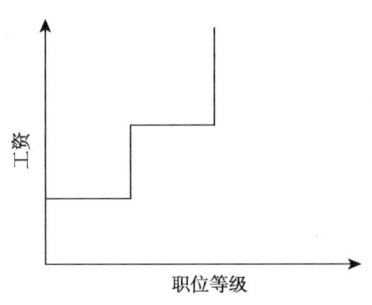

图 6-5　职位等级与工资

晋升竞赛工资主要适用于高层管理岗位的管理层，因为较低层次员工的晋升竞赛无法满足一旦获得晋升就会得到高工资回报的条件。在高层中实行晋升竞赛工资时，晋升的依据是员工的相对绩效，且一旦员工获得晋升就可以得到较高的回报。所以从企业内部的职位等级工资差别也可以看出企业是否实行了晋升竞赛工资制。例如，在图 6-6（a）中，A 企业由于不同等级职位的工资差距相对较小，不适宜采用晋升竞赛工资，而在图 6-6（b）中，B 企业不同等级职位的工资差距比较大，说明该企业实行了晋升竞赛工资。

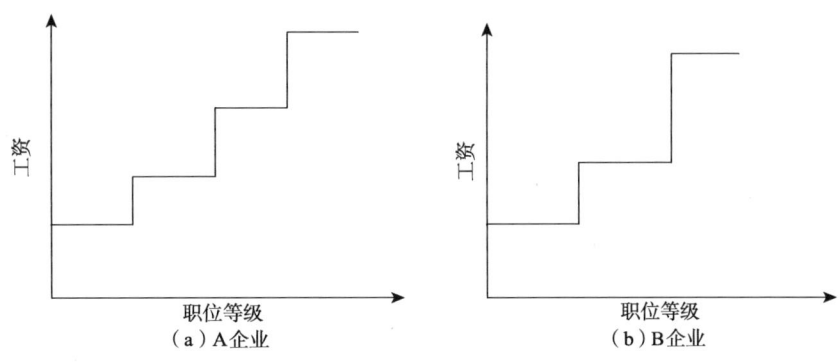

图 6-6　不同激励下的职位等级与工资对应关系

第三节　具有激励性的职业通道设计

一、为什么要构建职业通道

企业通过职业通道建设，可以构建一个相对完善的内部劳动力市场，使员工根据自身的能力沿着与之匹配的职业通道发展，在不同的职业通道层级上，体现其相应的价值。企业还可以构建与职业层级相对应的工资层级。不同的职业通道层级对工资影响相对较大，在同一个层级内部为了体现个体能力的差异，也应该具有一定的工资差异。随着员工对企业的贡献和能力的提升，其在职业通道上获得快速晋升。为了体现员工的能力，职业通道的进口和出口以及转换口将非常重要。职业通道进口和出口的设立，可以使员工转换职业通道，也可以实现岗位的有上有下，充分实现职业通道建设的动态性。只有实现了职业通道的动态性，才能确保员工可以在企业内部不同性质、不同类型、相同工种、不同工种之间任意切换，可以保障劳动者在企业内部找到适合自己才能发挥的岗位，找到适合自己领导风格的上级，找到适合自己风格的同事等，最终实现人与人、人与事的匹配。与此同时，在人与事的匹配上，也可以使员工通过岗位的转换，找到自己能力与岗位要求以及自己要求与岗位回报相一致的岗位，更有助于企业发现能力快速提升的员工。否则会出现员工无法通过职业通道的转化来发现适合自己的岗位，或者在晋升中遇到职业瓶颈无法克服等问题。

二、职业通道设计

（一）通过职业通道中职系、职级和职等的确定，实现职业通道有序化管理

为了使员工在企业中获得长足发展，必须结合员工的工作性质来设置不同的职业通道，也就是说要按照企业目前存在的工作状态来设置不同的职位系列，这些不同的职位系列构成了职业通道。假设公司目前存在着管理类、工程类、会计类、经济类、技术类五大类工作，按照职业通道，需要将企业目前的工作分别设置为管理系列、工程系列、会计系列、经济系列、技术系列等。

在职位系列确定之后，按照这些岗位系列分别设置不同岗位价值的职位等级（职级），这些职级代表了岗位价值的高低，同时也代表了以后员工晋升的等级和空间。对于同一系列中的职位等级，需要结合企业的长远发展需求将职位等级明细化。例如，对管理系列，需要设置总经理、副总经理、部长、业务主管、科员等等级；对工程师系列，需要设置高级工程师、中级工程师、初级工程师、未参评人员；对会计师系列，需要设置高级会计师、中级会计师、初级会计师、未参评人员；对经济师系列，需要设置高级经济师、中级经济师、初级经济师、未参评人员；对技术师系列，可以分为高级技师、中级技师、初级技师等。

为了实现职业通道的互通性，以及不同职业通道岗位价值的可比较性，还需要建立不同职位系列中具有相同岗位价值的职位等级（职等），如高级工程师、高级会计师以及高级经济师是否具有相同的职等，即他们的责任大小、难易程度是否相同。如果具有相同的职等，那么他们虽然处于不同的职位系列中，但职位是可以相互转换的，也就是说员工可以在不同的职位上进行轮岗，但务必保证轮岗的这些职位虽然处于不同的职位

系列，但一定是处在同一职等上。这样不但可以通过该职等打通不同职位系列的职业通道，也可以为薪酬管理奠定工资体系设置的基础。

（二）职业通道体系设置，解决晋升的瓶颈问题

为了实现上述企业内部的人力资源流动机制，必须建立综合性的职业通道，即纵向职业通道、横向职业通道以及双向职业通道类型。通过这几种职业通道的构建，促使企业内部员工实现在企业内部各个岗位之间的转换和晋升。

如图6-7所示，假设企业存在工程师系列、设计师系列、政工师系列、会计师系列等专业性岗位雇员，部分人可以承担管理岗位，也可通过一定的职业通道，将其从相应的等级上转换到管理系列，而非只是工程师系列、设计师系列、政工师系列、会计师系列等这样简单的职称评定，且评定后必须通过管理系列来实现其职业的发展通道，以至于浪费了他们相应的专业才能。可以围绕管理系列、工程师系列、设计师系列、政工师系列、会计师系列等，分别建立相应的职业通道。与此同时，围绕相应的职业通道建立职业发展路径，分别形成纵向的职业通道体系。根据各个职业通道上不同等级或层级上的岗位责任大小和难易程度，将相应的岗位划分为不同的等级，按照等级要求，实现不同纵向职业通道向横向职业通道的切换，即员工可以在相同的职位等级上，在不同的管理、技术等岗位上轮换，实现员工在企业内部网状的职业发展通道。

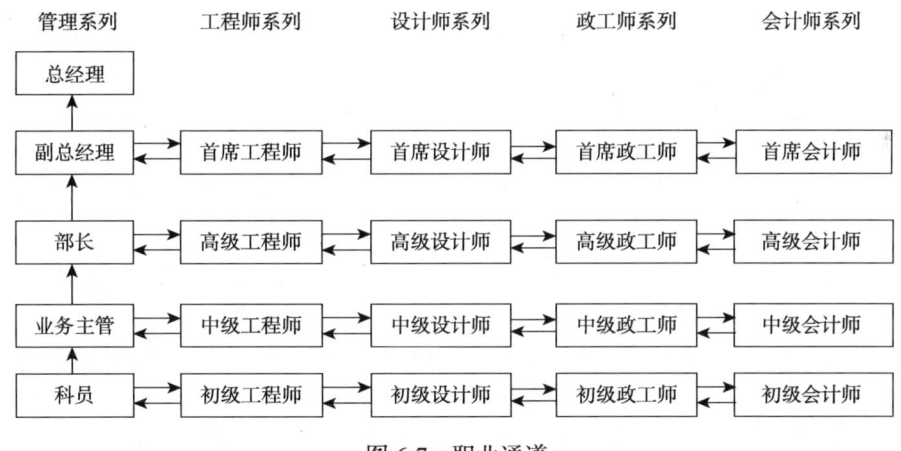

图6-7 职业通道

对技术工人来讲，虽然他们没有较高的学历，但如果在工作中具备了相应的工作能力，也可以进入管理系列、专业才能系列，这就需要对他们的职业通道与专业人才职业通道进行对接，使他们具有更广阔的发展空间，给予他们在企业中长期发展的希望，而不仅仅是工资水平的提升。因此，这就需要设置一种Y型的职业发展通道，即他们在技术等级上如果达到较高水平，就可以考虑往专业才能系列或管理系列进行转换。这样一来，上述的职业发展通道图形可以进一步修正为图6-8。

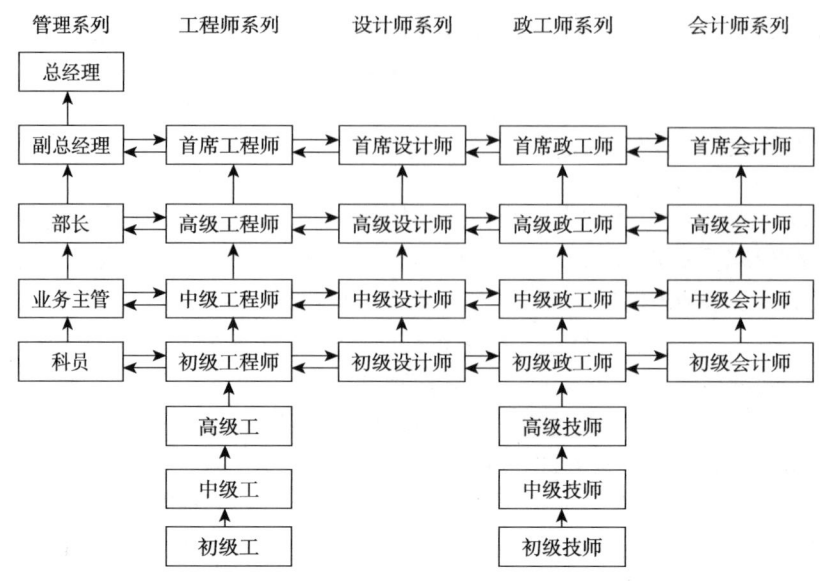

图 6-8　修正后的职业通道

三、研究人员的职业激励

在研究人员一生中，研究工作效率并不是一成不变的。它波动很大，似乎遵循一个典型的模式。研究人员论文生产率首次提高后，在几年的工作之后，第一次下降，在其职业生涯结束后又出现了下降。Lehman（1953，1958，1966）是第一个通过使用横断面数据系统分析这种模式的人。他研究了年龄与科学的生产力之间的关系，并发现，在开始阶段，研究人员生产率大幅提高后，其之后职业生涯中的生产率就会显著下降。最高产量的年龄在某种程度上与学科相关，而且一般产出最高峰年龄介于 30 岁到 45 岁。

还有一些研究也证实了经济学家们的结论：研究人员的生产率在职业生涯开始时上升，在职业生涯结束时下降。Goodwin 和 Sauer（1995）发现，在获得终身教职后，研究人员的产出下降，而 Mahoney 和 Ready（1997）发现，有终身职位的经济学家在期刊上发表的文章少于没有任期的经济学家。Coupe 等（2003）的研究显示了激励和经济学家产出的相关性。他们指出，根据竞赛理论，如果全职教授和副教授之间的工资差异更大的话，助理教授和副教授的工资差也会增加。在美国和德国的 112 名经济学家和商业经济学家的纵向数据样本中，他们计算出了文章发表的生命周期模式，并发现了非常相似的模式。他们认为，研究生产力是由激励和技能的结合推动的，这两者都取决于国家大学系统的制度特征及其各自的职业通道。

美国和德国研究人员的一种职业成果发表模式是由同样的基本机制决定的：在职位晋升之前，他们论文发表的数量很多，但是在晋升之后，则会出现下降。另外，他们发现美国和德国研究人员之间存在一些显著差异，这些差异可能与研究人员职业通道设计的特殊差异有关。对德国研究人员来说，技能在筛选阶段更为重要,因为第一次升职是由资格要求决定的,即所谓的 Habilitation(指获得此种资格的过程)。

与美国的研究者相比,德国研究人员缺乏第二个主要的职业发展阶段,因为他们的晋升教授几乎和晋升副教授一样重要。德国大学系统的重新任命提供了相对较低的收益,因此不足以吸引研究人员大幅提高他们的工作效率。对于美国研究人员来说,情况就不同了。他们的研究成果数量显著高于晋升为全职教授之前的数量,表明这次晋升为提高研究产出提供了有效的激励。

研究人员通过调整生产和投资行为来对晋升标准做出反应。对一位美国全职教授的晋升,以及对一位德国教授的首次任命来说,在各自的顶级期刊上发表文章都是很重要的。作为一名在这些竞赛中竞争的研究人员,他们有强烈的动机在各自的顶级期刊上发表文章。德国经济学界大幅提高国际期刊发表在晋升中的重要性,那么年轻研究人员也会相应地做出调整,这样我们可以预见将来会有更多的高质量文章在国际期刊上发表。

第四节　人事经济学关于内部劳动力市场的讨论

Osterman(2011)从制度经济学、劳动经济学等角度分析了内部劳动力市场的诸多问题。本节主要采用其研究观点对人事经济管理在内部劳动力市场的运用进行说明。

Lester(1946)和 Machlup(1946)就劳动经济相关理论讨论了均衡和边际分析的作用,Rottenberg(1956)对现实主义应有的理论进行了评论。Myers 和 Shultz(1951)通过局部的劳动力市场理论对流动性和完美信息的标准假设进行了批判并认为,"在劳动力市场中,摩擦、不完美和'人为因素'更大"。竞争模型经常给出错误的、误导的或过分狭隘的答案(Kaufman,2008)。

到 20 世纪 60 年代中期,随着人力资本理论的兴起和信息模型的精化,这些争端似乎已经解决了。这些模型解释了许多制度主义者对劳动力市场运作的观察。这些制度主义者后来归属于产业关系学派。

制度劳动经济学的一个研究重点是研究和解释公司的人事行为,特别是组织内部劳动力市场的规则。内部劳动力市场是制度理论的一个重要领域,因为管理就业规则的存在使经济学者转向了内部劳动力市场,而不是仅从供应和需求的简单模型中分析劳动问题。此外,当前公司组织工作也发生了巨大变化。了解推动这些转变的原因,是该领域研究的核心内容,同时也引发了一个问题,即制度视角可以提供什么价值。

在过去的几十年里,组织工作的标准模式已经改变,我们现在观察到的内部劳动力市场呈多样性。如果企业面临不同的约束,它们的多样性并不难理解;然而,在同样的经济环境中,企业之间也存在着差异,这表明了制度的作用。

新的人事经济学(new personnel economics,NPE)已经成为劳动力经济学一个重要的子领域(Lazear,2000)。人事经济学试图从一个优化的角度来解释组织的人员和内部劳动力市场实践。例如，NPE 已经解决了为什么内部劳动力市场普遍存在的问题。由于新的人事经济学与大多数标准经济理论相一致，因此它没有受到挑战。与此同时，传统的制度劳动经济学，适当地更新，采取不同的观点后，对同样的话题有很大的发言权，因为有更多以制度为导向的学者，他们中的许多人是社会学家，但其中一些更年长的人，他们更倾向于对组织进行分析。因此，对于制度经济学的实质要比以前理解得更深刻。

研究内部劳动力市场，必须考虑以下三个合乎逻辑关系的问题。第一个问题是组织是否有影响就业实践和结果的规则。第二个问题是这些规则是否具有约束力，因为它们导致的结果与标准供给和需求模型预测的结果不同。如果前两个问题都是肯定的，第三个问题是解释这些规则的起源以及它们为何持续存在。

产业关系学者往往接受内部劳动力市场规则的存在。回答第二个问题相对具有挑战性，因为建立反映事实情况及对标准的劳动力市场的运行结果进行预测都充满挑战。总的来说，结论是制度经济学和产业关系学者认为内部劳动力市场规则实际上会以不同于那些忽视公司行政规则的模型所预测的方式来影响市场运行结果。

关于第三个问题，即内部劳动力市场规则的起源和存在性，正如 Lazear 和 Shaw（2007）在《新人事经济学》中所总结的那样，"是为了使公司采用最优的管理实践"。NPE 的典型研究策略是确定一种经验上普遍存在的人员实践，并开发一种模型，该模型认为实践是解决模型中提出问题的最有效的方案。NPE 采用了标准经济学的均衡假设，即如果企业在竞争市场中犯错并采用次优的实践，它们将会在竞争中失去竞争力。

在开发这些模型的过程中，NPE 利用了四个理论（Barley，1989）：人力资本理论、最佳工作安排模型、激励契约和锦标赛模式，这些理论的中心思想都是众所周知的。人力资本理论涉及技能的获取，以及在公司背景下的学习轨迹和后果。最佳工作安排模型试图确定组织能够匹配技能和工作需求。激励契约关注解决企业内部的主要问题。锦标赛模式则侧重于使用晋升手段来提供激励，并以相对绩效来对员工进行分类。

Osterman（2011）提出了另一种制度分析方法。在 Osterman 的论点中，他并不认为主流劳动经济学不重视制度。他研究了最低工资、工会、就业保障立法、临时援助机构以及各种其他劳动力市场机制的影响。然而，在这类文献中，最低工资、工会、就业保障立法、临时援助机构以及各种其他劳动力市场机制等都被视为公司的外部约束，NPE 的公司行为模型仍然是定义良好的对象函数，以满足供给、需求、外部机制等外部约束（Osterman，2011）。

一、内部劳动力市场是政治化过程的结果

关于公司如何组织工作，Osterman 认为存在两个阶段。首先，组织的特点是具有竞争性的目标和合法性。其次，观察到的内部劳动力市场是解决由于竞争性目标与合法性而产生的冲突所形成的内部政治进程的结果。当然，也有其他的模型和思维方式

通过目标和行为认识到组织内的冲突。但是它们的重点是团体利益而不是个人利益。NPE解决冲突的方法主要集中在委托代理问题上，这种方法的核心是认为个人是参与者，而这个人被看作是一个原子化的、自私的效用最大化者。相反，社会心理学家强调个人动机（Pfeffer，2007）。这种社会心理的观点在理解个人层面的内部动机的作用、互惠和礼物交换的重要性、地位不一致、稳定的预期、人际关系等方面比较实用。Osterman强调了群体规范、冲突和协商。许多学者关注群体冲突的目标和规则，他们认识到公司包含了不同的组织，对组织的合法目标有不同的观点。Commons（1934）写道，经济冲突不只是个人之间的冲突，还是"阶层"或"个体阶级"之间的冲突。

Osterman 认为内部劳动力市场结果是一个旨在解决群体层面冲突的政治过程的结果，与March和Simon（1958）所称的行为的"机械人模型"相反。March和Simon（1958）的观点认为，组织可以被看作是一种算法，它可以接受输入。例如，根据价格和生产过程的数据，通过生产函数输出最优的结果，然后根据预测结果进行再生产。一个更令人关注的问题是，这种观点假设了一个组织的计算能力。更重要的是，这种机器模型代表了对组织决策的不准确描述，而且功能过于强大。Jacoby（2010）在对标准理论的批判中指出，"有一种倾向，即在不考虑其历史原因的情况下，在功能性或效率方面对雇佣行为进行合理的理性化（这种做法是如何产生的）……具有复杂性"。

在研究内部劳动力市场政治化过程中，虽然关于内部劳动力市场规制的政策是由一个人签署的，但这个人事实上并没有单方面的力量对一个"最佳"的决定做出决策，而是必须考虑组织内其他成员的观点以及这些团体的力量。一旦这一点被接受，那么就为内部劳动力市场规则的决定机制打开了大门。

在此对Gouldner（1954）的工业官僚主义经典模式做一个延伸说明。在其研究的一个案例中，他分析了官僚制度的起源和实施，涉及的问题包括出勤率、安全、工作的投标以及努力，探索公司如何创造内部劳动力市场。他描述了每条规则是如何形成的，并认为它们不是基于普遍的功能性理性，而是基于相互竞争的利益的结果。例如，他举例说明了几个不同的员工群体的世界观和利益，在职管理人员和新聘用的外部经理之间的差异，以及这些差异是如何根据具体的情况而变化的。问题不只是简单地说他们有不同的自我利益，而且他们对组织和组织的行为也有不同的看法。因此，内部劳动力市场反映了一个解决这些冲突的政治和社会进程。

二、内部劳动力市场具有动态性

Osterman（2011）认为组织内部的人事规则是从群体目标和利益的复杂交互中产生的。这种复杂的交互包括了诸如规范和习俗、社会结构、竞争利益、寻找合法性和权利等群体层面的重要因素。近年来，随着企业竞争压力的增加，许多传统的内部劳动力市场做法似乎成本更高，因此改变它们的压力也随之增大。此外，NPE学者也可能会有理由认为，基础技术已经发生了改变，影响了最佳的保留政策。例如，供应商的应用，承包商和外包商利用率的增加，绩效工资中的创新。通过制度或政策了解经济压力，对于全面了解我们所观察到的实践的起源和运作是至关重要的。组织内部的团体寻求改变压力来影响内部劳动力市场规则，以满足他们自己的利益，而实际的内部劳动力市场规则反映了这种实践活动。

三、内部劳动力市场与职业梯

20 世纪初，美国公司的内部劳动力市场逐渐出现，直到大萧条，然后加速发展，呈现出不同的形式，与此同时工会力量快速增长（Kaufman，2008）。NPE 认为公司努力寻找更有效的方法来管理日益庞大的组织，根据商业周期变化改变管理策略，以限制员工的离职成本。离职成本之所以较高，是因为它浪费了大量的人力资本，而在高离职率的组织中，提供在职培训和投资也是有问题的。为了减少人员流失率，需要建立完善合理的薪酬系统来形成一种稳定的劳动关系。同时，人力资本投资的属性强化了这种关系。员工在接受早期职业培训后在该公司有着长期稳定的职业生涯，才可以给自身和公司带来足够的回报。

公司需要时间来了解员工的能力，借助的主要手段是公司的职业梯（Farber and Gibbons，1996）。内部劳动力市场通过创造长期的就业机会来解决企业激励问题，因为博弈过程是一个循环过程，总有下一个回合（Williamson，1975），机会主义可以被最小化。

内部劳动力市场兴起的争论主要有两个方面。一方面是工会的存在可能会对公司施加压力，形成一种雇佣惯例，如基于资历的晋升等。另一方面是职业梯的存在，它通过内部人事管理来实现，鼓励员工通过努力工作和表现实现自身利益最大化。

在 20 世纪初期，美国的公司——甚至是大型公司——并没有完善的内部劳动力市场。取而代之的是，它们通过所谓的驱动系统来管理它们的劳动力，在这个"驱动系统"中，大量的自由支配（通常是任意的）权利交给了直接主管。因此，在经济增长和劳动力短缺的时期，离职率很高，这种情况需要通过创造就业机会和完善人员系统来稳定劳动力。

在经济萧条时期，不同因素的相对重要性发生了变化。在工会化的行业中，内部政治压力促使公司建立正式的就业阶梯和以产业内部劳动力市场为特征的年资系统。非工会组织随后模仿这些系统，以避免工会化。此外，公司内部的人事专家积极地促进了就业实践的实施。

当然，基于市场力量和效率最大化的考虑是有很大的空间的，但需要加入这些企业中的重要利益集团——工会、人事专家和政府——以及外部机构的行动。只有当这些"参与者"利用它们的资源向它们所喜欢的方向施加压力时，才能理解这些"参与者"的相互作用。

内部劳动力市场形成的内部政治冲突基于工作的定义和内部劳动力市场的阶梯。工作阶梯的边界和阶梯等级的产生是政治冲突的结果，其中一些在公共场所进行，另外一些是在公司内部发生的。有一个典型的例子，涉及医生、护士和医疗技术人员之间的纠纷，而且是由于技术的变化和资金的外部变化引起的。甚至在医生中也有内部政治冲突，如内科医生和专家之间的关系。Abbott（1988）在信息技术、法律、医学、工程和建设等领域提供了大量此类冲突的例子。关于在组织内进行政治斗争来明确其工作任务的范围和保护自己免受竞争的群体，并不一定局限于受到高等教育的精英职业。Barley 和 Nelsen（Barley，1986；Nelsen and Barley，1997）提供了广泛的证据，在一系列"低级"技术职业中有类似的过程。

有充分的证据表明，组织中的管理人员和技术人员也会参与到权利斗争之中。所以很难理解由管理人员对技术和任务进行调查之后，就可以确定出最有效的结构工作方式的结果，从而使内部劳动力市场仅仅是一个优化过程的结果。

四、内部劳动力市场与高绩效工作系统的扩散

高绩效工作系统（high performance work systems，HPWS），包括使用团队和各种形式的质量程序，已经在一些公司中实施，有相当多的证据表明，它会导致更高水平的生产率（Handel and Gittleman，2004），但它的扩散进程还是比较缓慢的。员工与管理层之间的内部政治斗争在 HPWS 下是显而易见的。在一项针对非工会和白领的案例研究中，Beer 等（2004）检验了实施绩效薪酬努力失败的原因。他们发现，由于担心薪酬水平会发生难以预测的变化，员工会拒绝接受新工作，拒绝接纳新成员加入他们的团队，最终结论为这一过程是一种"隐性谈判"，而且"高度的承诺（工作系统）只能由员工来创造"。一线主管也会抵制高绩效工作组织（high performance work organization，HPWO），因为他们觉得自己管理的团队在接管他们的部分职能从而感觉受到了威胁（Coyle-Shapiro，1999）。从更广泛的层面来说工会反对给其带来威胁的 HPWO 系统的采用；管理者也会因为害怕失去对员工管理的权利而反对 HPWO 系统的使用。

五、内部劳动力市场中的努力与承诺

在内部劳动力市场中，获得更高层次的员工承诺至关重要，质量和客户满意度是竞争成功的关键。因此，很多学者研究了获得员工承诺的公司策略。

NPE 从效率工资和激励补偿模型的角度来看待员工的努力和承诺，这基于委托代理理论。其观点与效率工资有些不同。在委托代理模型中，努力可能存在扭曲情形，也就是说，努力与否以及努力程度取决于代理人而不是委托人。然而，两种观点有共同之处，那就是，努力在很大程度上取决于个人的工作意愿，而解决方案的关键是要对个人进行正确的激励。Lazear（2000）对安全玻璃制造厂的研究证明了这一观点。研究表明，安装人员对引入的计件工资系统激励措施做出了反应，并且有一个选择过程，在这个过程中，生产率低的员工退出了组织。因此，人们确实对经济刺激做出了预期的反应；但是这种激励措施适用于特殊的情况，即产出很容易被测量和监控，员工们单独工

作，而不是以团队或小组的形式。

尽管人们清楚地认识到，传统意义上的个人激励在激发努力中起着作用，但制度观点所强调的群体过程起着核心作用。员工的努力程度至少部分取决于集团层面，而不是个人激励计划。丰田和西南航空公司在它们各自的行业中取得了巨大的成功，而且它们都因员工在工作中高水平的努力而广为人知，也成功地获得了组织的承诺。在它们的激励系统中（这对于美国的丰田和日本的丰田来说都是如此），这两个组织的资历（在NPE文献中经常被认为是精英统治的敌人）是很重要的。为什么这些组织能够获得特殊的努力和组织承诺，而其他公司却没有获得呢？答案在于制度主义者强调的因素：群体规范和文化。

在思考这个问题时，必须要认识到规范和文化是群体现象，而不是上面所讨论的个体层次的社会心理学的范畴。这一观点与典型的NPE文献中的个人主义观点形成鲜明的对比。例如，Roberts（2004）提出："虽然动机问题可以体现在集团层面，但我们重点讨论激励个人的问题。"这一观点忽略了一个基本观点，即群体行为和群体目标不只是个体参与者行为和目标的集合。

制度研究学者认识到了群体文化和规范是非常重要的。Seashore（1954）的研究显示规范在群体层面上运作，邓洛普（Dunlop，1957）强调了在短期和长期的工资决定过程中习惯的重要性，Roy（1954）描述了团队过程是如何导致懒惰的。在现代人事研究中，组织文化是一个快速发展的研究领域。在西南航空公司和丰田公司中，员工们已经为组织的成功做出了强有力的集体承诺。很多组织不仅仅通过个人奖励或个人的礼物交换激励了员工，也从团体的层面通过制定共同标准激励了员工。

六、内部劳动力市场与临时工策略

近年来临时工的需求激增，这是内部劳动力市场衰退（Housman and Osawa，2003）的一个重要因素。一种与NPE方法相一致的解释是，公司经常使用临时工作为管理薪酬刚性的战略，可以使企业避免一些法院通过限制雇用和有条件的就业所施加的限制（Autor，2001），还可以使得企业避免受到内部劳动力市场规则的影响，并回归到一个更加灵活的劳动力市场中去。从制度的角度来看，上面列举的使用临时工的动机源自公司雇佣行为的制度约束，因此，临时就业在某种意义上的扩大，间接地承认了制度的力量。

Smith和Neuwirth（2008）研究了一个临时劳务公司如何与客户公司的经理和人力资源工作人员进行谈判。这一过程是复杂的，每个利益团体都有不同的观点。人力资源集团努力维持自己的角色和地位，生产线管理部门寻求灵活性，劳务派遣机构不仅寻找业务，而且还要劳务派遣工人谈判。根据Smith和Neuwirth（2008）的说法，"似乎纯粹市场中介的雇佣关系是在谈判中建立起来的，在人力资源人员、生产线管理人员和劳动力市场中介人员之间偶尔发生冲突"。

管理者和普通员工之间也会发生类似的冲突。当公司使用临时工时，他们必须注意到普通员工的反应，而在临时工作中，关于内部劳动力市场规则的具体细节往往由维护状态差异的需要来决定。在对波士顿地区呼叫中心和一家制造公司的研究中，Lautsch（2002）观察到，在决定如何开展临时工作时，两组员工之间的关系平衡是经理们关注的核心问题。她指出，"普通工人赞成维持他们自己和临时工之间的地位差异"。作为回应，管理人士"断言将限制临时工作的范围以避免影响普通工作人员"。Lautsch 补充说：如果成立包含临时工的团队，那些普通工人就会叛变，这样就必须使用更多的临时工人，或者临时工人在普通员工的监督下工作。临时工和普通工人的差异实践会逐渐消失。简而言之，效率方面的考虑是重要的，而经理们则坚持把临时工作作为成本节约的来源之一。

案例分析：刚性工资与职位晋升体系

在大型企业中普遍存在着刚性工资，即工资与职位的层级存在着密切的关系，只要通过岗位的晋升就可以获得较高的工资。这种工资不是由上级主管决定的，而是由企业中的规则确定的，这些规则决定了是否增加员工的工资，是否提拔员工等。如果是由经理而非由人事部门决定这些事情，雇员会经常游说其经理帮其晋升。如果按照规则来晋升，人事部门是不会允许经理直接决定谁可以获得晋升。雇员也会放弃对其经理的游说活动。

资料来源：亨德里克斯（2007）

案例思考题

1. 试问在什么情况下规则要限制员工个人选择的自由？在什么情况下要赋予员工选择的自由？
2. 案例中如何设计晋升规则，以及与晋升相联系的工资规则怎样制定才会对员工有更高的激励性？

推荐阅读

Kaufman B E. 1997. Labor markets and employment regulation: the view of the "old" institutionalists//Kaufman B. Government Regulation of the Employment Relationship. Madison: Industrial Relations Research Association.

Kaufman B E. 2007. The impossibility of a perfectly competitive labor market. Cambridge Journal of Economics, 31（5）: 775-788.

Osterman P. 2011. Institutional labor economics, the new personnel economics, and internal labor markets: a reconsideration. ILR Review, 64（4）: 637-653.

第七章 基于个体选择行为理论的自我选择激励

本章内容及学习目标

本章主要介绍了信息不对称导致在劳动合同签订之前和签订之后形成的逆向选择问题和委托代理问题。为了规避上述问题,从劳动合同签订中不完美合同存在的情形出发阐述不完美合同引发的一系列问题,进而引入声誉以及参与约束和激励约束原则。另外,通过市场的定价规则,本章阐述了求职者未来求职和创业的理性选择与人力资本投资决策依据。最后介绍了在人力资源管理过程中通过不同规则的制定如何有效地让员工根据自己的私人信息做出有利于企业的理性行为选择。本章需重点掌握逆向选择问题和委托代理问题的概念,以及规避逆向选择问题和委托代理问题的企业内部人力资源管理规则设计。

引例:如何让3个人自愿承担5个人的工作?

阿里巴巴2002年员工仅500人,从2004年开始员工人数快速增长,且销售人员比例不断提高。2006年、2007年中的1 500名员工大部分是销售人员,彼时阿里巴巴是典型的销售型公司。2011年以后,公司招聘的步伐开始减慢,因为马云开始有意减少人员。2011年,阿里巴巴的人力资源主管从所有部门要招聘计划,马云看到各个项目部、事业部的计划和数据后惊呆了,阿里巴巴所有部门加起来总共要招聘12 000人!结果马云说2011年我们最多招2 000人,将12 000人的招聘计划直接裁掉,并且要实现业绩的增长!他说人多了反而坏事!2012年招聘时阿里巴巴的人力资源主管学聪明了,按照2011年的计划,提交了一份2 000人的招聘需求给马云,马云又否决了,说今年只能招聘500人!并且同样要实现业绩增长!到2014年,阿里巴巴的年度招聘仅仅招了200人;2015年马云直接说公司不加一个人,走一个人才可以增加一个人,不走人就不招人。马云说,好的绩效管理是让3个人干5个人的活,拿4个人的工资。通过马云的有效管理,阿里巴巴在2016年,人均利润已经达到117万元,成为全球人均利润最高的公司!

资料来源:https://baijiahao.baidu.com/s?id=1583558219723162803&wfr=spider&for=pc

通过该案例可以说明每个部门的利益目标往往和公司集团的目标存在冲突,甚至是与管理部门的主管领导和企业集团的利益目标存在冲突。在企业招聘新人的时候，主管首先从自己的角度出发考虑问题，招聘的人数越多，相同业务的情况下工作任务也就越少，基于岗位工资制度，部门其他员工不会受到损失，而且工作被分摊，变得更加轻松；主管领导的下属增加，增加了主管领导所在部门的重要性，给主管领导带来了好处。所以这也是马云为什么大批量地减少招聘规模的原因。那么采用什么方法可以使得每个部门根据实际情况提出增减员工的要求呢？本章主要通过一些人力资源管理规则的设计来实现员工通过私人信息做出既有利于自己也有利于企业的自我选择行为。

尽管大多数经济模型研究的是交易市场，但在现实世界中，人们经常会遇到与决策相关的商品质量差异，但在交易发生之前，它们不会被买家或卖家所了解。Akerlof 于1970 年在二手车和医疗保险市场的背景下阐述了这一问题。他指出，市场的一方无法将产品的信息转移到市场的另一端，这就阻止了交易的完成，但如果信息转移途径畅通，交易就会发生。

可信的信息转移问题对劳动力市场具有明显的相关性。工人们的能力因为潜在的生产力、可培训性和在公司的任职年限不同而有所不同。此外，公司更愿意雇用那些最有效率、最容易培训、最不可能辞职的应聘者。公司的困境则在于，获取这些信息需要花费成本。尽管它可以简单地查询新申请者的参数，但答案是不可靠的，因为那些不太理想的申请者有夸大他们资历的动机。面对稀缺的信息，公司必须设计出另一种评估未来雇员的方法。

其中一种方法就是筛选机制。一种筛选机制，本质上是一个经验法则，需要一些可观察的特征，这些特征与兴趣参数相关，公司根据这些特征的禀赋对应聘者的未来工作表现进行排名。一般来说，筛选机制并不是完美的，而且在设计筛选机制时，公司面临着一种权衡，即精细和排序成本之间的权衡。在劳动力市场中公司对应聘者使用了大量的筛选机制，包括过去的工作经历、教育记录、种族、性别和外貌等。另一种是自我选择机制，其本质是一种定价机制，它能使申请人根据市场行为揭示自己真实的信息。

第一节　逆向选择与委托代理的产生

一、信息不对称

信息不对称指交易中各参与方拥有的信息不同。在社会政治、经济等活动中，一些成员拥有其他成员无法拥有的信息，由此造成信息的不对称。

在市场经济活动中，各类人员对有关信息的了解是有差异的。掌握信息比较充分的人员，往往处于比较有利的地位，而信息贫乏的人员，则处于比较不利的地位。信息不对称可能导致逆向选择。在劳动力市场活动中，用人单位在与劳动者签订劳动合同之前和之后都存在着信息不对称问题。在劳动合同签订之前，用人单位对劳动者的信息了解得并不多,所以在劳动合同签订之前用人单位如果不能建立有效的规则就会发生逆向选择问题。然而在用人单位与劳动者签订劳动合同之后,也会由于信息不对称而发生委托代理问题或道德风险问题。

二、完美合同

一份完美的合同会对每一种可能发生的情况做出精准的预测,通过对未来的每一项活动所发生的成本和收益进行明确的分配,合同双方都会得到最优的安排。那么在该合同的执行过程中就会比较顺利,不会出现任何一方主动撕毁合同的情况。

一份完美的合同需要的条件一般比较高,以至于根本无法达到。第一,合同双方当事人事前需要对合同相关的所有未来活动或情况做出精准的预测和描述,这里包括他们的活动能够给他们带来的收益和为这项活动支付的成本等所有信息,事后能够确定哪些活动确切发生和没有发生。第二,合同双方当事人必须根据自己真实的意愿毫不保留地对未来预测的行为活动进行表达,并达成一致意见;第三,协议的条款必须消除双方以后重新协商合同的想法,即保证合同的执行带来的净收益大于撕毁合同带来的净收益。

例如,员工和雇主签订劳动合同,那么员工必须能够清晰地了解其就业的工作岗位的薪金、工作条件、工作风险、自己为工作付出的努力成本、将来要做的每一项工作内容、将来与什么样的上司打交道、周围同事的具体情况、公司的具体位置、当地的消费水平、公司未来的发展、未来类似岗位其他企业的薪酬支付、本企业未来的薪酬支付、自己的人力资本发展水平等,将来员工与雇主保持雇佣关系的所有事情都能够完全精准地预测出来,这几乎是一个不可能完成的预测。

在确定双方的协商意愿时,员工必须知道预测到的每种情况如何发生,发生之后给其带来的成本和收益是什么;如果遇到一个不喜欢的上司,将会怎么办;如果将来的工作内容发生变更该怎么办;如果将来其他企业类似岗位的薪金提高了又该怎么办;如果自己将来获得晋升该怎么办;如果没有获得晋升该怎么办;等等。这些都必须做出事前的精准安排,在协商时如实地表达出真实的意愿等。所以,一份完美的合同几乎是不可能达成的。

三、不完美的合同

现实的合同往往是不完美的合同。首先,人们无法完全预测出将来发生的与合同相关的所有活动,也无法用语言准确地描述未来发生的事件,更无法精确地计算出各项活动的收益和成本等,这就给合同的双方带来了机会主义。当没有预测到的事件发生时,那么就会因为撕毁合同而给另一方带来风险。机会主义出现的可能性会导致双方无法达成有效的合同。例如,企业给员工提供特殊培训,就会提高员工的生产效率,但是员工未来的行为是无法预测的,因为他们可能会以辞职来迫使企业给予更高的工资,所以企业宁愿采用高昂的人工成本招聘外来员工以弥补特有人力资本的欠缺也不愿对员工进行培训。

其次，即使未来与合同相关的所有事情都可以被准确地预测到，并能够被准确地描述，但是，签订合同过程中双方不可避免地存在着私人信息，形成严重的信息不对称。例如，雇员对自己的能力最为了解，他们会通过各种理由来表明自己的能力高，要求低工资的原因仅仅是出于客观情况，如家里有病人急需用钱等，不让雇主知道是因为员工的能力低而同意较低的工资。所以在员工的求职过程中很可能出现悖逆雇主利益的现象。

最后，假设前两个条件均达到了完美合同的要求，还有可能会出现事后问题。即合同签订后，双方当事人要有足够多的信息来确认合同条款是否被实际履行。合同实际被执行的程度主要和个体利益实现的程度密切相关。所以合同条款还要设计出激励约束规则，以最有效的方式来达到双方彼此目标实现上的行为一致性。

四、事后的委托代理问题

代理人并不总是为了委托人的最大利益而行事。例如，经理虽然作为全体股东的代理，但是可能不会始终维护股东的利益，在决策时尽可能使自身利益最大化。在委托代理关系中，由于信息不对称，股东和经理人之间的契约并不完整，需要依赖经理人的"道德自律"。股东和经理人追求的目标是不一致的，股东希望其持有的股权价值最大化，经理人则希望自身效用最大化，因此股东和经理人之间存在道德风险，需要通过激励和约束机制来引导和限制经理人的行为。所以，信息不对称状态在交易完成之后会使交易双方面临道德风险问题。道德风险问题最先在研究保险合同时被提出，经济学家经常用道德风险概括人们的"偷懒"和"搭便车"行为，以及机会主义的行为。

委托代理问题一般在雇员雇主签订合同之后因为以下三个条件而发生：①可支配的剩余；②利益冲突；③信息不对称。当雇主愿意向雇员支付超过执行工作任务成本的收益时，即雇员和雇主关系建立后能够产生剩余时，委托代理问题就有了产生的基础。雇员和雇主之间由于目标不一致就会存在利益冲突。股东和管理层之间由于所有权和控制权分离，也会使得股东和管理层之间产生利益冲突。一般而言，所有权和控制权分离，发挥了各自的比较优势，实现了专业化分工。加上信息不对称，员工的隐匿行为很难被发现，进而产生委托代理问题。

五、事前的逆向选择问题

逆向选择是指信息不对称所造成的市场资源配置扭曲的现象，经常存在于二手市场、保险市场。逆向选择是信息不对称的一个基本类型，这种情况意味着一方比另一方拥有更多的私人信息，而且这种私人信息的获取成本非常高，甚至无法获得。这种私人信息的不可获得性，使得拥有相应私人信息的一方隐瞒不利的私人信息，鼓吹对自己有利的私人信息甚至采用欺骗手段来扩大自己的有利信息，将交易的风险转嫁给不具有相应私人信息的另一方。例如，在招聘过程中，企业根据劳动力市场的供求情况会估算出空缺岗位的平均工资，然后根据应聘者的实际情况给出一定的工资水平调整。但是求职者对自己的能力最为了解，如自己的行为习惯、对目标岗位知识的掌握、对待企业的态度，包括是暂时的就业求职还是终身在目标企业发展。但是企业并不了解这些信息，需要通过应聘者告知或者搜集更多的私人信息才能证实所需要的私人信息。企业可能只能根据求职者的年龄、婚姻状况、上学时候的学习成绩等来侧面了解这些信息，但是这些不足以较为准确地了解求职者重要的私人信息。求职者会竭力地掩饰一些不好的信息，如自己为了考研究生而暂时性就业。求职者的不合作，使得他们可以利用这些隐藏的私人信息充分抓住机会将风险转嫁给企业。

虽然逆向选择的含义与信息不对称和机会主义行为有关，却超出了这两者所能够涵盖的范围，逆向选择是制度安排不合理所造成的市场资源配置效率扭曲的现象，而不是任何一个市场参与方的事前选择。例如，在人力资源招聘中，如果企业出高工资想吸引优秀的员工前来应聘，那么就会有些能力较低的劳动者由于用人单位并不了解其能力而蒙混过关，从而获益，这样就导致逆向选择问题出现。如果通过制度安排消除蒙混过关的行为，或者将蒙混过关的概率大幅度降低，那么这种利用私人隐藏性的信息产生的逆向选择行为就会大大减少。

第二节　逆向选择与委托代理问题的规制

企业员工之间、员工与企业之间、员工与社会之间的利益并非完全一致。而员工作为理性人是按照自己利益最大化进行行为活动的，这就难免对其他员工、企业及社会造成影响。所以，为了规范员工的行为，使得员工按照既定组织目标来进行相应的活动，企业必须通过一些合同或者规则来规避其他活动带给员工的利益引诱。然而合同和规则需要符合什么条件才能避免员工产生委托代理问题或者逆向选择问题呢？

一、声誉与隐含合同

对于职业经理人来说，由于合同的不完美性，如果在一个企业中处于比较高的位置，他们会获得更多的权力、威望、金钱，以及更舒适的工作环境；同样，管理者之间也存在着为了获得不多的几个更高职位的竞争。因此每个管理者都会担心他的声誉。如果他得了一个牟私利的名声，大家都认为他只会追求一己私利而不会积极主动地追求获得更多利润的决策，那么他获得更好的职位的机会就会很小。

对于企业来说，如果他们给予员工的承诺没有兑现，就需要付出更多的成本来对员工进行激励。如果企业没有兑现在招聘员工时给予员工的工资承诺，企业就会在招聘市场上获得一个不信守承诺的名声，那么今后不论其出价多高，也很少有优秀的人才到该企业去应聘；如果企业经常解雇员工，那么企业就会获得一个经常解雇员工的名声，求职者就会越来越少，导致其今后的招聘成本比较高；如果企业不兑现绩效考核的绩效报酬，那么下次的绩效考核指标将丧失对员工绩效的引导作用，使得管理陷入混乱。所以，声誉被破坏使得企业遭受的损失比从道德风险中获得的收益要高得多。

所以，声誉对于委托代理人很重要，且只要达到一定的重要程度，声誉就可以有效地规避委托代理问题。

二、参与约束与激励相容约束条件

无论是解决事后信息不对称造成的委托代理问题，还是解决事前信息不对称造成的逆向选择问题，一般需要满足两个重要的条件，即参与约束和激励相容约束条件。参与约束是指雇主设计的规则必须使求职者或者员工接受，其接受该规则的所得至少与预期机会成本一样多。激励相容约束是指雇主设计的规则必须与求职者或者员工的利益相一致。这种设计可以使得雇主期望求职者或者员工的行为会如愿地被选择，因为雇主设计的规则会使得这种选择给其带来更高的收益。

例如，要建立规则避免逆向选择的发生，必须同时满足两个条件：①能力较高的人到招聘单位进行工作获得的报酬要不低于到其他企业中进行应聘获得的报酬。②能力较低的人到招聘单位进行工作获得的收益要远远低于到与自己能力相当的企业中获得的报酬。如果同时满足了以上两个条件，应聘者就会进行自我选择，参与到雇主设定的游戏规则中。同样，如果要建立规则避免委托代理问题的发生，必须同时满足两个条件：①努力工作的员工获得的回报要不低于到其他企业中努力工作所获得的回报。②努力工作的员工获得的回报要远远大于不努力工作员工获得的回报。如果同时满足了以上两个条件，应聘者就会进行自我选择，参与到雇主设定的游戏规则中。

后文主要介绍在既定激励参与规则下求职者的自我选择问题，以及产生有利于企业的自我选择的具体规则制定。

第三节 求职与创业的自我选择

大学生毕业之后面临着两种决择，要么自己创业成为企业家，要么进入单位成为职业人。那么哪些学生更容易成为企业家，哪些学生更容易成为出色的职业人呢？创业者和求职者的工资定价机制是什么？创业者和求职者人力资本提升计划有什么区别？

一、求职者与比较和绝对竞争优势能力

选择求职和创业的决策在一定程度上取决于大学生的素质类型。企业家往往被认为是最有才华、最具有创造力的人。然而在现实生活中,很多企业家的童年甚至求学经历都并非很出色。反而那些非常出色的学生毕业之后更容易就职于名企,有一份体面的工作,这也是劳动力市场竞争下的必然结果。那些具有一技之长,在某一方面具有出类拔萃能力的求职者很容易被公司发现,并提供给他们较高薪水的工作。而那些能力平平,没有特别出色专长的求职者,在与具有特殊专长的求职者进行竞争时往往没有优势。每一个求职者在劳动力市场上求职,往往利用自己最出色的专长能力来作为应聘的资格,所以具有比较竞争优势的学生在劳动力市场上往往具有明显的竞争优势。在一家比较大的公司里,他们的才华能够得到更好的利用,创造力能更好地发挥,想法能够与公司的基本设施和品牌相匹配,与此同时,可以积累更多的经验。

最出色的能力是一种相对概念,之所以出色,是因为与别人类似的能力相比更强。虽然刚毕业的大学生可能具备多种技能和能力,但在选择工作时,由于工作的专业化限制,对其能力的定价仅限于一种能力,那么这时候参与到劳动力市场中要想能够获得较高的竞争力,且获得丰厚的薪酬回报,其最佳决策如下:①采用能够比其他人表现都出色的技能在劳动力市场上与别人竞争,发挥出自己的绝对优势;②当自己的很多技能都比别人出色时,他会在其拥有的一系列技能中挑选出最具有比较竞争优势的一种技能来参与竞争。

二、创业者与综合能力

对于那些没有明显比较优势能力的学生来说,在劳动力市场中可能会处于不利地位,因为他们虽然具备多种技能,但每种技能都不如其他求职者。在这种情况下,他们会选择创业。然而创业和就业要求劳动者具有的能力存在很大的差异。创业者需要整合现有的资源,有效地协调人、财、物,使得企业在一定的监督机制下高效地运转。所以,创业者不但要熟悉产品研发与生产,而且要了解会计账目,还要知晓组织架构的构建、商业运作,甚至资本运作。这不需要创业者在各个方面都是专家,但其必须对各个方面都要有所了解。所以,求职者可能具有一种比较优势的才能即可,但作为创业者,可以不具有明显的比较优势能力,但必须具有较为丰富的技能组合,各种能力均衡发展,而不是成为一个方面的专家。

三、市场对创业者和求职者的定价机制

雇主在劳动力市场中会选择能力出色的求职者,根据其出色的能力进行定价。所

以，求职者虽然拥有一系列的能力，但并不是所有与技能相关的能力都被市场给予定价，求职者未来的工资在很大程度上取决于其最好的能力或技能。举一个例子，假设有两种能力（如产品设计和市场营销），分别用 X_1 和 X_2 表示，每人可以选择一份专业的工作，也可以选择成为一名企业家。

假设 X 表示一个人拥有的每项技能的水平，并且企业会在每个时期由于这两种技能向专业化的员工支付工资。也就是说，如果员工在工作中使用第一种技能，他的收入是 X_1，如果使用第二种技能，他的收入是 X_2，那么：

$$求职者的收入 = \max\{X_1, X_2\}$$

然而创业者必须有能力执行每一项任务，或者能监督执行这些任务的员工。创业者的价值也取决于他们的每一项能力，但不是他们最高水平的能力。企业家整合资源和协调企业各部门协作的能力大小受到企业家最低水平能力的限制，所以企业家收入为

$$企业家收入 = \lambda \times \min\{X_1, X_2\}$$

其中，λ 是一个参数，它表示创业者所使用的最低技能水平的相对价值，而不是在一般就业中的最高水平技能的价值。因此，λ 反映了相对于专业技能而言，一般技能（broad skills）的劳动市场价格。这是由经济中专业工人和通才工人的供求决定的。此外，创造力可能是创业的重要组成部分。λ 可能因创业者而异，那些更富有创造力的人将拥有更高的 λ，拥有相同的技能组合，他们可以比别人创造更大的价值。

所以，大学毕业生最后决定求职还是创业，取决于这两种定价结果的大小。如果一个人的 $\lambda \times \min\{X_1, X_2\} > \max\{X_1, X_2\}$，这个人就会选择成为企业家，否则就会去求职。

四、创业者和求职者的决定因素

根据劳动力市场对创业者和求职者能力的要求及定价机制，很容易判断当大学生毕业后其所拥有的技能较多且这些技能都较为平常时，其在求职过程中由于无法与出色的学生相比，最后进行创业的可能性较大。如果拥有较多的技能或能力，但这些能力差别比较大，在这样的组合中，某些技能可能使他将来成为某领域的专家，虽然某些技能非常低，但是这并不影响他将来从事某一项专业性很强的工作的业绩，所以他将来很有可能成为求职者，也可能成为出色的专家。

这一选择反映在图7-1中，图中每一点反映了个人的潜在技能水平。在45度线上面的点表示 $X_2 > X_1$，45 度线上表示 $X_1 = X_2$。当一个人的能力 $X_2 > X_1$ 时，那么和技能 1 相比，他在技能 2 上有相对优势，作为专业工人的收入为 X_2，而作为企业家的收入为 $\lambda \times X_1$。如果 $X_2 > \lambda \times X_1$，即处于 45 度线上方 X_2 轴与 $X_2 = \lambda \times X_1$ 之间的区域，此人决定成为专业工人。如果 $X_2 < \lambda \times X_1$，即处于45度线上方、$X_2 = \lambda \times X_1$ 和 $X_2 = X_1$ 之间的区域，此人决定成为一名企业家。

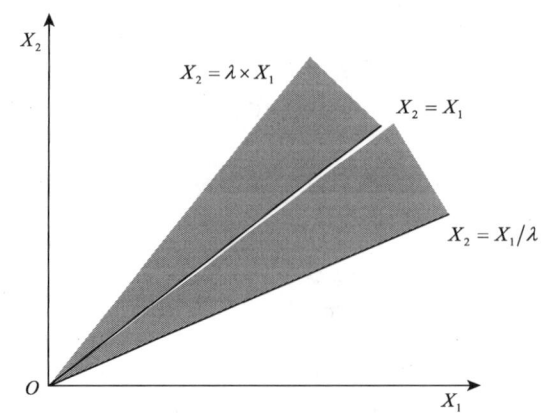

图 7-1 比较优势下选择成为企业家和专业工人的区域示意图
资料来源：Lazear 和 Gibbs（2008）

第一，个人的技能收入越不平衡，他们选择创业的可能性越小。从图 7-1 中可以看出，离 45 度线越远且越接近横轴和纵轴的点，X_1 和 X_2 之间越不平衡，越有可能在两个阴影区域之外。这里我们得到如下结论：平衡的技能收入是使人选择创业的前提条件之一。

第二，λ 越大，个人越有可能成为企业家。随着 λ 的增长，相对于专业化的技能，一套更广泛的技能组合的相对价值会上升。这会使得 45 度线两侧的阴影区域变大，使更多的人进入创业的区域。

第三，λ 能够反映个人创造力的变化。这里的创造力指的是将个体和不同的技能搭配起来，从而找到一种使人和技能有效地搭配起来的方法。如果是这样的话，那么我们就不得不为每个人绘制不同的阴影区域，因为他们的创造力水平 λ 不同。λ 越大创造力越大，阴影面积越大，而更具有创造力的个体更容易创业。这种理论有助于解释为什么有些人会尝试着去创业，然后会返回劳动力市场当专业工人。如果一个人的创造力是未知的，通过创业去测试创造力是可行的，如果 λ 大，他当企业家的收入会大于当专业工人的收入，他就会选择成为企业家；相反，如果 λ 小，他就会转到一份专业化的工作上。由于没有自主创业的实践尝试，因此很难评估一个专业工人的 λ，也就无法判断其是否更适合成为一个企业家。

五、流程和复杂性是企业家资本价格的重要体现

不同行业之间的业务流程和复杂性存在着较大的差别。有些业务流程对技能组合要求相对简单，不需要非常丰富的技能来支撑，但有些流程相对复杂，需要有多种技能组合才能胜任。例如，汽车制造工艺的复杂程度远远高于农业生产与种植，飞机制造工艺的复杂性又远远高于汽车制造工艺。这种业务复杂性通常会减少该行业企业家的供应。

假设某一行业需要三个独立的技能。一个人如果最低技能水平的市场价值高于他最高专业技能的最大值，他就会选择创业。

$$\lambda \times \min\{X_1, X_2, X_3\} > \max\{X_1, X_2, X_3\}$$

因为左边的表达式求得的是最小值加入新的变量后的结果，式子的最小值不会上升，但有可能下降。同样，右边的表达式加了变量后，不会下降，但可能会上升。即使加上第四个变量，上面的结论也成立。所以，业务流程越复杂，要求的技能组合越多，创业者的供给量也就越小，求职者的供给量反而会增加。

因此，较为复杂的行业企业家供给量较低，反之亦反。这将影响产业机构和不同行业的企业家的市场价格（λ）。在一个复杂度相对较低、所需技能较少的行业（如低端餐馆），预计新企业家进入该行业的机会较多，但创业的经济效益相对较低。相比之下，在更复杂的行业（如制药行业），预计新企业家进入的机会要少得多，但对于那些拥有在该行业建立公司所需的广泛技能组合的个人来说，他们的回报率将会非常高。

六、创业者和求职者的人力资本投资模式

在上述思想下，创业者和求职者的人力资本投资模式有着较大的差别。当一个人想成为一名企业家时，均衡人力资本投资有更大的价值。假设某人计划成为企业家，他的人力资本投资决策有三种可能性。

第一种情况是，如果额外培训费用太高，进一步的投资可能不是最佳方案。在这种情况下，企业家的市场价值是基于他的最低能力水平下的 X_1 而不是 X_2。

第二种情况是，对于个人来说，在额外技能上少量投资是最佳的。假设这个人目前在图7-2中的 A 点。作为一名企业家，收入相当于 $\lambda \times X_2$，因为这个人的 X_1 比 X_2 要多。对 X_1 少量投资，少量增加 X_1 对收入没有影响。然而少量增加 X_2 将增加收入。从图 7-2 看，这个人的最佳投资策略是从 A 点向 45 度线移动。所以，人力资本投资路线是增加他最弱技能的投资。

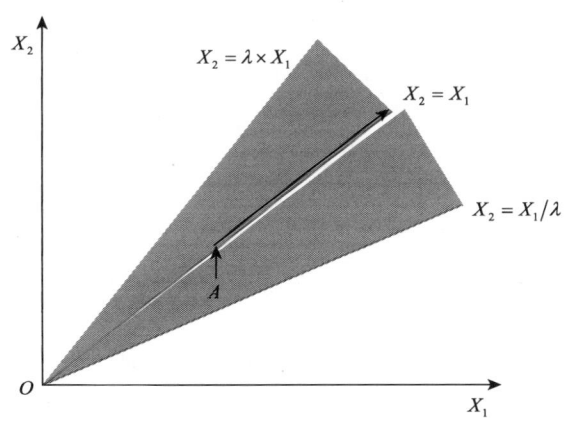

图 7-2　企业家技能培训路径示意图
资料来源：Lazear 和 Gibbs（2008）

第三种情况是，企业家在技能方面的投资应当要比第二种情况的投资大（因为投资

成本足够低，或者收益足够高）。企业家最初会将他的技能组合移到图7-2的45度线上。进一步的投资要在X_1和X_2之间平衡，具体表现为在45度线上移动。在这种模式下，任何不平衡的投资都不会有回报，因为我们假设的是，他的市场价值基于这两种能力的最低水平。

第四节　不同规则下的自我筛选

一、计件工资和计时工资

Lazear（2000）对计件工资和计时工资进行了定量探讨，他认为区分计件工资和计时工资的一个重要特征是，在一个给定时期内，工人的工资与该时期的产出是否有关。如果工人的工资是按照计件单价 q 进行计件的，那么：

$$w_t = f(q_t)$$

其中，w_t 表示在时期 t 内获得的工资；q_t 表示劳动者的产出量。在最纯粹的意义上，计时工资被定义为依赖于当前时期投入的劳动投入量。因此工人接受的工资是

$$w_t = g(E_t)$$

其中，E_t 表示劳动者在时期 t 内的劳动投入量。对计件工人来说，工资支付与产出是同时发生的。领薪水（计时工资）的工人得到的报酬与产出不同，但与努力是同步的，努力的标准可能是工作时间。

以严格的佣金为基础的销售人员可以被看作位于计件激励系统之中。他们通常没有固定的报酬，工资以销售量的一定比例计算。他们可以选择工作的小时数和每小时所做的努力。

政府雇员采用的是等级工资。薪酬的发放与产出没有关系，严格地依赖于工作时间。某些任务是必须完成的，只有当努力低于某个特定标准时才会被解雇。通过公务员服务考试和在试用期监测表现是很重要的，政府有权力决定雇员是否符合规定的标准。

大多数工作都是介于两者之间。例如，许多大公司的管理人员会将很大一部分的薪酬作为预先设定的固定数额，并独立于该时期的产出。但与此同时，他们可能会得到奖金，奖金的规模直接与这个时期的产出有关。奖金与产出同步，是灵活的，基本上是计件工资。在公司等级制度的顶端，高管们通常会得到很大一部分奖金作为报酬，在许多方面，他们属于享受计件工资的雇员。

计件工资最常用于产出和工资之间的同步情形。计时工资意味着工人的工资独立于同期的产出。

使用计件工资的主要成本包括周期性地衡量工人的产出，从而决定工人的工资。计时工资的极端形式不要求对产出进行监督。假设工人的终身产出 q 是给定的，并且不受工人的选择影响。

假定工人和公司都不知道工人的终身产出是 q，工资收入总分布函数为 $F(q)$，$f(q)$ 为 $F(q)$ 的密度函数，且假设 $q \approx f(q)$，即增加一个单位的产量的收入增加量和产量近似相等。如果采用计件工资支付，计件单价为 R，员工产出的检测成本是 θ，那么员工所得到的计件工资是

$$w = Rq - \theta$$

如果按照计时工资来发放，企业不需要检测成本，那么在零利润的条件下，工人的计时工资 S 为

$$S = E(q)$$

如果公司提供的工资水平 S 大于市场的平均工资水平或者其保留工资 $\bar{w}$，且没有计件工资的前提下，劳动者就会在该企业进行工作。但是这种计时工资在企业中并不适合所有的员工。如果劳动者拿到的工资低于平均工资，那么他们就会跳槽。

二、不同工资制度下的自我选择

（一）计时工资和计件工资下的自我选择

假定招聘单位采用计件工资，多劳多得，少劳少得，其中计件单价为3.35元。假定招聘单位面临着两类人群，即高能力者和低能力者，其中高能力者为技术人员，低能力者为非技术人员。如表 7-1 所示，技术人员每小时的产量为 6 件，非技术人员每小时的产量为 4 件；技术人员到其他企业中工作的小时工资率为 20 元，非技术工人到其他企业中工作的小时工资率为 16 元。所以，技术人员到该单位应聘每小时获得的工资率为 3.35×6=20.10，大于 20 元，所以技术人员会到该企业中应聘；非技术人员到该企业应聘每小时获得的工资率为 3.35×4=13.4，少于 16 元，所以非技术人员不会到该企业中应聘，如此一来就规避了逆向选择问题。求职者会根据自身的能力来进行自我选择，而求职者对自身的能力信息最为了解，根据该规则更容易做出正确的判断，大大降低了企业的甄选成本。总之，如果使得该方法具有规避逆向选择的效果，必须关注：①工资支付方式；②工资率。

表 7-1 技术人员和非技术人员的产量与计时工资

类别	每小时产量/件	其他企业小时工资率/元
技术人员	6	20
非技术人员	4	16

所以计件工资制可以非常有效地甄别出生产效率较高且工作努力的员工，能够鼓励员工提高工作技能，有效降低绩效测量成本。同时，计件工资相对客观公平公正，不易受到人为的操纵而出现绩效扭曲现象。

但是计件工资也具有较大的缺陷。首先，计件工资制下的绩效也可能会存在人为操纵的现象。例如，在果园里摘果子，按照摘果子的数量来进行计件，那么工人采摘的果树有的可能枝叶繁茂，果实比较多，有的可能果实比较少；也可能工人距离装运卡车的距离远近不同，所以每一件绩效标准中蕴含的努力存在着较大的差别，这样就会产生偏袒和人为操纵的空间。

其次，计件工资也会包含很多随机性的因素，如天气、经济状况等。如果这些随机性的因素使得绩效降低，那么员工的努力程度就会下降，这就会给员工和企业带来风险。因为当企业处于经济衰退期时，企业需要员工努力工作，甚至付出比经济环境好时更多的努力，这样企业才有可能走出经济衰退的困境，但在经济衰退的情况下采用计件工资，员工可能付出比经济景气情况下更多的努力，但产出量依然很低，所以他们只能拿到较低的计件工资，这就导致了员工会更加消极怠工，此时企业在经济衰退的情况下倒闭的可能性大大增加。如果在经济衰退的情况下产量滞销，为了减少产品的生产，这时候企业可能会降低计件单价，此时员工会降低努力度，从而使得产量下降，这也会给员工带来收入波动的风险；如果企业维持原来的计价单价，企业就会减少员工的工作时间进而降低总产量，也会给员工带来无法控制的收入波动风险，进而影响其工作的积极性。

再次，计件工资主要运用在工作独立性较强的工作岗位上，且员工能够独立自主地改变工作的节奏、速度等。如果工作岗位的协同性比较强，如流水线作业等，这时候就不易于采用计件工资。

最后，由于以产出作为激励的依据时，员工会进行选择性的工作，他们会选择那些可以观测到的，且计入工作绩效的工作任务，而忽略掉那些不可以观测，不可以计量以至于不计入工作绩效的工作任务。这就会导致员工过度使用机器、浪费原材料、产品合格率较低等现象的出现。

（二）效率工资制度下的自我选择

1. 效率工资

效率工资是一种支付高于市场出清工资水平的工资。效率工资一般运用在无法对员工进行监督，或者监督成本较高的情况之下。效率工资的关键假设是雇员的工作努力度或效率是工资率的函数，雇主支付的工资越高，雇员工作就越努力。

2. 效率工资模型

假设工人的努力程度（e）是实际工资（w）的单调递增函数，如图 7-3 所示；工人的努力程度不可观察或观察成本太高，因此工人有偷懒的动机；为了防止工人偷懒，提高效率，企业会主动将工资提高到一个高于市场出清水平的程度；市场中每一个企业都支付比市场出清水平高的工资水平，导致劳动供给相对劳动需求过多，从而产生失业。

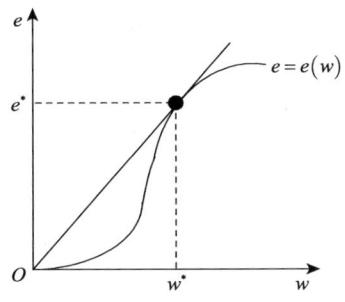

图 7-3 努力曲线与工资

$e(w)$ 是单位劳动者努力程度关于工资的函数，当工资水平比较低的时候，虽然劳动者的努力程度相对较低，但是随着工资水平的上升，劳动者努力程度的上升速度相对较快，产出也会比较多。但是当达到一个临界值之后，随着工资水平的上升，劳动者努力程度增加相对缓慢，这是由劳动者的体能、劳动者的偏好等所导致的。随着劳动者工资水平的上升，劳动者努力程度表现曲线如图 7-3。为了找到最佳的效率工资值，建立净收益函数：

$$\pi = F[e(w) \times L] - w \times L$$

其中，π 表示净收益；$F[e(w) \times L]$ 代表随着工资的变化，劳动者努力程度的产出函数；$w \times L$ 代表的是劳动成本。为了达到利润最大化，分别对劳动力和工资率求导：

$$\partial \pi / \partial w = 0 \Rightarrow F' \times L \times \frac{\partial e(w)}{\partial w} - L = 0 \quad (7\text{-}1)$$

$$\partial \pi / \partial L = 0 \Rightarrow F' \times e(w) \times \frac{\partial L}{\partial L} - w = 0 \quad (7\text{-}2)$$

由式（7-1）、式（7-2）可得

$$e'(w) = \frac{e(w)}{w}$$

所以，当雇主的利润最大化时，关于单位劳动努力程度的边际产出等于单位劳动努力的平均产出，且最佳值如图 7-3 所示。

3. 效率工资制度下的自我选择

在效率工资制度下，企业对员工的工资支付相对较高。企业出于尊重人才的理念，通过高薪吸引优秀人才前来求职，进而力求产品的创新。在这种制度下，员工也会根据自身偏好来实现自己的效用水平最大化。内部员工的理性行为选择是减少偷懒，提高自己的努力度，更有效地工作。因为一旦偷懒，可能会很快地被其他处于等待性失业状态的劳动者替代。一旦因为偷懒丢了工作，到劳动力市场中再无法找到如此高薪的工作。所以，这种高薪制度下通过内部员工的自我选择可以减少委托代理问题，减少企业的监督成本，且提高效率。

对于企业外部的员工来说，到效率工资制度下的企业应聘将会获得较高的工资。所以，很多优秀的人才会到效率工资制度下的企业中求职；长此以往，企业中的员工将会越来越优秀，不优秀的员工逐渐地被其他优秀员工所替代，形成良性循环。在内外部员工的自我选择下，企业的员工将会越来越优秀，最终提高企业的人力资本即无形资产，为企业的创新奠定基础。

（三）延期支付工资制度下的自我选择

延期支付是指工人为了在未来获取高收入，而不得不在初期被动接受较低的工资水平，它增强了工人维持原有就业关系的激励。该支付方式更着眼于事后的激励。如图7-4所示，随着员工在企业的工作年限增加，生产率和工资发生变化。由于工作经验积累等，员工的生产效率 MRP 会上升，员工的工资 w 也会逐渐地增加。但是生产率上升的速度低于工资增加的速度，虽然最初员工的工资低于其边际产品价值，但超过一定的年份，员工的工资会超过其边际产品价值。这种延期支付工资的制度具体表现为股票期权、养老保险、住房公积金等。

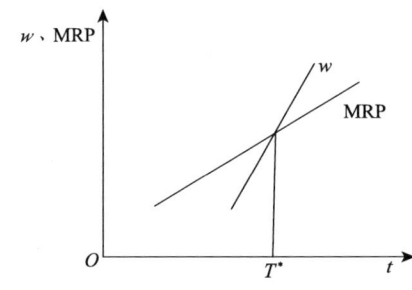

图7-4　延期支付工资示意图

延期支付工资的支付方式在招聘员工时具有较强的信号作用，而且这种信号是基于求职者真实信息做出的自我选择。例如，企业实行延期支付工资制度，期初给予求职者的工资水平较低，一旦进入企业内部，该求职者就会得到较快的工资增长。如果求职者同意该工资支付方式，意味着求职者到企业工作后较为稳定，不会在短时间内离职。如果求职者到其他企业工作，期初就会得到与边际产品价值相等的工资，比到该企业工作的工资要高。如果求职者工作比较稳定，且工作超过一定年限，会获得比到其他企业中工作更高的收益。求职者到企业工作的时间长短只有他自己知道，与企业之间信息存在不对称。只有在这种规制下，求职者才能做出最佳的自我选择，而且这种自我选择是非常真实的，可以真实刻画出员工对未来的规划。所以，通过延期支付工资方式来考察求职者的工作稳定性是非常有效的。

此外，延期支付工资的支付方式可以使得员工减少委托代理问题。因为在这种制度框架下，员工工作年限越长，其工资水平也就越高，一旦到了一定时间之后，他们的工资会超过他们的边际产品价值，这样，员工偷懒的成本非常高，员工此时的理性选择是最大限度地努力工作，以达到效率工资的目的。

在企业内部，由于资历工资的存在，工资上涨速度会高于员工的边际产品价值。从某种意义上来说，员工的工资和其边际产品价值没有关系，甚至和具体的个人都没有关系，仅仅和岗位挂钩，因为企业内部很多时候采用的是岗位工资制度，和工资的等级、职能挂钩。员工获得晋升，导致工资大幅度提升，然而其边际产品价值并没有发生明显改变，此时员工的工资和边际产品价值之间会存在着跳跃式上涨，如图7-5所示，工资会在A点出现跳跃上涨。资历和内部晋升两种方式使得员工在今后的工作中偷懒的机会成本更高，从而有效地规避了员工在信息不对称下的委托代理问题。

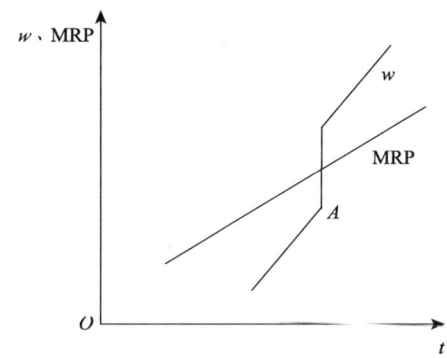

图7-5　与职位等级相关具有跳跃点的延期支付工资

三、工资总额制度下的自我选择

企业在年末招聘员工时，一般会根据各个部门的人员需求计划拟订企业的总体招聘计划。然而这种招聘计划往往会导致每个部门都招聘更多的人员，即使该部门人员富余也会提出人员需求计划，而且招聘的标准相对较低。这是部门主管处于相应框架下效用最大化的理性选择。首先，新人引入越多，每个部门主管的下属也就越多，部门规模也就越大，在企业内部的地位可能就会越高；同样，主管的管理幅度变大，管理责任加大，工资水平也会有所上升。如果主管根据人事匹配来选择是否引入新人，那么就会偏离自己的效用最大化决策，进而出现委托代理问题。其次，新人引入多，只会给自己带来好处，并不会影响自己的薪水。再次，部门内部的员工也希望新人引入越多越好，这是因为在部门业务一定的情况下，部门的人员越多，每个人承担的业务也就越少，但他们的岗位工资并不会因为人员增多而受到影响。最后，在对外招聘过程中，每个部门的主管会参与到招聘团队中成为决定是否录用本部门需求人员的决策者。如果求职者非常优秀，在几年内可能会有超过主管的能力，那么他们就会拒绝录用该求职者。同时在用人过程中，为了稳定自己主管的地位，他们有动力使得优秀的人才被排挤掉，资质一般的员工则受到欢迎。最终导致平庸之人进入，优秀员工跳槽。长此以往，企业丧失优秀员工，且出现大量的人员冗余。以上的过程都是在相应的制度下出现的自我选择问题，而且这种自我选择的行为与企业期望的行为相悖离。

出现上述问题的原因是当下普遍实行的岗位工资制度。在企业内部，员工一般会被按照岗位的完成情况来支付工资。在这种工资支付方式下，主管和员工进行的利己自我选择由于信息不对称不会受到惩罚。

为了规避上述做法，企业可以改变岗位工资制度，建立新的制度以改变员工的行为，使员工自我选择的行为与企业期望的行为相一致。如果按照企业的总体利润来给每个部门划定部门薪酬总额，与人数没有关系。在这种情况下，每个部门主管在年末招聘时会根据部门的业务量来确定人员需求计划，而且这种需求计划是相对真实的，因为每多引进一人，在不能给部门创造绩效的情况下只会使得部门员工的工资分配减少。此时主管的理性最优选择是减少人员冗余，且发现人员冗余会及时提出解雇员工的要求。在招聘员工时，主管也会尽量招聘到最优秀的人才，以使得员工在部门内获得更高的绩效。在使用员工的过程中，主管们也会优先使用优秀的员工。用最有效的员工、最少的人数，创造最高的业绩，从而使得每个员工都可以效用最大化。

所以，当员工的行为与企业预期的行为不一致时，主要不是因为员工的偏好出现偏差，而是企业价值理念下的规则有问题。企业规制员工的行为需要从规则角度来思考解决问题，而非从惩罚员工的事后行为途径来解决问题。

第五节　试用期与工资相结合的自我选择机制

很多员工都了解自己所具有的技能、能力、工作理念以及自己的未来志向等，这些品质有助于他们将来成为一个出色的员工。假设员工有清晰的自我认知，且无条件地和雇主进行分享，雇主将会通过简单的张贴小广告的方式来招募到合适的员工。但是这种情况在实际生活中多数不可能会发生。如果雇主采用高工资来吸引求职者，那么雇主将面临逆向选择的风险，因为低技术水平的求职者会试图进行求职，这就是要找到某种筛选机制的重要原因。

当雇主比较了解员工的就业能力时，筛选机制就可以解决逆向选择问题。筛选工作的实质是将工人进行有效的分类，让那些身体健康、工作效率最高的求职者留在公司并支付他们较高的工资。那么这样做会不会吸引那些好的求职者且排斥不好的求职者呢？下面看一个投资银行招聘的简单例子。假设简单的面试可以让银行很容易地将A到C这类型的人排除在外，但如果想进一步将D类型和E类型员工区分开会非常困难。该银行偏好雇用E类员工，因为他们赚钱能力最强。雇主能不能通过试用期、非升即走或晋升加薪这样的方式来吸引E类型员工，且不吸引D类型员工？

为了模拟这种情况，首先，假设银行可以通过观察员工一年的工作情况来判断他们是哪种类型的员工。然而，这个判断的准确性并不完美，有10%的可能性会出现错误。那么D类型员工可能会被错误地接受的概率为10%，即D类型员工有10%的概率在不应该被提升的时候得到了提升，同样E类型员工将有10%的概率本该晋升而没有获得晋升。

假设这两类员工获取薪资的途径较广，因为只有这样才能够合理地提供薪酬，以吸引E类型求职者，亦使得D类型求职者没有兴趣前来求职。假设D类型在其他地方的工作年收入为 175 000 美元，而 E 类型可以获得 200 000 美元。所以，两年期间 D 类型的员工获得的收益为 350 000 美元，E 类型员工获得的收益为 400 000 美元。假设试用期的工资为 w_1，试用期结束之后的工资为 w_2，试用期结束之后获得工资加薪，所以 w_2 大于 w_1。假设试用期是一年，为了简化计算，获得工资加薪后的工作年限也是一年。那么 D 类型的员工申请该工作的期望收益如下：在第一阶段试用期获得的工资是 w_1，在第二阶段获得 w_2 工资的概率为 10%，到其他地方工作获得 175 000 美元的概率是 90%。同样，在第二阶段，E 类型员工获得 w_2 工资的概率是 90%，到其他地方工作获得 200 000 美元的概率是 10%。所以：

D 类型的员工申请该工作职位的期望收益为 $w_1 + 0.9 \times 175\,000 + 0.1 \times w_2$；

E 类型的员工申请该工作职位的期望收益为 $w_1 + 0.1 \times 200\,000 + 0.9 \times w_2$。

假设雇主给 D 类型和 E 类型员工的工资报价如表 7-2 所示，表示在不同的工资水平下 D 类型和 E 类型员工的工资期望价值。表 7-2 中的期望收益数字均以 1 000 美元为整数四舍五入。通过上面的式子计算，在前两种工资支付的情况下很容易吸引 D 类型的员工，因为 D 类型的员工申请后获得的期望收益要比到其他单位进行工作获得的收益大。所以，要想阻止 D 类型员工前来求职，首先要做到他们到本单位来应聘获得的收益小于到其他单位工作获得的收益。同样，对于 E 类型的员工，除了第一种，其他几种类型的工资支付都可以吸引 E 类型的员工前来应聘，因为他们前来应聘获得的收益要明显大于到其他单位工作所获得的收益。所以，要想让所需要的员工前来应聘，必须做到到本单位工作所获得的期望收益大于到其他单位工作所获得的收益。

表 7-2　求职者的自我选择激励　　　　　　　　单位：1 000 美元

w_1	w_2	D类型			E类型		
		其他工资	期望工资	是否申请	其他工资	期望工资	是否申请
200	200	350	378	是	400	400	否
180	225	350	360	是	400	403	是
160	250	350	343	否	400	405	是
140	275	350	325	否	400	408	是
120	300	350	308	否	400	410	是
100	325	350	290	否	400	413	是

资料来源：Lazear（1998b）。

因此，如果雇主在试用期支付的工资足够低，且在试用期结束之后支付的工资足够高，在试用期就可以让求职者形成良好的自我选择，从而解决逆向选择问题。实际上就是雇主在试用期给他们低于其他单位给出的工资，但是一旦获得试用期认可，作为回报，如果他们表现出色并得到提拔，公司给他们的奖励或者给他们的报酬会比他们在其他单位收益还要多。所以，图 7-6 反映了试用期期间雇主与雇员签订合同的类型。

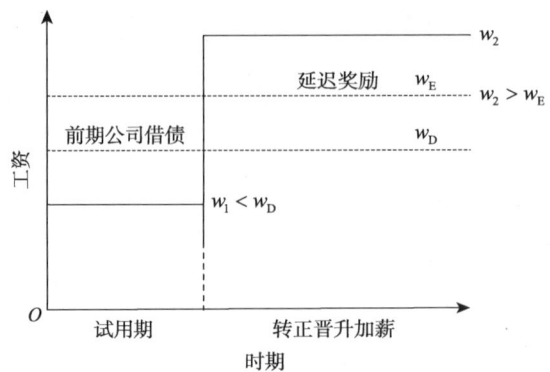

图 7-6 试用期与转正晋升加薪的公司激励

资料来源：Lazear（1998b）

假设 w_D 和 w_E 是 D 类型和 E 类型员工在其他单位可获得的工资水平。依然假设试用期的工资为 w_1，试用期结束之后的工资为 w_2，试用期结束之后获得工资加薪，所以 w_2 大于 w_1。试用期工资低于其他单位的工资，这可以视同公司向员工的借债，后期工资水平高于其他单位的工资，视同还债或者延迟奖励。如图 7-6 所示，高能力的求职者 E 类型的员工在获得转正晋升加薪后的收益要比 D 类型的员工低，但在试用期 E 类型的员工所付出的成本要明显高于 D 类型的员工。既然如此，怎么样才能激励 E 类型的员工前来应聘，让 D 类型的员工不来应聘呢？只有通过甄选环节，使 E 类型员工在试用期结束后获得转正晋升的概率较大，而 D 类型员工在转正结束之后留下来的概率较小。

试用期的工资和转正之后的工资设定应该存在一个最优的合理设置，也就是说，虽然可以区分开 D 类型员工和 E 类型员工，但是试用期和转正之后的工资过高也会给企业带来成本。所以，下面探讨一下最优的试用期和转正之后的工资设定问题，目的在于吸引 E 类型员工的同时，挫伤 D 类型员工求职的积极性。

$$w_1 + (1-q)w_2 + qw_D < 2w_D$$
$$w_1 + qw_2 + (1-q)w_E > 2w_E$$

式中，q 表示 D 类型员工被辞退的概率和 E 类型员工转正晋升的概率。第一个表达式表示 D 类型的员工在该公司的收益较差；第二个表达式表示 E 类型员工到该公司获得的收益较高。所以，经过简单的变形可得

$$w_1 < w_D + (1-q)(w_D - w_2) < w_D$$
$$w_2 > w_E + (w_E - w_1)/q > w_E$$

最优的工资表达式为

$$w_1 = w_D + \left(\frac{1-q^2}{2q-1}\right)(w_E - w_D)$$
$$w_2 = w_E + \left(\frac{2-q}{2q-1}\right)(w_E - w_D)$$

第六节　劳动力市场中的自我选择与流动

在一个竞争激烈的劳动力市场中，每个公司的规模都非常大，以至于它可以按照自己的意愿雇用尽可能多的劳动力。当一名员工离职并被替换时，该公司就会发生培训、流动成本。因此，该公司有动力雇用那些有最低离职倾向的求职者。该公司不鼓励高离职倾向的员工申请，而是鼓励低流动率的员工在公司任职，并通过增加雇员的工资来激励这部分员工到本公司求职。公司有一种动机去寻找并雇用那些流动概率低的员工。当然，工人们对支付竞争工资的所有公司都漠不关心。因此，公司面临的问题是找出较低流动倾向的申请人并雇用他们。

在劳动供给方面，根据 J. Salop 和 S. Salop（1976）的研究，除了假设有 L 个工人，他们的服务完全是弹性的，他们在离开公司的可能性上有所不同外其他完全同质。特别地，α 部分中申请者的退出概率为 q_s，而其余的，$1-\alpha$ 部分具有更大的退出概率，为 q_f，$q_f > q_s$，用 $\bar{q}$ 表示 L 个工人的平均退出概率。假设这些退出概率是外生的，并且不依赖于市场机会。

$$\bar{q} = \alpha q_s + (1-\alpha) q_f \tag{7-3}$$

在劳动力需求方面，假设有 n 个完全竞争的公司，边际收入产品 $M(L)$。每一家公司都可以按照现行的工资标准雇用自己想要的劳动力。此外，每一家公司都培训新员工，而且在这个过程中，每个新员工都需要花费 T 成本。此外，如果公司雇用的 L 个工人平均退出水平为 $\bar{q}$，那么 $\bar{q}L$ 个工人在每一段时间内都必须更换。因此，该公司在随后的每一段时间内离职成本都将增加 $T\bar{q}L$，以维持其目前的劳动力水平。最后，公司都支付给员工相同的工资水平 wL。

公司通过选择劳动力的边际成本和边际收益产品的折现价值来实现利润最大化。公司总成本的预期折现价值是

$$\text{TC}_{\text{pdv}} = \frac{wL}{r} + \frac{(r+\bar{q})TL}{r} \tag{7-4}$$

其中，pdv 表示贴现成本，员工工资折现值为 $\sum_{i=1}^{\infty} \frac{w}{(1+r)^i} = \frac{w}{r}$，员工离职成本折现值为 $\sum_{i=1}^{\infty} \frac{\bar{q}TL}{(1+r)^i} = \frac{\bar{q}TL}{r}$。

所以，公司中员工的边际成本为 $\text{MC}_{\text{pdv}} = \frac{w}{r} + \frac{(r+\bar{q})T}{r}$，企业的边际收益为

$$M(L)_{\text{pdv}} = \frac{M(L)}{r} \tag{7-5}$$

根据边际收益=边际成本，可以得到

$$M(L^*)_{pdv} = w + (r+\bar{q})T \tag{7-6}$$

在参数 $w+(r+\bar{q})T$ 已知的情况下，那么就可以计算出均衡时雇主的最佳就业量。

为了使劳动力市场处于均衡状态，单个企业对劳动力的需求之和必须等于总的劳动力供给。假设 $\bar{L}$ 个工人完全弹性地供给市场，我们就有了下面的市场出清方程：

$$L^* = \frac{\bar{L}}{n} \tag{7-7}$$

式（7-5）、式（7-6）在没有自我选择的情况下决定市场清算工资，平均每个公司都有一个市场退出率 $\bar{q}$，并雇用 $L^* = \frac{\bar{L}}{n}$ 名工人。因此：

$$w^* = M\left(\frac{\bar{L}}{n}\right) - (r+\bar{q})T \tag{7-8}$$

尽管每家公司都有竞争力，但潜在的利润仍在增长。如果只有那些有小辞职概率的工人向某家公司申请，该公司辞职率就会下降，利润也会上升。该公司的目标是找到一种方法，用更低的费率来吸引那些工人。例如，如果公司将工人工资提高到 w^* 之上，那么每个工人都会向该公司申请，也许公司可以通过筛选机制来区分较低离职倾向的申请者；或者，公司可以使用两部分的工资（TPW）作为一种自我选择的机制来吸引较低离职倾向的申请者，同时阻止较高离职倾向的申请者。

TPW 将以以下方式操作。新员工向公司支付 D_1 的入场费，作为回报，他将得到 $w+D_2$ 的工资。公司设置了 D_1 和 D_2，这样较低离职倾向的申请者（q_s）更倾向于垂直工资结构，而非其他公司的扁平结构，而较高离职倾向的申请者（q_f）则更喜欢其他公司的扁平结构。因此，通过设置 D_1 和 D_2，只有较低离职倾向的申请者才会适用于该公司。公司的离职率将会下降，利润将会上升。

最优（D_1，D_2）的推导很简单。考虑一个风险中性的工人，他的辞职概率为 q，他在一家 TPW 公司工作。如果他借款利率为 r，他的净收益 $E(q)$ 表示从 TPW 公司中得到的净收益，均衡的工资为 w^*，那么：

$$E(q) = -D_1 + \frac{D_2}{1+r} + \frac{(1-q)D_2}{(1+r)^2} + \frac{(1-q)^2 D_2}{(1+r)^3} + \cdots \tag{7-9}$$

所以，可以简化为

$$E(q) = -D_1 + \frac{D_2}{r+q} \tag{7-10}$$

如果 $E(q)=0$，那么在 TPW 公司工作和在其他公司工作是没有差别的。如果 $E(q)>0$，那么工人就会喜欢更陡峭的工资结构；如果 $E(q)<0$，那么工人就会比较喜欢在有扁平化工资结构的公司中工作。把 $E(q)=0$ 代入式（7-10）可得

$$\frac{D_1}{D_2} = \frac{1}{r+q} \tag{7-11}$$

如果公司设定的 D_1/D_2 的范围为 $1/(r+q_f) < D_1/D_2 < 1/(r+q_s)$，那么较低离职倾向的员工会更喜欢比较陡峭的工资结构，离职倾向较高的人会更喜欢比较扁平化的工资

结构。

此外，如果公司设定：

$$\frac{D_1}{D_2} = \frac{1}{r+q_s} \tag{7-12}$$

较低离职倾向的申请者不论是在 TPW 公司工作还是在其他公司工作，他得到的工资是一样的。然而，由于较高离职倾向的申请者更倾向于采用统一的工资结构，只有较低离职倾向的申请者才会向公司申请，从而公司减少了人员流动成本，增加了利润。

在这种情况下，如果公司（公司 n）雇用了较低辞职倾向的员工，那么新的平衡就会被正式地描述成如下公式：

$$M(L_n) = w + (r+q_s)T \quad （公司\ n\ 利润最大化） \tag{7-13}$$

$$w = M\left(\frac{\overline{L}-L_n}{n-1}\right) - (r+\overline{q}_{n-1})T \quad （其他公司利润最大化） \tag{7-14}$$

其中：

$$\overline{q}_{n-1} = \left(\frac{\alpha\overline{L}-L_n}{\overline{L}-L_n}\right)q_s + \frac{(1-\alpha)\overline{L}}{\overline{L}-L_n}q_f \tag{7-15}$$

在平均离职倾向概率这一点上，使用自我选择的公司赚取的利润比以前更多，也比竞争对手赚取的利润要多。尽管如此，由于竞争对手在制定 TPW 方面的领先地位，该公司的优势地位将受到侵蚀。当这些公司为较低离职倾向的申请者竞争比较激烈的时候，自我选择的比率 D_1/D_2 将会降低。离职倾向较低的申请者，作为稀缺的资源，他们获得了更多的租金。此外，只有在 D_1/D_2 和 w 被设定后，才能让公司对员工离职率的高低不再关注。换句话说，在均衡中，公司在一个空缺的岗位内填满一个离职倾向较低或者离职倾向较高的申请者的代价是一样的。

形式上，均衡要求雇用任何一种工人的边际成本的现折现价相等。对于离职倾向较高，选择扁平化工资结构的申请者来说，我们有

$$\text{MC}_{f-\text{pdv}} = \frac{w}{r} + \frac{(r+q_f)T}{r} \tag{7-16}$$

对离职倾向较低的申请者来说：

$$\text{MC}_{s-\text{pdv}} = \frac{w+D_2}{r} + \frac{(r+q_s)(T-D_1)}{r} \tag{7-17}$$

均衡点是边际成本相等的点，即

$$D_2 = D_1(r+q_s) + T(q_f - q_s) \tag{7-18}$$

最后，根据式（7-5）、式（7-6）以及式（7-16）可以得到均衡的工资 w^{**}

$$w^{**} = M\left(\frac{\overline{L}}{n}\right) - (r+q_f)T \tag{7-19}$$

尽管 D_1 和 D_2 有多种组合满足式（7-18），但必须要有两个限制条件。特别地，如果

我们将 D_1 和 D_2 两个限制条件设定后，公司在雇用或者培训员工无利可图的情况下，就会选择在第一阶段解雇员工。这种情况下的工资结构将会使得员工产生自我选择。

在第一点上，我们注意到，只要公司在第一阶段给工人的现金流是非正的，公司就没有动力解雇他们的员工。用 N 表示现金流，我们有

$$N = D_1 - T + \frac{M\left(\frac{\bar{L}}{n}\right)}{1+r} - \frac{(w^{**} + D_2)}{1+r} \leq 0 \quad (7\text{-}20)$$

将式（7-18）、式（7-19）中的 D_2、w^{**} 值代入式（7-20），那么可以得到

$$D_1 \leq T \quad (7\text{-}21)$$

同样，可以得到

$$D_2 \leq T(r + q_f) \quad (7\text{-}22)$$

当式（7-21）和式（7-22）取等号时，工人支付他自己的培训费用，并且可以从式（7-17）和式（7-19）中得到他边际产品的全部价值。此外，在这种情况下：

$$1/(r+q_f) = D_1/D_2 < 1/(r+q_s) \quad (7\text{-}23)$$

这表明离职倾向较低的员工会比较偏爱这种陡峭的工资结构，而对于离职倾向较高的员工来说进入哪一个公司都是一样的。

如果 $D_1 < T$ 时，离职倾向较高的申请者会偏爱陡峭的工资结构，即想进入 TWP 公司工作。根据式（7-18）可得

$$\frac{D_1}{D_2} = \frac{D_1}{D_1(r+q_s) + T(q_f - q_s)}$$

所以，随着 D_1 的变化，那么：

$$\frac{\mathrm{d}(D_1/D_2)}{\mathrm{d}D_1} = \frac{T(q_f - q_s)}{\left[D_1(r+q_s) + T(q_f - q_s)\right]^2} > 0$$

换句话说，当 D_1 上升到 T 时，D_1/D_2 上升到 $1/(r+q_f)$，使离职倾向较高的申请者更倾向于扁平化的工资结构，这与自我选择一致。但是当 D_1 下降到 T 以下时，离职倾向较高的申请者更倾向于 TPW 公司的工资结构。这意味着，如果 D_1 小于 T，这两种类型的工人都选择了 TPW。结果，公司的边际成本不再等于它的边际收入产品，因为离职倾向较高的劳动者的报酬比式（7-19）要高得多。

这表明在均衡中 D_1 必须等于 T，如果 $D_1 > T$，那么公司雇用、解雇措施并举是有利可图的，结果是工人认为公司的工作具有较高的不稳定性，他们仅会申请那些 $D_1 < T$ 的公司。然而，满足 $D_1 < T$ 的公司，TWP 公司并不按照单位生产率来对工人进行区分，结果是雇主提供的工资会低于 w^{**}，高离职倾向的工人将被低离职倾向的工人替代。其他公司则可以通过在 $D_1 = T$ 和 $D_2 = T(r+q_f)$ 情况下提供 w^{**} 来吸引那些离职倾向较低的工人。这样即使较高离职倾向的工人选择 TWP 公司也会形成一种均衡，因为工人自己会承担培训成本。和较高离职倾向的工人不关心公司是否为 TWP 还是扁平化工资结构

一样，公司也不关注工人的选择。公司也并不关注在 TWP 情况下是雇用较高离职倾向的员工还是较低离职倾向的员工，以及在扁平化工资结构情况下雇用了离职倾向较高的工人等。在这种均衡情况下，公司采用解雇和雇用并举的措施无利可图，但对于公司来说也没有损失。

第七节　所有权与自我选择

股票和股票期权已经成为重要的薪酬工具。这说明当前的薪酬致力于激励员工做出的努力，以及随着经济增长使工人更加富有，员工的风险厌恶情绪可能已经降低。如果一家大公司的中层经理是真正的风险中性人，他会接受现金形式或公司股票形式的薪酬。股票激励的好处是可以使公司的激励措施与其他股东的利益相一致。然而，如果公司发行了大量的股票，这位经理的努力对股票的价值影响将微乎其微，那么股票很难对经理产生激励。在这种情况下，风险成本肯定会变得更重要。那么，为什么公司会向员工发放股票呢？

一个可能的答案是保留员工，另一个可能的答案是吸引合适的员工。即使在没有激励措施的情况下，也可能会有一些"排序"的好处，即让股权补偿成为就业协议的一部分。有很多股票期权和低底薪的经理，除非公司业绩很好，否则其薪资会比较低。因此，一个愿意在这种情况下接受工作的经理表明他对公司有信心。这些信息对投资者来说可能是有价值的。

类似地，公司提供的股权补偿，和其他非现金福利一样成本较低，但员工对其估价却比较高。也就是说，公司可以通过较低的薪酬来吸引那些对公司前景特别乐观的员工，从而降低薪酬成本。如果员工对公司持乐观态度也是非常具有参考价值的（可能因为热情或了解公司的运营状况），基于股权的薪酬会导致员工进行自我选择。

尽管吸引和保留员工可能是公司向员工授予股权的重要理由，但基于股权的薪酬最重要的理由可能是产生激励。这种解释可能适用于小公司或大公司的高层管理人员。这些雇员会对公司的价值产生重要影响，而所有权的激励效应会超过要求这些员工承担超出他们控制范围的风险而产生的低效率，从而影响公司的价值。

案例分析：古画鉴赏大师高价买赝品

从前，苏州有一位古画鉴赏大师，名叫古雨亭。据传，古先生可以一眼识破赝品，盖了他印章的画，肯定是正品。但本书要讨论的故事，却是一个致命的例外。

某年腊月三十，一个叫陈三道的青年来到古雨亭家的客厅，扑通一声跪下，求古先生救命。他说，他的母亲被土匪绑架了，土匪要他大年三十天黑之前带五百两银子去赎人，过期撕票。他从怀里掏出一幅古画，告诉古雨亭，这是他父亲当年在京城做官时买下的，是唐伯虎的《红梅傲雪图》。有一位收藏家愿出五百两银子买走，但他有个条件，画上必须有古雨亭的盖印，以证明是唐伯虎的真迹。古雨亭展开那幅画，仔细看了半天，叹息道："年轻人，这是一幅赝品啊！"陈三道苦苦哀求，说这是救他娘的唯一办法，一定请古老爷帮这个忙。古雨亭踌躇再三，最终还是将那方"古雨亭鉴画"的青田印盖在画上，边盖边念叨："下不为例！"

此事过去一年，古雨亭去湖州看望一位叫梅花石的古画收藏家，途中遇雨，就来到了一个叫文香阁的画店躲雨，意外地发现，那幅盖有他印章的《红梅傲雪图》挂在画店显眼的位置。古雨亭问店老板关于画的来历。店老板告诉他，湖州城里有一个叫陈三道的浪荡公子，从十五岁开始就和地痞流氓在一起鬼混，祖辈留下的家产很快被他挥霍一空，最后只剩下一样值钱的东西，是他父亲做京官时买下的一张唐伯虎的画。这张画一直被他母亲藏着，直到临咽气之前才拿出来，嘱咐他把画卖了，为她买口棺材，剩余的钱留着好生过日子。陈三道没等他娘断气，拿了画直奔文香阁而来。店老板的父亲拿不准是不是唐伯虎的真迹，要他找鉴画大师古雨亭盖印才肯买下。陈三道于是去了一趟苏州，找古雨亭盖了印。文香阁将画买下，陈三道拿了卖画的五百两银子，迳直去了妓院，没几天便花个精光。银子花完后，他又打起了这画的主意，夜里到文香阁来偷，被店老板的父亲发现，陈三道把他活活勒死（店老板在他父亲死后子承父业成为店主），拿着画逃了。案子最终还是破了，陈三道被绳之以法，画还给了文香阁。

店老板还告诉古雨亭，他父亲当时见了这幅画特别喜欢，打算自己收藏。可打那以后，家道一直不顺，风水先生说，画上有凶兆。于是他打算把画卖了。古雨亭问他价钱是多少，他说，五百两买进，还是五百两卖出。并说一个叫梅花石的收藏家已交了定金。古雨亭说，他愿加一百两银子买下，店老板当然高兴。古雨亭与店老板交割时，梅花石到了，见此场面，大笑而去。古雨亭回家后，就把这幅画烧了。

资料来源：http://jingji.100xuexi.com/SpecItem/SpecDataInfo.aspx?id=abdf22d7-cb25-4a14-9f26-378acbf4e9d6

案例思考题

1. 古雨亭分明知道是一幅赝品，还花六百两银子买下，而且回家就把画烧了。这是为什么呢？
2. 为什么古画市场上需要古画鉴赏大师？

推荐阅读

Lazear E P. 1986. Salaries and piece rates. The Journal of Business，59（3）：405-431.

Milgrom P，Roberts J. 1990. The economics of modern manufacturing：technology，strategy，and organization. The American Economic Review，80（3）：511-528.

Rosen S. 1986. Prizes and incentives in elimination tournaments. The American Economic Review，76（4）：701-715.

Shearer B. 2004. Piece rates，fixed wages and incentives：evidence from a field experiment. The Review of Economic Studies，71（2）：513-534.

第八章　激励性的绩效管理

本章内容及学习目标

本章主要结合企业中道德风险和绩效的特点，介绍了能够有效激励员工的绩效指标提取标准。进而围绕绩效考核指标介绍长短期绩效指标的可控性、绩效指标提取的综合性，以及对综合性和可控性指标提取问题的解决办法。进一步结合相对考核与绝对考核、集体考核与个体考核、定性考核与定量考核对绩效考核方法进行了优劣势和适用范围等的分析。最后介绍了高管薪酬中的相对评估方法和绩效评估当中存在的问题。本章需要重点掌握绩效指标提取所考虑的综合性、可控性、长期性等问题，并适当了解各种考核方法的优劣势及其存在的问题。

引例：计件工资惹的祸？

珠江三角洲的一家制造工厂，因为准备转型，计划对各个部门的工资制度进行调整，其中装配车间采用的是计件工资，当下情况比较复杂：装配车间的工作主要是对毛坯产品进行修边、整形，这项工作受上游机器作业影响很大，机器运转良好，装配车间的工作就轻松且产量高；机器运转不顺畅，装配车间的工作就会增多，一天的产量也会降低，所以很难计件。而现在机器的维修率比较低，装配的残次品较多，受到销售部门的投诉。由于前序工序的影响，员工对计件工资也是有诸多抱怨，认为当下的计件工资过低，要求加薪。装配车间已经有人员流失的情况出现，长期下去，员工肯定留不住。

资料来源：https://www.hrloo.com/dk/70808

根据案例反映的情况，首先，案例中存在着员工无法控制自身绩效的情况，如装配车间受上游机器作业的影响大，如果机器运转良好，装配车间的工作就轻松且产量高；如果机器运转不顺畅，则一天的产量就会减少，这种情况大大降低了员工绩效与努力的相关性，增加了诸多不可控因素，导致员工承担很大的绩效波动风险。其次，案例中存在着绩效考核指标单一的情况，即按照员工装配的机器的件数来作为绩效的考核标准，但是这种考核忽略了质量、成本等绩效考核指标，缺乏综合性的考核指标，最终扭曲了企业绩效，增加了企业经营的风险。所以在设计绩效考核指标时，必须考虑可控性、综合性、风险性等因素。本章主要结合绩效指标的设计来解决企业绩效管理的相关问题。

第一节　绩效指标提取

一、道德风险

绩效管理一个重要的原因是企业雇主和雇员的目标是不一致的，在工作过程中存在着委托代理问题。如果每个员工的目标和企业的目标相一致，那么在经济人的假设下，每个人都会根据自己的利益最大化来进行行为选择，则最终分散个体在市场的调节下都会做出最优的选择，使得资源配置最优化。然而雇员和雇主的目标往往不一致，个人的行为选择会损害雇主的利益，最终影响组织整体绩效和福利。从根本上说，这种委托代理问题产生的根源是雇员和雇主信息不对称。所以，在无法克服信息不对称的情况下，提升企业绩效，就需要采取一系列的措施。

雇员和雇主之间的冲突表现无处不在。例如，从企业角度来考虑，管理层应该选择高风险、高收益的决策，这样才能促使企业快速发展，使企业获得长远发展。然而实际情况下管理层往往会做出低风险、低收益的决策，因为这种决策对他们来说很安全，也不会显著地影响他们的工资水平。即使做出了高风险、高收益的决策，管理层可能也不会因为公司的高收益而获得足够多的激励。同样，他们会更加喜欢短期决策而非长期决策，因为管理层有一定的任期限制，任期内公司绩效最大会给他们带来较多的收益，任期结束后决策的绩效才表现出来对管理层来说是没有意义的。所以，管理层的短视化、保守性和雇主要求的长期化、进取性有很大的出入。对于一般的员工来说也同样如此，他们会减少自己的努力，努力影响管理层对自己绩效的看法，从而最大化自己的效用水平，这与公司利润最大化的目标也是相悖的。

总体而言，企业雇员和雇主之间的道德风险产生一般具备三个条件：①雇员和雇主之间的利益目标是冲突的，但是这种冲突并非时刻都会产生，也并非在各个方面都存在，在特定条件下雇员和雇主的利益可能会自然地达成一致。②雇员和雇主的利益目标虽然不同，但具有合作或者有利可图交易达成的基础。③在雇员和雇主之间的合同是否良好履行的确定问题上存在很大的困难。那么在存在道德风险的情况下，如何来规避道德风险呢？

二、绩效的特点

绩效管理中重要的一个环节就是绩效指标的制定，用绩效指标来衡量绩效的高低。为了提高绩效指标针对性和有效性，必须了解绩效的特点，根据绩效的特点来制定相应的绩效指标。

（一）多因性

绩效往往由很多不同的原因所致，在众多原因中包含了客观性因素、主观性因素和随机性因素。客观性因素是员工无法左右的，但它往往可以影响绩效。例如，超市中雨天的商品销量会低于晴天的商品销量；在经济衰退的经济环境下商品销量会较低，在经济繁荣的经济环境下商品销量会较高，上述绩效和员工的努力程度没有关系。如果在制定绩效指标时包含了这些客观因素，无疑会打击员工的工作积极性。例如，对挖煤工制定绩效指标主要有两种方式，一种是以每天挖出煤的吨数作为员工的绩效，另一种是将煤的销量作为员工的绩效。这两种绩效考核指标对员工来说存在着截然不同的效果。挖煤工可以根据自己的努力程度来决定挖煤的吨数，其越努力，挖煤的吨数也就越多，所以，挖煤工可以完全控制挖煤吨数这个指标，这个指标对员工努力程度的反应也比较敏感。相反，如果采用煤的销量来衡量挖煤工的绩效，那么存在很多弊端：首先，销量是一个复合型单位，等于煤的吨数和价格的乘积。而价格的高低取决于市场的供求以及市场经济环境的影响，挖煤工对价格没有任何的影响能力，如果将市场状况和经济景气程度加入绩效的考核当中，即使挖煤工挖出的煤再多，他们也会由于价格过低而得不到较高的绩效认可，无疑会大大打击员工的积极性。此外，这种考核指标也会导致挖煤工为其他人的责任承担损失。例如，如果其他销售人员销售状况不好或者不努力，那么他们的销售额也会比较少，挖煤工最后获得的激励自然也会比较少。所以，根据绩效的多维性来考虑，选择的指标应该尽量符合以下特征：①绩效指标应对员工努力程度的反应比较敏感；②绩效指标应较少地受到随机因素的干扰。

（二）多维性

由于多因性原因，企业不仅要关注绩效指标的选择，还要注意绩效指标的组合问题。绩效考核时往往不能从一个维度来衡量，要从多个维度综合来衡量，否则会出现不良的绩效考核结果。例如，简单的计件工资制度，如果只采用件数作为绩效衡量的唯一标准，那么员工就会过度关注生产产品的件数，而忽略产品的质量，造成次品率大幅度上升，浪费大量的原材料，同时机器的磨损率提高、维护时间下降等；同样，对于牙科医生来说，如果采用计件来衡量医生的绩效，那么医生就会减少对患者的询问时间，拔牙次数大幅度上升，虽然该做法给医院带来了高效益，但投诉率也会随之上升，不利于医院的长远发展。再例如，公交车司机采用营业收入作为衡量绩效的标准，会导致公交车超载，危险系数上升，违规停车的频率也会大幅度上升等。所以，绩效需要从多个角度来进行综合考核。

三、绩效激励有效性的影响因素

（一）相关性

相关性主要包括绩效指标和绩效的相关性，以及绩效指标与员工努力的相关性。

在评价员工时，首先要考虑绩效指标与员工努力之间的相关性。如果员工付出了巨大的努力，但绩效指标没有从量上得到反映，即绩效考核指标对员工努力程度的反应不敏感，这说明该绩效指标不是一个好的指标，因为它与员工的努力程度无关，且与员工所无法控制的因素有关，即前文所说的员工无法左右的客观指标或随机干扰指标。如果绩效指标对员工努力程度的反应比较敏感，说明绩效考核指标和员工努力程度密切相关，能够反映员工投入的大小。第一个相关性仅仅是绩效激励有效的一个前提。第二个相关性是指绩效指标与绩效的相关性。该相关性指的是绩效指标的效度问题，即绩效指标是否在真实意义上衡量了绩效。例如，用产品的次品率来考核人力资源部总监，那么它就不是一个好的指标。首先人力资源部总监的努力程度与产品次品率没有关系，同时，产品次品率也和人力资源部总监的绩效没有关系，这是一个典型的糟糕性指标。

（二）员工风险偏好

一般而言，企业具有资本分散化的能力，在经营过程中，可以采取产品多元化策略等分散风险。但是员工在工作过程中，其劳动是无法进行分散风险的，只能由员工自己承担雇用风险。在绩效薪资下，员工的工资与企业的经营状况直接关联起来，导致企业的经营风险在一定程度上转嫁给了员工，使得员工承担了企业的经营风险。而员工往往厌恶风险，所以如果让员工承担部分经营风险，就必须给予员工一定的风险溢价，即采用绩效薪资水平要比按照计时工资的薪资水平要高，高出的这部分工资就包括了风险溢价。员工风险厌恶性越大，那么来自同样的绩效薪资给员工带来的激励性就会相对较低。

（三）绩效风险

绩效风险往往是指员工绩效的波动性。如果员工绩效的波动性较大，那么绩效激励对员工的有效性就会相对较小。这种情况可以从员工绩效的方差中看出。如果在一个群体中，员工的绩效方差越大，说明员工之间的差距可能越大，员工承担的风险也较大，在相同的绩效激励下，员工的工作积极性就会较差。在风险偏好和绩效风险同时起作用的情况下，绩效激励的效果就会更差。

员工绩效风险首先来源于随机性。如果能够准确地衡量员工的工作行为、工作绩效，那么员工就可以按照所要衡量的具体行为来操作了。按照合同，恰当的行为将会得到报酬，不恰当的行为将会得到惩罚，因此只要支付更多的工资就可以对员工提出更高的绩效要求。然而现实并非如此，如果让员工为他们的绩效负责，那么他们的确会承担一定的风险。这种风险主要来自没有完美的方法来衡量员工的真实绩效。例如，员工工作时是出于谨慎而节奏缓慢还是因为偷懒造成的？很难确定员工的努力程度。在对员工进行绩效考核时往往是根据可观察到的行为来推断其绩效，如根据员工的最终成果来给予激励，如计件工资。但是结果往往受到雇员可控范围之外的诸多因素的影响，这些因素可能与忠诚、勤奋、能力等无关。

绩效风险的第二个来源是度量绩效本身，绩效的度量标准往往会包括随机的或者主观的因素。例如，对雇员的评价可能取决于上司对雇员工作态度的认知，同时对其工作的感觉，这些都是雇员难以控制的因素。绩效度量的误差还源于对无形资产的衡量。例如，企业中员工生产的产品质量很高，赢得顾客的满意，管理层经营的产品品牌提升，获得市场的广泛赞誉，又或者管理层花费大量的资金用于员工的培训，使得员工的能力得到大幅度的提升，在较短的时间内这些并没有获得相应的绩效，但是都是企业的无形资产，会给企业长远发展带来较高的收益，此时绩效的测量可能就会被低估。另外，绩效的衡量还会涉及时间的跨度问题，时间跨度较长，员工的绩效才可能充分地显示出来，比如上面的诸多无形资产而形成的绩效等。绩效的测量误差可能还会源于团队的规模。如果仅对个人绩效进行衡量，很难将其绩效与其他同事的绩效分离开，员工之间的绩效往往存在相互依赖性，仅对个人绩效进行度量，会导致员工之间的不团结等；如果对员工所在的团队进行度量，那么员工要对同事的行为和绩效负责，而同事的行为往往是员工所无法控制的，而且团队规模越大，员工的绩效对团队绩效的影响也就越小，对员工绩效度量的风险也就越大。

绩效风险的第三个来源是无法控制且能够影响绩效的行为能力方面，包括健康、天气、交通等因素。

所以，综上所述，影响绩效激励的因素主要包括三个方面：相关性、员工风险偏好、绩效风险。如果相关性比较弱，那么员工只有付出更多的努力才能展现出比较好的绩效，这就意味着员工付出的努力成本较高；员工风险偏好直接决定企业让员工承担部分经营风险的代价；绩效风险说明员工在绩效薪资激励下承担的风险的大小。

第二节　绩效风险与补偿

员工的绩效受到很多因素影响，既包括可控因素也包括不可控因素。不论采用何种衡量绩效的方式，对员工来说都存在着绩效被低估的风险。员工作为自然人，一般都不愿意承担风险，所以在绩效激励的计划中也会因为绩效衡量的风险而产生激励问题。在对员工进行绩效考核时，需要考虑短期和长期绩效考核指标。

一、长、短期绩效与指标的可控性

在绩效考核中，为了激励员工和管理者为企业长远发展考虑，企业往往会采用一些长期指标来对员工进行考核。企业的管理者会根据自己利益最大化，而非企业的利润最大化来做决策。如果一项决策在年末能够给企业带来巨大的经济利益，而长期执行对企业来说是一个比较糟糕的决策，不利于企业的长远发展，但是由于该项决策对管理者是最优的，其他决策所带来的企业长远利益可能会超出管理者的任期而使其无法获得任何回报，基于此考虑，管理者会倾向于决策的短期化。短期化的决策好处在于很多绩效影响因素会在管理者的控制范围之内，如果进行长远的决策，那么很多影响绩效的因素将无法预知，其也无法左右将来的绩效。然而长期绩效是企业长远发展的根本，所以，对管理者来说，必须让其接受长远绩效考核指标，承担绩效不可控的风险。同样，对于一般职员来说也存在着类似的问题。员工也会考虑自己当月的工资，而非很多年之后的工资，因为员工会通过跳槽来解决企业未来可能倒闭的问题。

以上市公司的职业经理人为例，股票价格是衡量企业绩效的有效指标，也符合股东利益最大化。很多企业对职业经理人采用股票期权的方式进行激励，即允许职业经理人或者 CEO 等以规定的价格在规定年限内购买公司的股票，这样职业经理人就会在有效的任期内努力提高公司绩效，在任期结束后可以凭借股票期权以较低的股价购买市值很高的公司股票，从而获得丰厚的回报。

然而，公司的股票价格受到很多因素的影响，在这些众多的影响因素中，除了职业经理人的主观努力和才干之外，还包括了一些不可控的因素，如宏观经济波动、产业动态、技术变革、特定竞争对手的行动、通货膨胀、利率、外汇等。这些因素对于绩效的影响相对较大，也给职业经理人的决策带来了很大的风险。如果承担这种风险没有足够丰厚的回报，那么职业经理人依然会选择决策短期化。正如同当下很多人购买彩票，实际上彩票的中奖概率很低，购买彩票的人几乎没有办法控制中奖与否，受到随机因素的影响非常大，因此，即使是两元的彩票购买成本，如果回报较少的话，也很少有人会去购买，所以中奖回报须大于彩票价格的很多倍。

让职业经理人承担绩效风险的方式有多种，职业经理人会选择风险较小的指标来衡量其绩效。一般而言，风险越小的绩效考核指标，也越没有办法真实地衡量员工的绩效，从而大大降低了绩效与薪酬的关联。例如，职业经理人会选择年底的经营利润、营业额、会计盈余等；销售人员会选择自己销售商品的数量；生产人员会选择生产产品的数量；等等。虽然员工可以控制这些指标，但并不能代表其对组织绩效的贡献大小。职业经理人虽然可以使得年底的经营利润、营业额很高，但过度投资等原因可能透支了企业持续发展的潜力，使得企业财务负债过高而陷入财务危机；销售人员可能为了销售数量而丧失对客户的忠诚，从而使得企业未来的客户大量流失；生产人员可能会因为注重产量，而忽略质量、原材料浪费、机器维护等问题。职业经理人也可能会提高基本工资，以补偿 CEO 的风险与风险溢价。总的来说，这些都是缺点，长期指标中无法控制的风险是激励计划面临的一个重要问题。

一般来说，短期指标相对于长期指标更加可控。假设一个雇员在他的工作中有两个任务：销售和客户服务。每一天，他应该花时间在某一项或另一项任务上的多少是不同的，这取决于他接到的客户电话的类型。顾客的相对需求是一个随机变量。然而，这种随机需求对公司价值的影响在很大程度上是由员工控制的，他可以通过每天改变工作方式来应对。因此，顾客需求对企业价值的影响是由员工控制的。

二、绩效与指标的综合性

（一）绩效指标综合性与绩效扭曲风险、员工承担风险

绩效具有多维性和多因性的特点，衡量员工绩效的时候也应该注意采用综合性指标和单一性指标的有机结合。例如，用股票价格来反映职业经理人的绩效，相对更加客观，更容易衡量其经营给企业带来的真实绩效。但是这种综合性的指标里面既包括了职业经理人可以控制的因素，也包括了职业经理人无法控制的因素，这就给职业经理人绩效衡量带来了风险，导致度量误差，使得激励方案的风险较大。但综合性指标对激励的扭曲程度较低，因为它们更能全面地评价员工的绩效（更多的控制标签）。

降低风险的一种自然方法是使用较窄的业绩衡量标准，如会计盈余而不是股票价格。更窄的度量标准更容易测量，可以过滤掉许多无法控制的因素，降低了员工的风险，但同时也降低了反映真实绩效的程度。因此，范围较窄的措施往往风险较小，但会更容易扭曲激励机制。

从整体上来看，指标越具有综合性，绩效扭曲的风险也就越小，但是对于员工来说承担的风险也就越大。指标越具有单一性，绩效扭曲的风险也就越大，但是对于员工来说承担的风险也就越小。二者存在着折中关系。

（二）绩效指标综合性与绩效的人为操纵

综合性指标衡量绩效的扭曲性较小，不但是因为衡量绩效相对全面，更重要的是综合性绩效指标一般不会被人为地操纵。单一绩效考核指标反映了员工工作中较少的部分，员工根据一个工作维度改变行为可能会对绩效产生很大的影响。与之形成对比的是，更广泛的绩效衡量指标往往不太容易被操纵，因为员工必须改变更多的绩效维度才能操纵绩效。若指标能够被人为操纵，长此以往，这种绩效指标的作用将会逐渐下降。因为当某一个比较好的单一绩效考核指标被操纵后，企业会采用次优的单一绩效指标进行考核，随着时间的延长员工逐渐地可以操纵次优的指标，那么企业就会退而求其次地选择更次优绩效考核指标，这样下去单一绩效考核指标的作用会逐渐下降。

（三）绩效指标综合性的工作任务和性质

综合性程度与企业的工作性质有很大的关系。例如，在事业部制的结构中，不同性质或层级的岗位考核指标往往存在着很大的差异。如图 8-1 所示，企业总部是典型的投资中心，每个下属的事业部是利润中心，事业部内部的各个职能部门是成本中心。那么投资中心负责整个企业的资产运作，负责重点业务的投资等。事业部作为利润中心，负责产品的具体经营。每个事业部内部的各职能部门主要负责成本控制。企业总部具有重大问题的决策权，主要是关系到企业的成长和发展，也会影响到事业部经营的重要决策。所以企业总部的考核指标往往与资产的增值性相关，其考核指标的综合性最强，考核的维度也最多。事业部作为利润中心，主要负责业务的营利能力，重点不涉及公司资

产的增值性问题，所以，事业部经理的绩效考核指标的综合程度要低于投资中心，考核指标的维度也相对较少。成本中心对于利润影响较少，但对于成本的影响相对较大，所以成本中心的绩效考核指标综合性明显少于事业部经理。例如，采购部应对采购成本承担责任，对公司的收入不承担责任，更不会对企业的利润承担责任。所以成本中心考核的指标综合性要低于事业部，事业部的考核指标综合性应低于投资中心。

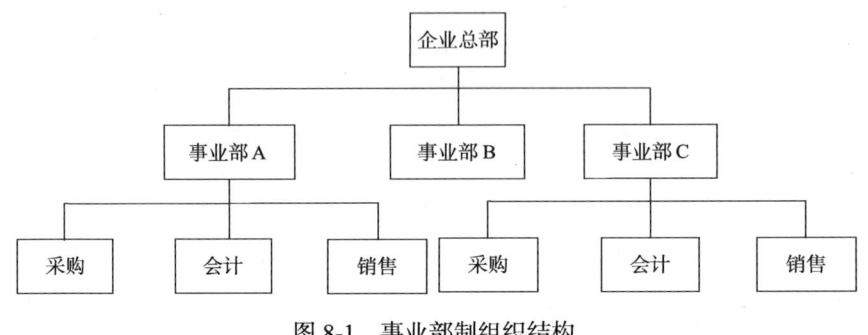

图 8-1　事业部制组织结构

总体而言，任务涉及的越广泛，岗位的任务越多，绩效考核指标越应该具有综合性。对于任务单一的岗位，绩效考核的指标相对单一。

三、可控性与综合性的解决

为了解决在绩效考核中绩效衡量的真实性与员工风险的矛盾，可以从考核方法上进行解决。例如，提取员工工作过程中可以控制的重要指标作为关键绩效考核指标来对员工进行考核，采用平衡积分卡从财务、学习与成长、内部流程、客户四个维度来对员工进行考核，既包括了长期指标，也包括了短期指标；既包括了内部指标，也包括了外部指标；既包括了定量指标，也包括了定性指标。此外，越是长期的指标，员工对考核指标的可控性也就越小；职位越高，对绩效衡量指标的可控性越小。与此同时，扭曲风险也就越大，为了能够使得相应的员工承担绩效衡量的扭曲风险，必须采用足够的绩效风险溢价来进行补偿。

第三节　绩效评估方法

一、相对考核与绝对考核

（一）相对考核

在绩效考核方面，主要包括两种考核方法。一种是相对考核，即员工的绩效高低不取决于自身，而是依赖于同组织中其他员工的绩效。例如，今年销售员 A 的销售金额是

2 000 万元，去年的销售金额是 1 000 万元，但销售员去年的绩效可能会好于今年的绩效。因为在相对绩效考核方法下，如果去年其他人的销售额均低于 1 000 万元，那么销售员 A 的绩效最好。如果今年其他销售员的销售金额均高于 2 000 万元，那么销售员 A 今年的绩效最差。

相对绩效考核方法在实施过程中具有一定的经济优势。首先，相对绩效考核方法比较简单，节省了大量的金钱和时间成本。比如，挖煤工工作一天后，绩效孰好孰坏，取决于挖煤量的高低。这样只需要比较他们挖的煤堆的大小就可以了。所以，这种方法简单快捷。其次，相对绩效考核方法可以消除员工不可控因素。在绩效形成过程中，不但包括员工的主观努力因素，还包括一些客观的、员工无法控制的因素，如天气、经济环境等。在相对考核方法下，可以有效地消除这些不可控因素。还以销售员 A 为例，如果去年经济不景气，即使他很努力也很难把产品卖出去。但是所有的销售员都面临相同的销售困难局面，所以最终绩效谁更高，则取决于自己的努力。通过比较全体成员的绩效，将不可控因素给有效地消除掉，有利于激励员工，发挥员工的主观能动性。最后，相对绩效考核可以有效地拉开员工的绩效分布，规避集中趋势形成无效绩效。

相对绩效考核也具有其自身的缺陷。第一，相对绩效考核增加了员工绩效不确定性的风险。虽然相对绩效考核通过消除不可控因素降低了员工风险，但却因为员工的绩效建立在与别人绩效比较的基础上，这也增加了员工所不可控的绩效波动风险。第二，由于相对绩效是彼此比较的结果，这就使得员工会产生破坏别人绩效的动机，因为当别人的绩效下降，自己的绩效即使不变也会上升。第三，由于企业内部的员工是一个非正式组织，当员工在相对绩效考核中尽自己的最大努力来提升绩效时，其他同事就会因绩效标准提高而被拖累，进而招致其他同事的排挤。第四，相对绩效考核只是员工之间的简单排序，没有对各个员工的绩效进行较好的衡量，不利于员工的绩效反馈，如员工差距在哪里，差距是多少，什么原因引起的，等等。第五，相对绩效考核会因为不同员工的工作任务不完全重叠而发生评估偏差。例如，同样都是销售员，销售的产品种类不一样，那么业绩就不易采用相对考核方法。同样，相对绩效考核可能无法全部消除不可控因素。例如，有些销售员可能位于有较大潜力的销售区域，有些销售员在销售潜力有限的区域，这样的相对考核有失公平。

（二）绝对考核

绝对考核方法在实施过程中也具有其自身的优势。首先，虽然在绩效衡量过程中必须对每一个员工的绩效进行考察，成本相对较高，但它可以具体衡量员工绩效，绩效反馈具有较高的价值，让员工了解自己不足之处，以及和别人的差距等。其次，虽然绝对考核方法无法消除员工不可控因素的影响，但是这种方法可以规避员工之间的竞争，避免相对考核方法中出现的破坏对方绩效的行为，也不会因为自己的绩效过高产生离群现象，造成被其他同事排挤，因为此种考核方法中别人的绩效和自己的绩效没有必然的联系，所以这有助于员工帮助其他员工提高绩效，形成强有力的合作性团队。最后，绝对考核方法虽然无法像相对考核方法那样规避集中趋势，但是绝对考核方法相对客观，减少了对绩效评价的主观因素影响。

绝对考核方式也存在一些缺陷。第一，绝对考核方式成本相对比较高。比如，挖煤工工作一天后，绩效孰好孰坏，取决于挖了多少煤，和别人的挖煤量无关。所以，对每一个挖煤工挖出的煤都必须进行衡量。这样会浪费大量的人力和物力。第二，绝对考核方法会形成集中趋势。如果以 20 吨煤为优秀的衡量标准，那么超过 20 吨煤的员工考核都是优秀，这样会因绩效考核标准形成集中趋势。也可能会由于员工的主观性，为避免同事之间的尴尬，以及一些情感因素等，在绩效考核时出现集中趋势。第三，绝对绩效考核可能会受到不可控因素的影响。在绩效形成过程中，不但包括员工的主观努力因素，还包括一些客观的、员工无法控制的因素，如天气、经济环境等。在相对考核方法下，可以有效地消除这些不可控因素。还以销售员 A 为例，如果去年经济不景气，即使他很努力也很难把产品卖出去。

二、集体考核与个体考核

集体考核还是个体考核，取决于员工所承担的工作本身。工作和工作之间，或者岗位与岗位之间存在着两种关系，一种关系是独立关系，另一种是相关关系。

第一种关系是指一个员工做好其本职工作对其他同事的工作没有任何影响，其他同事的工作对其工作完成也没有任何的影响。这样组织的工作绩效是每个员工工作绩效的累积，只要每个员工工作的绩效达到最佳，那么组织的绩效也达到了最大化。这种情况正如完全竞争市场上每个独立决策的个体做出最优决策之后，整个市场也达到了效率最大化。此时对员工进行考核时可以采用基于个体绩效的考核方法，仅对每个个体的绩效进行考核，不关注集体的绩效。

第二种关系是指一个员工做好本职工作对其他同事的工作进展有很大的影响，其他同事的工作进展也直接影响其工作进展。例如，流程化的生产方式，前一个生产流程是否完成，以及完成的好坏直接影响下一个流程的生产。团队化的生产方式具有互补的性质，各成员的工作也是一种高度相关的工作关系。员工本职工作的某一部分任务是为了其他员工，并不能够产生明显的工作绩效。如果基于个体考核，那么员工就会忽略这部分支持其他员工但对自己的绩效没有明显影响的任务安排，最终虽然每个个体的工作绩效非常好，但总体的绩效却表现得很糟糕。所以，基于这样的生产方式，在进行绩效考核时倾向于采用集体考核方式。

虽然集体绩效考核有利于员工之间的团结合作，但是其最大的缺陷在于集体考核之下，每个成员的绩效很难被观察出来，因为这种集体考核只关注集体的绩效结果。在这种情况下，就会发生"搭便车"现象，即集体绩效考核之下的员工在增加努力时，其能够获得的回报远远小于自己的付出成本，因为自己的努力产生的成果回报被其他同事给平摊掉了。所以，出于利己的选择，很多同事会出现偷懒等问题。这种情况就需要在薪酬激励过程中通过一定的满足参与约束和激励相容约束的条件制定来进行规避。

三、定量考核与定性考核

由于员工的工作任务具有多样化的特点，有些任务很容易测量，有些任务则无法分离与测量。但即使是无法测量的部分也构成了绩效的一个重要组成部分，如果不关注这些不可测量的任务，从长远意义上会影响到员工和企业的绩效。所以对于可测量的任务往往提取定量指标来对员工进行考核；对于无法进行测量的任务，也需要对员工的绩效进行考核，这种考核可能要借助于考核主管的主观经验判断，采用定性指标。这种定性的考核方法可以较为综合地考察员工的工作绩效。例如，在定量考核中无法准确衡量员工工作的耐心程度、对新员工的指导等。

（一）定量考核

很多企业对员工任务的考核均将指标定量化，这样的考核过程具有其优势。定量化的考核方式可以很容易和薪酬、晋升、培训等激励补偿联系在一起。而定量指标往往在获取相应的信息时比较容易，且成本较低。例如，很多企业采用营业额、会计利润、销售数量等作为衡量员工绩效的指标，并通过计算这些指标来给员工发放奖金和作为晋升的依据等。定量的绩效考核相对比较客观、公平和公正，不容易被人为地扭曲。

定量考核方法在实践中也会出现很多问题。例如，当定量考核指标单一化时，很容易被员工操纵，导致绩效指标与实际绩效的关联性下降。即使绩效考核指标不受人为地操纵，也可能会扭曲员工的努力方向，从而忽略更重要的无法量化的任务。例如，简单地通过计件工资进行激励，产品的数量会迅速上升，但是产品的质量可能无法得到保障；员工的销售数量得以迅速上升，但客户的满意度无法得到保障等。此外，定量考核方法，也会受到测量风险、信息失真等因素影响。所以，绩效评估需要定性考核方法。

（二）定性考核

上市公司开展一项新业务时，这项新业务在当前的经济环境下会产生较高的利润，但是新业务开始执行后由于环境发生变化，该项业务给公司造成了巨大亏损。那么公司的经理决策是正确的还是错误的呢？经理的绩效是好的还是不好的呢？如果仅仅按照会计盈余作为绩效考核标准，经理的绩效一定是不好的，那么这对经理公平吗？虽然决策是正确的，但是由于客观环境发生改变，这种改变是经理无法控制的，所以完全将责任归咎于经理是不妥的。那是不是经理对此决策一点责任也不应该承担呢？这也不合适，因为经理在做决策时没有很好地预测未来环境的变化，这种变化在一定程度上是可以预测出来的。所以，此时的会计利润并不能作为衡量经理绩效的重要指标，还必须通过经验来判断此事的责任多大程度上归结于经理，进而对经理的绩效进行综合性的判断，从而保证经理不会过多地承受因为不可控因素导致的绩效风险，从而降低绩效考核中的误差。同样，涉及质量、创造力或其他无形资产等难用数字来表示的工作任务时，定性的绩效考核可以减少激励方面的扭曲。定性的考核也可以部分地避免因为定量考核而造成的人为操纵数字的绩效扭曲现象。

此外，定性的绩效考核可以使得企业激励制度更具有灵活性。如果预期情况发生变化，年初制定的激励计划可能不再是理想的，公司可以灵活改变激励计划，激励机制的改变在公司内部更容易被接受，主管更容易根据实际情况在年中告诉员工改变重点，从而使得管理更有成效。然而，采用定性的绩效考核标准也存在不公平的风险。

定性考核可以扩大沟通的时间和空间范围。当主管与员工一起工作时，主管监控员工的行为且了解行为产生的原因，可以有针对性地提出改进建议，而不是到年底才进行评估。这种情况适合全年过程的评估，这将提高员工的工作效率，并改善与主管的工作关系，这种清晰的沟通使员工更有可能信任主观评价，使其工作更加有效。

公司采用定性绩效考核指标进行评估，评估出来的绩效往往会比实际绩效要高，同时每个员工的评估绩效具有较强的集中趋势，最终在薪酬管理中无法对绩效评估结果进行运用。这种高估效应主要受同事之间情感因素的影响。在主观评价过程中，绩效评价的主管和员工都不愿意采用这种方式。在员工看来，自己的绩效很可能受到主管对自己的好恶影响，而主管对自己的偏见很多时候是员工自己所无法控制的，定性评估给自己带来了较大的风险。主管会担心由于没有精确标准的绩效评估而引发员工的不满，不利于今后的领导。但是这种定性的绩效评估又是不可或缺的，所以哪些主体应该参与到评价中来成为一个重要的问题。

360度评价方法解决了评价主体的问题，即一项工作的业绩可以由上司、下属、同事、客户以及自己同时进行匿名评价。这种评价方式主要采用匿名方式，基于员工的胜任能力进行评价。但是由于评价主体不同，也会存在着较大的偏差。例如，客户的评价虽然避免了情感因素，评价结果相对客观，但由于其获得的员工的信息较少，可能仅仅是以一次接触获得的信息进行评价，造成评价结果不准确；上司可能会因为自己的偏爱等方面的考虑而有失偏颇；同事可能会出现串谋，彼此之间都会过高地评估对方；下属由于对上司的权威忌惮会给予不真实的评估结果；自己往往会过高地评价自己的绩效。所以，在进行评估时要根据不同的情形来选择不同的评估权重。

定性的评价更容易使得评估经理对员工根据偏好进行区别对待，这就导致员工将工作时间在工作任务和迎合评估主管偏好之间进行分配，降低了绩效激励效果，所以定性的绩效考核很容易滋生公权私用现象，使得评估主管借绩效评估来达成个人利益。

如果定性绩效考核方法设置合理，那么就可以减少定性评估的缺陷。例如，为了减少评价主管对员工的情感而形成的集中趋势，可以按照强制分布法对员工的绩效进行定性考核。

从总体上来说，下属对于绩效考核主管比较信任，定性考核方式就会相对具有激励性。这种信任是在员工和主管之间的长期合作过程中培养起来的。这种信任对主管来说就是一种荣誉，一种声誉。如果一个主管在评价员工时经常会情绪化或者伴随着个人偏见，那么主管的声誉就会受到损害，这也会给主管的日常管理带来重大的影响，最终导致其工作绩效相对较差而产生很大的风险。所以，主管人员在对员工进行定性评价时应尽量减少个人偏见以避免日后管理难度的增加。

第四节　高管薪酬与相对绩效评估

在人事经济管理中，企业中的高管得到了较为广泛的研究。主要有以下几个原因：首先，高管（尤其是 CEO）获得的薪酬水平较高。一家大型美国公司的 CEO 每年的工资水平达几百万美元，过去几十年薪酬的增长率比一般员工要快得多。其次，由于披露规定，上市公司必须提供有关高管薪酬和公司业绩的信息。这使得经验主义的经济学家能够研究个人工资和"绩效"（绩效是公司的股票回报或基于公司或部门的会计报表的衡量标准）之间的关系。出于这些原因，CEO 和其他高管被广泛研究。

正如人们所预期的，鉴于 CEO 对公司业绩的巨大影响，以及相对容易的绩效衡量标准，CEO 拥有高水平的激励薪酬。CEO 的薪酬主要包括明确的激励措施，如绩效奖金和股权。一小部分重要的激励措施，包括调整薪资和奖金，是以主观或隐性激励的形式出现的，不与客观指标挂钩。这些激励措施的方式不同于大多数理论的预测，在公司中，CEO 的边际产品可能会更高（如大公司、有更多资本的公司和不受监管的公司）。

Murphy（1999）的研究表明高管人员的流动率多少取决于公司的业绩，但这种关系并不像人们预期的那样强，至少二者的关系在不断地减弱。他还指出，高管薪酬中存在相对绩效评估（relative performance evaluation，RPE）明显不足。高管们因良好的（坏的）宏观经济条件而得到奖励（惩罚），但企业似乎很容易将这种无法控制的风险从薪酬/绩效合同中过滤出来。

Murphy（1999）提出了为什么相对绩效评估是稀缺的疑问。自从 Murphy 提出这个问题以来，已有大量的学者做出了解释。首先，为了证明高管们缺乏 RPE 的合理性，Garvey 和 Milbourn（2003，2006）从"供给"（高管驱动）和"需求"（公司驱动）两个方面做出了解释。他们认为，一些高管面临相对绩效评估，但平均效应很小，因为在很多情况下并没有使用相对绩效评估。在 Garvey 和 Milbourn（2003）的研究中，他们认为，一旦高管获得足够多的财富，相对绩效评估就没有必要了，而较年轻且不那么富有的 CEO，他们不太可能拥有足够的资产来解除公司强加的薪酬合同，他们的相对绩效评估水平更高。在 Garvey 和 Milbourn（2006）的研究中，他们建议，当市场表现良好时，CEO 将试图影响董事会，以限制相对绩效评估。Aggarwal 和 Samwick（1999）认为，在不完全竞争市场下，相对绩效评估将会产生相反的效果。在产品市场竞争更加激烈的情况下，相对绩效评估的典型水平会更高。

对于缺乏相对绩效评估的另一个可能的解释是，努力的边际回报可能与市场的状态相关。假设公司的价值（π）是 CEO 的努力（e）、宏观经济条件（θ）和特殊的冲击（u）的一个可分离的函数，因此我们可以写 $\pi = v_1 e + v_2 \theta + u$。那么，过滤掉宏观经济效应显然是最佳选择。但是，如果努力的边际产量（v_1）与宏观经济冲击（u）相关，那么最优契约将是一个 θ 递增的函数。

相对绩效评估结果会影响 CEO 的解雇。Barro J R 和 Barro R J（1990）专注于对银行 CEO 的研究，他们发现薪酬与相对结果无关，但与离职率有关。然而，最近的两项更广泛的研究显示，CEO 的离职率受到整体市场状况和个别公司的相对业绩影响。Jenter 和 Kanaan（2015）、Kaplan 和 Minton（2006）的研究都表明，当公司所处的行业表现不佳时，公司的 CEO 流动率更高。

第五节 绩效评估的问题

一、棘轮效应

在绩效激励制度下，往往涉及绩效标准的制定问题。很多企业制定绩效标准之后对员工进行考核，一旦考核优秀率较多，发生集中趋势，企业就会按照今年员工的实际绩效来制定明年的绩效考核标准。在这样的绩效制度激励下，员工的努力越来越大，绩效越来越高，随之而来的是绩效考核标准也会越来越高，导致失去了激励员工的效用。这就是棘轮效应。棘轮效应的存在会使得在现有的绩效激励下，员工会故意保持自己的绩效不变，即使自己的绩效提升空间很大，因为一旦自己努力工作提高绩效，就会导致企业来年提高绩效考核标准，虽然本期增加了收入，但长期却要付出更多的投入才能够达到绩效标准。尤其是随着员工努力的提升，员工付出的成本会越来越高，最终绩效激励丧失应有的作用。

以上是从个体角度来说，如果从群体角度来看，即使绩效激励报酬提高，也会使得员工团结起来保持一定的绩效。当某个员工因为努力工作提高了其自身的绩效，获得了较高的工资，企业一旦因为该员工提高绩效标准，其他员工就会受到这个员工的连累，最终该员工会被其他员工贴上标签，遭到排挤；如果大家都以最大的努力投入工作，那么整体绩效水平提高后，就会导致企业在业务量没有增加的情况下裁减人员，所以员工在绩效激励下始终保持一个合理不变的绩效部分原因也是出于保护同事的目的。因此，在绩效考核过程中一旦出现棘轮效应，就会导致绩效激励制度效果大大降低。

企业往往会采用工作轮换的方式来解决这种棘轮效应。通过工作轮换，企业不会根据上期员工的业绩表现来确定下期员工的工作绩效考核标准。因为当前的表现无法揭示出在另一个工作岗位上的生产率，当下的工作环境也不再是未来员工表现的标尺。因此，员工不再有理由用平庸的表现来隐匿其实际的生产率。良好绩效表现可能产生的不良后果不再由当事人承担。当然，工作轮换还可培养员工多种工作技能，减少企业空岗的成本。同样，工作轮换可以使得企业发现员工的比较优势，确定员工绩效源于工作能力还是工作性质等。

二、评估成本与收益

员工的绩效和很多因素有关,如员工的工作习惯、人力资本水平的发挥、在一定时间内的努力程度、天气、企业经营状况及其他雇员的行为等。员工的绩效和其主观努力有很大的关系,所以员工的生产率变动范围很大。

例如,生产气枪的制造商发现自己的销售滞后于生产,为了在不大规模裁减人员的情况下将产量削减 20%左右,每周工作时间由 5 天减少为 4 天,结果发现工人在 4 天中所生产的气枪数量和他们原来的产量相同。原因很简单,之前采用的是直接无限计件工资,现在虽然减少了工休时间,但加快了工作节奏,员工最终在 4 天的时间里完成了 5 天的工作量,这说明员工潜在的生产率范围比较大。所以,对员工的绩效进行考核并进行激励是非常重要的。

但在对员工进行激励时,并非所有的岗位都需要对员工的绩效进行考核。因为绩效考核是需要考核成本的。绩效考核是否应当予以实施,针对哪些岗位进行实施,一个重要的判断标准是绩效考核带来的收益和成本净值。若绩效指标的测量特别困难,绩效信息收集成本较高,最终考核出来员工的绩效差别不大,那么在这种情况下不宜采用绩效考核制度。在现实生活中常见的例子如清洁工,对于清洁工绩效考核需要随时了解清洁工的清洁情况、地面的垃圾情况等,这都需要配备一个观察人员收集相应的信息。假设清洁工一个月的工资为 2 000 元,而 5 个清洁工大约需要额外配备 1 个观察人员,该观察人员月工资为 1 500 元,这样就会增加企业成本。更有可能出现观察人员和清洁工串谋,这样给企业带来的损失更大。

(一)甄选成本小于甄选收益的情况

如表 8-1 所示,企业中存在着绩效从差到好的五类员工,分别是 A、B、C、D、E 类员工,他们的分布情况是 A 类员工占企业员工总数的 10%,他们除去工资的生产率是 −100 000 元;B 类员工占企业员工总数的 20%,他们除去工资的生产率是 0 元;C 类员工占企业员工总数的 30%,他们除去工资的生产率是 50 000 元;D 类员工占企业员工总数的 30%,他们除去工资的生产率是 100 000 元;E 类员工占企业员工总数的 10%,他们除去工资的生产率是 200 000 元。如果不对员工的生产率进行考核,假设企业中的员工总数为 10 个人。如果员工的生产率不进行甄别,那么员工的预期收益为: 1×(−100 000)+2×0+3×50 000+3×100 000+1×200 000=550 000 元。那么每个人的预期收益为 55 000 元。

表 8-1 甄选成本小于甄选收益情形下的员工绩效分布

人员类型	A	B	C	D	E
人员占比	10%	20%	30%	30%	10%
生产率/元	−100 000	0	50 000	100 000	200 000

如果对员工的生产率进行考核,假设企业中的员工总数为 10 个人,对每个人进行考核的成本为 1 000 元,此时经过甄选,A 类和 B 类员工都会被排除,仅留有 C、D、E 类

员工在企业中进行工作。此时，7个员工创造的总收益为 3×50 000+3×100 000+1×200 000=650 000元。每个员工的预期收益为92 857元。如果消除掉其员工的考核成本，那么每个员工的预期收益为（650 000−1 000×10）/7=91 429元。考核后每个员工带来的预期净收益大于不考核时每个员工带来的预期净收益。无论是按照总收益还是按照每个员工的生产率，企业都应该进行绩效考核。

（二）甄选成本大于甄选收益的情况

同样，如表 8-2 所示，企业中存在着绩效从差到好的五类员工，分别是 A、B、C、D、E 类员工，他们的分布情况是 A 类员工占企业员工总数的 10%，他们除去工资的生产率是−5 000元；B 类员工占企业员工总数的20%，他们除去工资的生产率是10 000元；C 类员工占企业员工总数的30%，他们除去工资的生产率是20 000元；D 类员工占企业员工总数的30%，他们除去工资的生产率是30 000元；E 类员工占企业员工总数的10%，他们除去工资的生产率是50 000元。如果不对员工的生产率进行考核，假设企业中的员工总数为 10 个人。如果员工的生产率不进行甄别，那么员工的预期收益为：1×（−5 000）+2×10 000+3×20 000+3×30 000+1×50 000=215 000元。那么每个人的预期收益为21 500元。

表 8-2 甄选成本大于甄选收益情形下的员工绩效分布

人员类型	A	B	C	D	E
人员占比	10%	20%	30%	30%	10%
生产率/元	−5 000	10 000	20 000	30 000	50 000

如果对员工的生产率进行考核，假设企业中的员工总数为 10 个人，对每个人进行考核的成本为1 000元，此时经过甄选，A 类员工会被排除，留有 B、C、D、E 类员工在企业中进行工作。此时，9 个员工创造的总收益为 2×10 000+3×20 000+3×30 000+1×50 000=220 000元。如果消除掉其员工的考核成本，那么每个员工的预期收益为（220 000−1 000×10）/9=23 333元。在这种情形下，如果按照劳动生产率，应该考核员工，如果按照总收益，就不应该考核。

（三）考核的影响因素

从上面的两种情况可以看出，是否进行绩效考核，主要受到以下几个因素的影响。

1. 绩效考核的判断标准

绩效考核的判断标准可以是总收益，也可以是每个人的预期收益。在不同的情形下，是否应考核员工的答案并不一致。

2. 绩效考核排除的不合格员工数量

经过同样的考核，排除的不合格员工人数越多，越应该进行绩效考核，如情形一比情形二排除的人数多，所以在情形一下考核净收益也就越大。

3. 员工绩效的离散度

是否需要进行绩效考核跟员工绩效的离散度有关，员工绩效离散度越大，考核必要性越大；员工绩效的离散度越小，绩效越平均化，绩效考核带来的收益也就越少，排除的不合格员工数量也就越少。

4. 不合格员工给企业带来的损失大小

不合格员工给企业造成的损失越大，排除掉该员工给企业带来的收益也就越大，对员工进行绩效考核也就越值得。例如，情形一中不合格员工给企业带来的损失明显偏大。

5. 绩效考核成本

员工的绩效考核要具有可观察性、可证实性、可签约性等特征，且这些特性都有计量成本。例如，大学老师的科研能力很难定量，也很难观察出其绩效；一个律师也很难看出其专业能力；同样，服务员提供的热情周到的服务并不能判断咖啡厅提供的咖啡是否包含咖啡因，这需要饮用咖啡的人到凌晨有无疲倦感才能发现，这种可证实性需要较长的时间。即使有些方法可以测量员工的绩效，但可能需要较高的测量成本，这种方法也不会实行。

案例分析：唐僧师徒的故事

唐僧团队是一个知名的团队，在讲课的时候经常被作为典范来讲，但是这个团队的绩效管理似乎做得并不好。我们来看一下他们的绩效管理故事。

话说，唐僧团队乘坐飞机去旅游，途中飞机出现故障，需要跳伞，不巧的是，四个人只有三顶降落伞，为了做到公平，师傅唐僧对各个徒弟进行了考核，考核过关就可以得到一顶降落伞，考核失败就自己跳下去。

于是，师傅问孙悟空："悟空，天上有几个太阳？"悟空不假思索地答道："一个。"师傅说："好，答对了，给你一顶伞。"接着又问沙僧："天上有几个月亮？"沙僧答道："一个。"师傅说："好，也对了，给你一顶伞。"八戒一看，心理暗喜："啊哈，这么简单，我也行。"于是，摩拳擦掌，等待师傅出题，师傅的题目出来，八戒却跳下去了，大家知道为什么吗？师傅问的问题是："天上有多少星星？"八戒当时就傻掉了，直接就跳下去了。这是第一次旅游。

过了些日子，师徒四人又乘坐飞机旅游，结果途中飞机又出现了故障，同样只有三顶伞，师傅如法炮制，再次出题考大家，先问悟空："中华人民共和国哪一年成立的？"悟空答道："1949 年。"师傅说："好，给你一顶伞。"又问沙僧："中国的人口有多少亿？"沙僧说是 13 亿人，师傅说："好的，答对了。"沙僧也得到了一顶伞。轮到八戒，师傅的问题是，13 亿人口的名字分别叫什么？八戒当时晕倒，又一次跳下去。

第三次旅游的时候，飞机再一次出现故障，这时八戒说："师傅，您别问了，我跳。"然后纵身一跳，师傅双手合十，说："阿弥陀佛，殊不知这次有四顶伞。"

资料来源：http://www.sohu.com/a/100887085_172478

案例思考题

1. 请问绩效考核指标设定有什么问题？
2. 绩效考核指标设定需要考虑哪些因素？

推荐阅读

Lazear E P. 2000. Performance pay and productivity. The American Economic Review, 90（5）: 1346-1361.

Lazear E P, Rosen S. 1981. Rank-order tournaments as optimum labor contracts. Journal of Political Economy, 89（5）: 841-864.

Lo D, Ghosh M G, Lafontaine F. 2011. The incentive and selection roles of sales force compensation contracts. Journal of Marketing Research, 48（4）: 781-798.

Main B G M, O'Reilly C A, Wade J. 1993. Top executive pay: tournament or teamwork? Journal of Labor Economics, 11（4）: 606-628.

Rosen S. 1986. Prizes and incentives in elimination tournaments. The American Economic Review, 76（4）: 701-715.

第九章　规避委托代理问题的薪酬激励

本章内容及学习目标

本章主要介绍了企业中薪酬工资通常采用的几种定价方法，主要包括市场工资定价法、岗位价值定价法、绩效定价法以及能力定价法，这些方法不同程度地体现了企业外部公平、内部公平以及个人公平等。此外着重根据激励理论介绍了绩效薪酬激励，以及根据等报酬原理介绍了企业的固定薪酬激励措施，最后围绕薪酬激励的问题介绍了经济性薪酬激励。本章需重点掌握企业中通常采用的工资定价机制，以及如何有效地设计薪酬以产生更好的激励效果。

引例：可比价值与市场定价哪个更好？

可比价值主要是指如果两种工作需要同等的技能水平，员工就应该获得同等的报酬。根据该理论，即使在两种工作中所需要的实质技能不同，上述结果也应适用。这些工作只需有可比价值，而不需在各个方面完全一样。力求根据某种工作的实际"价值"来实现报酬平等目标的观点引发了一个古已有之的争论，即一种经济资源的价值到底是如何确定的。经济学家回答是供求决定的。因此，在与歧视作斗争的时候，大多数经济学家都是仅对引起的平等结果的需求和供给行为进行修正，而不是通过管制工资来对所发生的现象进行诊治。

可比价值理论可以看作专家根据各种工作所需要的知识、解决问题的能力、责任大小、工作的物理条件，以及其他各种可能的特点分别给工作的各个特点分配点数的这样一种政策。这事实上是发达国家人力资源管理过程中薪酬制度建设的一项重要举措，并已经在我国企业中运用。

具有相同点数值的工作岗位将获得同样的工资，而具有较高点数值的工作将获得较高的工资。将点数值分配给各种工作的过程虽然是非常关键的，而可比价值的支持者和反对者都将"专家偏见"作为该方法的一个难题来看待，可比价值理论的反对者认为，雇主有可能会利用工作评价来把某些既定工作的工资不公正地提高到市场水准以上。在实际操作过程中也会出现实质性的矛盾。例如，虽然水对于人的价值虽然很大，宝石对人来说是可有可无的东西，但是水的定价很低，宝石的定价很高，这明显是按照市场的供求，通过边际收益来进行定价的。如果按照价值来进行定价，那么可能会出现相反的结论。同样，照顾儿童的保姆工作重要还是维护机器的维修工工作重要？此外，在劳动力市场中,雇主购买的是劳动时间,而非劳动效率,那么在既定的时间内给企业创造的价值会存在着很大的差异,这时候根据什么定价呢?本章主要介绍定价的依据,以及对员工的激励措施等。

第一节 薪酬水平定价的依据

在薪酬激励中,选择什么样的薪酬激励方式是薪酬管理的核心问题。薪酬管理必须做到在保证企业利润最大化的情况下实现员工个人综合发展,而不是简单的为了当下的利润最大化打击员工的工作积极性进而严重地影响企业的长期发展。如果给员工的薪酬激励与其行为、表现、业绩无关,那么员工就没有动力为公司努力工作。同样,薪酬仅仅与员工的努力、表现密切相关还不够,因为还要从员工的角度来看在本公司工作是否值得,是否还有外部机会主义的获利。如果其他企业给予员工的工资水平比较高,那么即使企业做到奖惩分明,优秀的员工也会跳槽,这种跳槽可以使他们在同样努力的情况下获得更多的回报。总之,在采用薪酬激励员工时必须既要做到赏罚分明,也要规避员工的机会主义倾向。那么如何发放薪酬才能做到这两点呢?一般来说存在着以下几种工资定价方式。

一、市场工资定价法

在完全竞争的劳动力市场中,当信息完全、流动没有障碍、劳动力同质等假设成立时,市场的均衡工资为供给和需求相等的工资 w,如图 9-1 所示。这样如果企业给予员工的工资低于市场的均衡工资,员工就会辞职,造成员工的流失。如果企业给予员工的工资过高,就会在产品市场上丧失竞争力,逐渐被市场淘汰。所以,在完全竞争的市场中,企业给予员工的工资标准是市场的价格。在人事管理中,必须考虑到外部的公平性,使得企业的工资水平不低于市场的平均工资水平。

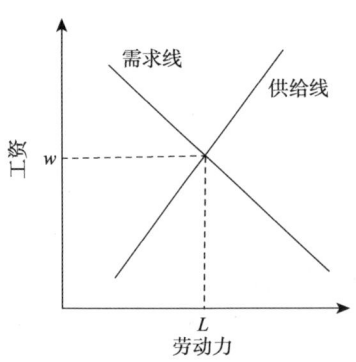

图 9-1 完全竞争的劳动力市场均衡

按照市场的工资水平设置企业的工资水平,必须要了解市场的平均工资。这就需要对相应劳动力市场进行薪酬调查。但调研需要成本，对于一些关键性的职位进行市场薪酬调研很重要，因此支付调研成本是值得的；一般职位，不值得花费大量成本进行薪酬调研，因为一般职位对企业创造的价值本身并不大。但是大量一般岗位的职位空缺也会给企业带来很大的损失，这就需要企业给予员工一个合适的工资水平，和市场的平均工资大体相当。

在人力资源实践中，企业可以利用员工充分掌握自己信息的特点，让员工做出自我选择，根据自我选择结果合理地安排工资水平，而非企业特定的薪酬安排。如果岗位工资水平定得过低，员工的辞职率就会比较高，相应的求职率也会比较低；当岗位工资定得过高，员工的求职率就会比较高，辞职率会比较低。这是确定工资水平高低的重要指标。

从本质上来说，按照市场工资进行定价是按照边际的概念来确定工资水平的。若劳动力供给短缺，工资水平就会比较高，否则就会比较低。这种定价策略体现了物以稀为贵的思想，在一定程度上和物品的价值没有很大的关系。

二、岗位价值定价法

按照市场的供给和需求进行定价，很大程度上和岗位的价值有一定的差别。例如，保姆这项工作价值极高，因为这项工作关乎孩子的成长，关乎孩子的性命，工程维修师维护的是机器，机器的价值比孩子的价值小得多，但是实践中工程维修师的工资可能比保姆的工资更高，这时可能就是一种典型的物以稀为贵的定价思想，而非价值定价。

在企业内部，如何才能让员工认为岗位工资水平的安排是公平的呢？很多企业采用岗位价值定价法。即按照岗位价值的高低来确定工资水平。在人力资源管理实践中，通常采用排序法、岗位分类法、因素比较法、要素计点法等来评价岗位的价值，按照岗位的价值高低依次给予不同的工资水平，这样就形成了企业内部员工公平性。

三、绩效定价法

虽然企业可以按照市场价格雇用员工，购买其劳动力，但是这种劳动力和一般商品有很大的差别：由于劳动力具有人身属性，一旦雇主购买了劳动力，员工必须进入工作场所进行劳动，不像一般的商品那样，交易达成后买卖双方可以分离。雇佣关系中买卖双方无法分离，而且，企业雇用员工，购买的是员工的工作时间，而非不变的劳动力。那么在单位时间内，劳动者给企业创造的绩效是不确定的，不但受到其能力的影响，还受到其主观能动性和不可控的外部条件的影响。所以，绩效的产生具有多维性。在单位时间内要激励员工努力工作，创造出更多的绩效，就必须给予其额外的激励，否则他们就容易出现怠工、迟到、早退、效率低下等问题。在劳动力市场上企业购买的只是劳动者的劳动时间，在工作场所企业还必须为员工的积极性给予一定的报酬支付，这样才能使得员工在既定的工作时间内创造更多的绩效。为了让员工努力工作，企业需按照员工的绩效来对员工的付出给予相应的激励。

绩效定价法下工资水平普遍比按照岗位或者能力的工资水平要高。首先，在绩效定价法的激励下，员工会更加努力地工作，这是对其额外努力工作的一种补偿。其次，绩效激励下员工具有一定的风险性，绩效产出不但受到自己努力的影响，还会受到不可控因素的影响，还可能受到测量手段以及评估人的影响，绩效定价应该给予员工承担的额外风险支付一定的报酬。一般而言，层级越高，决策绩效的风险越大，员工无法控制的因素也就越多，必须给予其较高的薪酬补偿。例如，高层管理者，他们做出的决策会受到自己能力、环境、下属等的影响，具有较高的不确定性，所以他们的工资总体偏高。即使对于同样职位的员工，根据其所处的环境不同，给予的绩效薪酬定价也不同。例如，中国和日本两个同样项目的经理获得的薪酬却不一样。由于总部在中国，项目经理对于环境、文化等都非常熟悉，也做过很多类似的业务，能够很好地预测外部环境的变化等，那么中国项目经理的决策自主性就会相对较少，公司总部就可以根据例行性的决策给予下达，该项目经理会得到较高的固定薪水和较低的绩效薪水。而在日本的项目，由于公司总部高层不熟悉日本的环境，也无法很好地预知今后日本环境的变化，那么公司总部就会将更多的决策权交给日本项目经理，项目经理就需要在不确定的环境下努力地做好决策，因此，该项目经理也会承担较高的决策风险。为了更好地对该项目经理进行激励，必须给予其较高的绩效工资，使其获得较高的总体薪酬以补偿其承担的决策风险等。最后，绩效工资往往会吸引那些有能力的员工到企业里工作，他们的工作技能更强，经验更丰富，工作效率更高，因此绩效定价下的工资水平相对较高。

四、能力定价法

首先，岗位并不满足劳动力市场中的同质性假设，有些岗位虽然类似，但由于岗位是多任务的组合体，增强了岗位之间的不可比较性，从而使劳动力市场的均衡工资不具有严格的对比价值，仅能起到参考作用。此外，在不同的企业规模、不同的行业、不同的竞争市场中，企业的营利能力存在着较大的差别，导致有些企业具有支付高工资的能力，有些企业只能给予较低的工资，所以，这也导致了市场中工资的差异性。

岗位价值的比较也具有一定的主观性，同样的岗位在不同的企业中价值是不同的，即使在同样的企业中，采用不同的报酬要素进行衡量也会产生岗位价值评估结果的较大差异，所以采用岗位价值进行定价也存在重要缺陷。而很多时候采用岗位进行定价，激励方式不妥更会影响到员工的工作积极性，因为采用岗位定价与员工的业绩没有了联系，员工的报酬只跟岗位等级有关系，这样会形成严重的委托代理问题。岗位定价需要全程监控员工的工作过程，保证员工不会出现委托代理问题，但这种监督成本非常高，甚至在有些情况下根本无法进行监督，如脑力劳动者的工作。

采用绩效激励的方法，对于企业最为有利，因为绩效是企业获得利润的最终变量。但是很多情况下绩效是不可测量的，只能定性地来考核员工，其中掺杂更多的个人偏见，导致员工承担了大量的绩效扭曲风险；也有可能员工的绩效是不可控因素造成的，如天气、失业、汇率等，将这种不可控的因素掺杂到绩效考核中，对员工来说是不公平的；也可能虽然绩效可以测量，但是测量的成本很高等。由于诸多因素，绩效是很难衡量的。

在很难衡量员工绩效的情况下，人们会寻找其他的工资定价依据，如员工的能力。企业会假设当员工没有相应的工作能力，就一定不会发生有利于绩效形成的结果，最终也不可能获得相应的绩效。这就是企业按照员工能力进行定价的主要原因。

总体来说，企业最关心的是绩效，采用绩效定价是普遍现象。但是很多时候绩效结果不可衡量或者衡量成本非常高，此时企业会采用岗位价值定价法进行定价，这样需要监督员工的行为过程。如果员工的行为过程监督成本高或者无法对其行为进行监督，企业会再退而求其次，对员工进行能力激励，员工只有有了相应的能力，才可能通过一定的行为获得企业预期的绩效。

在现实生活中这几种定价方式一般是综合使用的，只是在工资总额中所占的比重不同而已。如果一味地采用绩效来定价，会导致员工目标短期化，不利于企业的长期发展，员工的学习能力也会减弱，企业难以做到可持续发展。员工能力是其绩效高低的必要条件之一，虽然员工能力高不一定业绩高，但只有能力高业绩才有提高的机会，这是企业持续发展的无形资产，也是对企业发展的长期业绩指标的一种激励。

第二节 规避委托代理问题的固定和绩效工资水平设定

委托代理问题在企业管理中普遍存在，那么如何通过企业的薪酬管理来规避委托代理问题呢？依然需要通过设定使薪酬水平满足两个条件：第一，企业对员工通过努力获得的效用要大于外部企业获得的效用水平，以激励员工参与到薪酬管理的游戏规则中来，这就是所谓的参与约束；第二，通过企业的薪酬规则设计使得员工付出较大的努力要比不付出努力的回报要高。所以，下面结合 Garibaldi（2006）的委托代理模型来说明在满足参与约束和激励相容约束情况下固定和绩效工资的水平设定。

一、一般情况下的委托代理模型

企业中的委托代理问题一般是代理人利用自己私人隐藏性的信息来最大化自己的效用水平。例如，企业中的员工一般都偏好高工资且不喜欢努力工作，也厌恶工资波动性大，因此在特定的工资水平下，员工更喜欢稳定性的收入。在这样的情况下假设代理人是风险中性的，其不担心收入的稳定性。员工的工作任务是生产出 X 件数量的商品，并以固定的价格 p 卖出去，带来的总收益是 pX，该总收益的多少取决于其努力（e）和运气，如果员工非常努力，那么其生产的产品数量 X 也就越多，运气也会影响

到产出数量 X。员工的努力 e 通常是不可观测的,企业只能根据其产出 X 来判断其努力程度 e,但是 X 并不与努力 e 完全相关,所以,此时生产数量 X 可以表达为 $X=e+\eta$,η 为随机项。企业给员工的工资可以表示为 $w=\alpha+\beta(e+\eta)$,α、β 为常数,α 代表支付给员工和绩效、表现没有关系的固定工资,β 代表和员工表现相关的绩效期望单位工资。则员工的总体期望工资为

$$w^e = \alpha + \beta e + E\eta$$

其中,$E\eta$ 为随机项的期望值。

企业的利润为

$$E(\Pi) = pE(X) - w^e = p(e+E\eta) - \alpha - \beta e - E\eta = e(p-\beta) - \alpha + E\eta(p-1)$$

同时假设员工的工资和期望工资相等,即 $w=w^e$,假设员工工资虽然有波动,但平均值等于给予员工的工资。假设 η 是服从期望值为零,方差为 $\text{var}(w)$ 的分布。

所以,企业的利润函数可以进一步写为

企业的利润为 $E(\Pi) = pE(X) - w^e = p(e+E\eta) - \alpha - \beta e - E\eta = e(p-\beta) - \alpha$

员工的效用为 $U(w,e) = \alpha + \beta e - \lambda r \beta^2 \text{var}(w) - \delta e^2/2$

其中,r 表示风险厌恶系数,$0<r<1$;如果 $r=0$,说明是风险中性;大于零为风险厌恶型;$r<0$ 为风险喜爱型。δ 为绩效波动风险,即绩效方差。一般情况下员工为风险厌恶型。员工的最大努力水平应该是增加一个单位的努力给员工带来的净效用大于零,即员工关于 e 的效用 U 的函数导数大于零,此时的 $e^* = [\beta - 2\lambda r \text{var}(w)]/\delta$。为了能够让员工参与到企业的游戏规则中来,还必须保证员工努力获得的效用水平要高于其到外部其他企业工作获得的效用水平。假设员工到其他企业获得的效用水平为 U_0,那么此时员工以 e^* 的努力程度进行工作所获得的效用应该大于 U_0,即 $U(w(e^*),e^*) > U_0$。

二、风险中性情况下规避委托代理问题的固定和绩效工资设定

(一)风险中性的代理人努力问题

在风险中性的情况下,工资的波动对员工没有影响,也就是不受不可控因素对效用的影响,那么员工的效用函数可以表示为

$$U(w,e) = \alpha + \beta e - \delta e^2/2$$

所以,根据激励相容性原理,员工努力后的效用增加必须等于努力的成本,员工关于 e 函数的一阶偏导数大于零。即 $e^* = \beta/\delta$。

根据参与性原理,员工参与企业规则游戏获得的最大绩效应该满足 $U(w(e^*),e^*) > U_0$,所以,$\alpha + \beta^2/2\delta > U_0$。

（二）风险中性的委托人工资支付问题

企业支付给员工的薪酬的高低取决于 α、β，那么企业如何确定这两个参数来支付工资，从而产生企业的利润最大化呢？可以采用两步法来选择最好的 α、β。在第一步假设 β 既定，选择一个最优的 α，在第一步的基础上再选择一个最优的 β。

在给定 β 的情况下，企业要支付一个工资水平确保工人能够接受雇用，所以企业必须选择一个 α 水平让工人去工作，即满足参与约束规则。让员工在本企业中工作获得的效用大于在其他企业获得的效用即可，所以，在企业给予工人的激励力为 β 的情况下，企业支付给员工的最小的固定工资水平 α 应该满足 $\alpha = U_0 - \beta^2/2\delta$。该式表明在满足参与约束的情况下，固定工资和绩效工资呈反相关关系。

激励力的大小和企业的利润有很大的关系。在员工为风险中性人的情况下，企业的利润函数可以表示为 $E(\Pi) = pE(X) - w^e = e(p - \beta) - \alpha = (p - \beta)(\beta/\delta) - \alpha$。可以很容易看出企业的利润和三部分有关，而且每部分都与 β 有关。第一部分是单位产品的净收益，即 $(p - \beta)$。单位产出员工获得的工资为 β，那么企业的盈余为 $(p - \beta)$。

第二部分是员工的努力程度 (β/δ)，β 越大代表员工的努力程度越大，产出也就越大。

第三部分是 α、β，二者越大，公司越容易降低固定工资的水平，即二者呈反相关关系。该部分可以看作企业的固定净收益。$(p - \beta)(\beta/\delta)$ 为企业利润的变动项，$-\alpha$ 构成了企业利润的固定项。所以：

$$\text{总利润} = \text{可变利润} + \text{固定利润}$$

如果要使利润最大化，那么 β 满足 $E(\Pi) = (p - \beta)(\beta/\delta) - [U_0 + \beta^2/2\delta] = p(\beta/\delta) - U_0 - \beta^2/2\delta$ 关于 β 的一阶偏导数为零，最后获得 $p = \beta$，那么 $\alpha = U_0 - p^2/2\delta$。

（三）风险中性的委托人是否值得雇用员工？

此时企业的利润水平为 $E(\Pi) = (p - \beta)(\beta/\delta) - [U_0 - \beta^2/2\delta] = p^2/2\delta - U_0$，在利润最大化时企业的净利润应该大于零，否则企业将不会雇用员工。所以，此时应该满足 $p^2/2\delta - U_0 > 0$，$U_0 < p^2/2\delta$。

（四）委托人实施完全的绩效工资制度时 β 应如何设计？

在风险中性的情况下，工资的波动对员工没有影响，也就是不受不可控因素对效用的影响。如果企业采用完全的绩效工资制度，没有固定工资，那么员工的效用函数可以表示为

$$U(w, e) = \beta e - \delta e^2 / 2$$

所以，根据激励相容性原理，员工努力后的效用增加必须等于努力的成本，员工关于 e 函数的一阶偏导数大于零。即 $e^* = \beta / \delta$。

依然假设员工到其他企业工作获得的效用水平为 U_0。根据参与性原理，员工参与企业规则游戏获得的最大绩效应该满足 $U(w(e^*),e^*) > U_0$，所以，$\beta^2/2\delta > U_0$。企业的利润函数依然用可变部分和不变部分表示，不变部分为零，即可以表示为 $E(\Pi) = pE(X) - w^e = e(p-\beta) = (p-\beta)(\beta/\delta)$。

因此，使得企业利润最大的 β 应满足 $E(\Pi) = pE(X) - w^e = e(p-\beta) = (p-\beta)(\beta/\delta)$ 关于 β 的一阶偏导数等于零，即 $\beta = p/2$，员工最佳的努力水平 $e^* = p/2\delta$，员工所获得的效用水平为 $U(w,e) = \beta e - \delta e^2/2 = p^2/8\delta$，企业的利润水平为 $E(\Pi) = (p-\beta)(\beta/\delta) = p^2/4\delta$。

三、风险厌恶条件下规避委托代理问题的固定和绩效工资设定

（一）风险厌恶型代理人努力问题

在员工属于风险厌恶型的情况下，员工的效用函数可以表示为
$$U(w,e) = \alpha + \beta e - \lambda r \beta^2 \text{var}(w) - \delta e^2/2$$

所以，根据激励相容性原理，员工努力后的效用增加必须等于努力的成本，即 $e^* = \beta/\delta$。员工关于 e 函数的一阶偏导数大于零。

根据参与性原理，员工参与企业规则游戏获得的最大绩效应该满足 $U(w(e^*),e^*) > U_0$，所以，$\alpha + \beta e - \lambda r \beta^2 \text{var}(w) - \delta e^2/2 > U_0$，即 $\alpha + \beta^2 \left[1 - \lambda r \text{var}(w) 2\delta/2\delta \right] > U_0$。

（二）风险厌恶型员工条件下的委托人工资支付问题

企业支付给员工的薪酬的高低取决于 α、β，那么企业如何确定这两个参数来支付工资，从而使企业的利润最大化呢？采用同样的方法，假设企业给予工人的激励力为 β，支付给员工的最小固定工资水平 α 应该满足 $\alpha = U_0 - \beta^2 \left[(1 - \lambda r \text{var}(w) 2\delta)/2\delta \right]$。

激励力的大小和企业的利润有很大的关系，在员工为风险中性人的情况下，企业的利润函数可以表示为 $E(\Pi) = pE(X) - w^e = e(p-\beta) - \alpha = (p-\beta)(\beta/\delta) - \alpha$。如果要使利润最大化，$\beta$ 要满足 $E(\Pi) = (p-\beta)(\beta/\delta) - \left\{ U_0 - \beta^2 \left[(1 - \lambda r \text{var}(w) 2\delta)/2\delta \right] \right\}$，关于 β 的一阶偏导数为零，最后获得 $\beta = p/(1 + 2\lambda r \text{var}(w))$。那么 $\alpha = U_0 - \left[p^2/(1 + 2\lambda r \text{var}(w))^2 \right] \left[(1 - \lambda r \text{var}(w) 2\delta)/2\delta \right]$。把相应的数值代入利润和效用函数，就可以求出均衡时员工和企业的最大效用值和最大利润值。最终利用最大利润值大于零，求出产品价格和员工在外部企业获得的保留效用之间的关系等。

第三节 绩效薪酬激励强度的影响因素

薪酬的一个主要功能是激励员工，薪酬的激励功能越强，员工委托代理问题越少，企业对员工的监督力度也就越小，从而大大降低企业的监督成本。所以，为了增强薪酬的有效激励，必须了解对员工激励的途径。激励性工资往往根据员工的绩效来付酬。但是根据对员工绩效的分析，员工的绩效不但和员工的努力有关，还受到很多随机因素的干扰，所以员工的绩效结果取决于员工的努力程度和随机干扰因素。

假设员工的绩效为 Z，员工的努力为 e，干扰绩效的其他因素为 x，员工绩效的表达式为 $Z=e+x$。x 表示随机干扰因素，如果其期望值为零，那么员工的绩效完全决定于员工的努力程度，这样，绩效值的高低完全取决于员工的自我选择。员工努力的自我选择受到诸多因素的影响。

一、绩效对员工努力的敏感性

在实际观测当中，员工的努力水平一般很难被完全观测到，所以并不会按照员工的努力程度来设计薪酬规则。企业往往很容易观察到员工的绩效，所以，企业会根据员工的绩效来设定绩效激励工资制度。但是对于同一个水平的绩效，有 x 和 e 的不同组合。在这个组合中，干扰项 x 有可能使得绩效 Z 很高，而员工的努力程度 e 很低；也有可能员工的努力程度很高，但干扰项导致绩效并不高。前者的组合虽然使得员工得到了很高的工资，但对员工的激励性并不强；后者可能会由于干扰项的存在导致员工虽然付出了努力，但无法得到很好的绩效工资，也会挫伤员工的积极性。所以，在采用绩效薪酬支付工资制度时，必须使得绩效对员工的努力反应很敏感，即大部分绩效是受到员工努力程度的影响，而非干扰项的影响。假定雇主采用线性支付结构，给予一定的固定工资 a 和一部分变动工资，变动工资的高低取决于员工绩效 Z 的高低。所以，员工的总体工资可以表达为 $w=a+bZ$。如表 9-1 所示，A 企业的绩效对员工努力的反应相对敏感，B 企业的绩效对员工努力的反应敏感性相对较弱，那么 A 企业采用绩效激励具有更强的激励力。

表 9-1 不同企业的绩效对员工反应的敏感度

情形	A企业员工努力的总绩效Z	A企业员工单位努力的绩效Z	B企业员工努力的总绩效Z	B企业员工单位努力的绩效Z
1	200	200	150	150
2	380	180	280	130
3	530	150	380	100
4	640	110	440	60
5	700	60	450	10

二、风险大小与风险厌恶程度

根据企业给员工支付工资的方式,可变部分的工资取决于员工的绩效,绩效具有波动性,那么员工获得的工资也具有波动性。每个员工都厌恶风险,员工希望获得没有波动性的工资,而不愿意获得具有波动性的平均工资。如果想使员工接受具有波动性的工资,那么企业必须给予员工一定的风险溢价。风险溢价一般是确定性结果和在不确定条件下获得的与之相同的平均值二者之差。风险溢价为正,那么意味着主体是风险厌恶型的。风险厌恶主体对诸多不确定性结果的平均收益估计低于具有确定性结果的估价。所以,假设员工得到的不确定性工资 w 可以表示为 $E(w)-r\mathrm{var}(w)$,这意味着对不确定性收入 w 的估价为 w 的期望值 $E(w)$ 和风险溢价 $r\mathrm{var}(w)$ 之差。数值 $E(w)-r\mathrm{var}(w)$ 等价于不确定性收入 w。风险溢价包括两个部分,首先,个人对不确定性的偏好;其次,r 为绝对风险厌恶系数,$\mathrm{var}(w)$ 表示收入工资 w 的波动性,当收入完全确定时,$\mathrm{var}(w)$ 为零,或者员工的风险中性 r 为零时,员工的风险溢价为零。如表 9-2 所示,员工会选择绩效波动较小的第 5 种情况。

表 9-2　不同绩效波动下的工资支付

情形	绩效波动	平均绩效	平均绩效工资
1	0~10 000	4 000	4 000
2	1 000~9 000	4 000	4 000
3	2 000~8 000	4 000	4 000
4	3 000~7 000	4 000	4 000
5	4 000~5 000	4 000	4 000

三、员工成本对努力的敏感性

如果员工每增加一单位的努力导致个人成本大幅度的上升,这就会削弱员工的工作积极性。通常在规模小的企业中,员工对自己的行为判断力相对强;在规模比较大的企业中,由于众多因素的干扰,员工对自己的行为判断力相应地减弱,此时以产出为基础的工资会降低员工的积极性。如表 9-3,在同样的条件下,根据员工成本对努力的敏感性,A 企业采用绩效激励的效果要弱于 B 企业采用绩效激励的效果。

表 9-3　不同企业员工成本对努力的敏感性

情形	A企业员工努力的总成本	A企业员工单位努力的成本	B企业员工努力的总成本	B企业员工单位努力的成本
1	60	60	10	10
2	170	110	70	60
3	320	150	170	100
4	500	180	300	130
5	700	200	450	150

员工成本对努力的敏感性可以从团队生产的绩效激励制度中看出来。团队生产意味着每个员工的工作在彼此之间都具有相互补充的作用，是一种联合生产方式。例如，团队大合唱中，音乐指挥者、每个乐手对总体的声乐都会产生重要影响，美妙的音乐离不开团队中任何一个成员的付出。然而这种团队生产方式存在着重要的激励问题。当团队规模很小，甚至是一个人的时候，该员工知道自己的付出获得的回报将被自己完全占有，那么他将会努力地付出，使得自己的边际回报和自己努力付出的边际成本相等。但是当团队规模变大时，每个成员就会明确地知道自己的付出获得的回报将会在成员之间分摊，即使自己不付出努力，也会享受到其他成员通过努力工作得到的收益。所以在这种情况下员工的努力就会产生很明显的正外部性，即自己的努力会使得团队成员受益。企业对团队进行激励时，往往会忽略这种外部性，而是根据团队的总体付出产生的绩效给予回报。这样在理性人的作用下"搭便车"的现象很自然地发生了，而且随着团队规模的增加，"搭便车"现象被发现的概率也就越低，"搭便车"的现象也就越严重。

四、激励报酬设计的信息原则

在采用绩效激励的报酬时，应该包含能够提供有关员工能力信息的所有业绩指标（假设这些业绩指标可以以较低的成本获得），更为精确地测量员工的努力程度，这可以减少无效风险承担，从而得出更有效的努力选择（Holmstrom, 1982）。根据信息原则，在对员工的业绩进行评估时，可以考虑将同事的业绩信息纳入对员工的绩效考核中来。如果同事的绩效都有明显的下降，那么员工的绩效下降可能是因为不可控的共同因素造成的，如天气、经济状况等，这样减少了员工绩效波动的风险。信息原则表明有关其他员工的绩效信息纳入个体员工的绩效考核是有效的。信息原则表明只要能够衡量员工的绩效，且获取这些指标的信息成本低，就应该将其纳入绩效考核体系中。此外，企业也可以投入一定的成本开发精确的绩效衡量指标，尤其是员工的报酬对业绩反应比较敏感的情况下更是大有好处。同时，为了减少员工不可控的风险波动性，也可以将这种绩效波动的风险转移给市场。例如，通过向有关单位购买保险，进行期权投资等，这样将经营风险在市场上进行分摊，也会在一定程度上减少员工不可控绩效的波动性，提高对员工的激励。

第四节 规避委托代理问题的有最低标准产出的固定工资设定

一、异质性能力员工模型设定

绩效工资考虑了员工的异质性，这种异质性不单单表现为员工的努力，而且还表现在员工的能力差异上。这里主要考虑关于员工努力和能力的绩效工资设定问题。所以，假设企业产出的商品都是同质的，且假设商品在市场上的价格 $p=1$，员工是风险中性的，即不考虑绩效中的不确定因素，其生产的产品数量 x 不仅仅取决于员工的努力，还取决于员工的能力。员工的产量 $x=a+e$，其中 x 表示产出量，a 表示员工的能力，e 表示员工的努力。a 对于个体员工来说是相对固定的，但这个信息只有员工本人了解，企业并不了解员工的能力，即对于企业来说员工的能力是不可观测的。在努力程度一定的情况下，员工的能力越强，企业的产出水平也就越高。假设随着员工能力增长，外部机会为 au，即优秀的员工外部选择的机会也就越多。

假设员工的效用函数与工资收入成正比，与努力付出成反比。假设 $x=a'+e$，那么具有能力 a' 情况下员工的效用水平可以写为

$$U = \begin{cases} w, x<a' \\ w-\delta(x-a)^2/2, x>a' \end{cases}$$

假设每个员工在零努力情况下的最大产出 $x'=a'$，每个员工也都有额外的努力，且这种额外的努力可以提高产量水平。一般可以将员工的效用无差异曲线表达为

$$w = \begin{cases} k, x<a' \\ k+\delta(x-a)^2/2, x>a' \end{cases}$$

在这些假设条件下，员工的无差异曲线（w, x）的特征是以零努力水平的最大产出量为界，之前曲线是扁平的，在该点之后是斜向上的。无差异曲线的斜率取决于员工的能力，能力越小，该无差异曲线也越陡峭，如图 9-2 所示，al 对应的是低能力员工的无差异曲线，ah 对应的是高能力员工的无差异曲线。

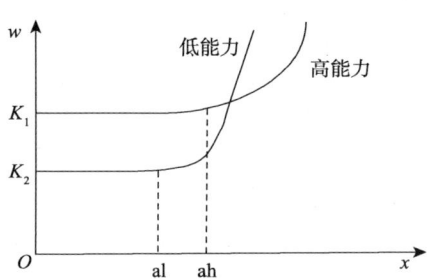

图 9-2 能力异质性下的无差异曲线

资料来源：Garibaldi（2006）

所以，员工关于工资、产出的无差异曲线的斜率：如果 $x<a'$，产出对工资的边际替代率为 $dw/dx=0$；如果 $x>a'$，$dw/dx=\delta(x-a)$。

二、企业关于具有最低产出的固定工资设定

一般情况下到某一个岗位上工作必须有一个最低产出标准，只有在达到相应的工作标准时，企业才会雇用员工，否则企业即使雇用了该员工，之后也会解雇。所以，假设

某一工作岗位在满足最低产出 $x_{\min}$ 下支付的固定工资水平为 $w=a$,如果采用这种方式来支付工资,必须满足以下几个条件:①产出不存在不确定性,所有的产出都可以完全反映出员工的努力水平;②工作场所中的员工能力不存在异质性;③工作岗位上的最低产出水平促使员工努力均在最优效率的水平上提供劳动。

三、异质性能力员工在具有最低产出的固定工资设定中的选择

设定具有最低产出的固定工资,给异质性员工提供了工资约束,即小于最低产出水平,企业给出的工资水平为零。如图9-3所示,大于最低产出给出的工资是 w^*。能力异质性员工会根据自己的效用函数做出理性的选择。能力较低的员工达到最大的效用水平为 K_2,能力较高的员工所达到的最高效用水平为 K_1,而且 $K_1>K_2$。能力高的人会通过减少自己的努力程度来获得较高的效用水平。另外,能力较高的员工也会有较多的外部选择机会,本公司工作对其吸引力也就会相对减少。所以,这种工资的设定必须解决自我选择性问题,让员工做出有利于企业的选择。

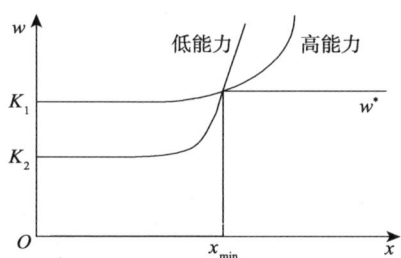

图 9-3 异质性员工在与最低产出相关联的固定工资制度下的自我选择
资料来源:Garibaldi(2006)

假设对于每个能力为 a 的员工的效用函数可以表达为

$$\begin{cases} U = w, \text{如果} a > x_{\min} \\ U = w - \delta(x_{\min} - a)^2/2, \text{如果} a \leqslant x_{\min} \end{cases}$$

满足这个条件后,就可以解决委托代理的两个问题,即能力高的员工获得的效用水平高,能力低的员工获得的效用水平低,实现了激励相容原理;企业中的员工获得的效用水平要比其他企业提供的机会工作获得的效用水平高。

在与最低产出相联系的固定工资制度下,随着员工能力的增加,员工的效用水平会不断地提高,但是当员工能力达到一定水平之后,再增加的能力已经是无效的能力,即本来凭借能力将努力减少到零就可以达到最低的产出标准,此时并不会因为再增加能力就会减少努力,或者增加工资,所以员工的效用水平保持不变。故此员工关于能力的效用函数曲线可以用图9-4来表示。

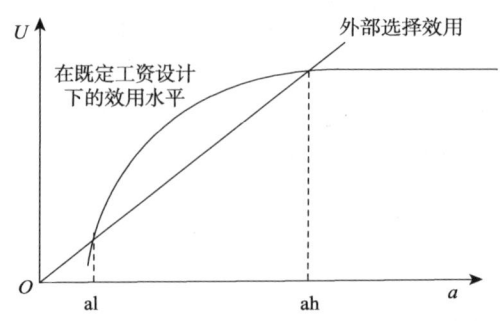

图 9-4 在既定 w 和 $x_{\min}$ 下员工参与规则的自我选择

资料来源：Garibaldi（2006）

从图 9-4 中可以看出，为了实现参与约束原则，即

$$\begin{cases} U = w, a > x_{\min} \\ U = w - \delta(x_{\min} - a)^2 / 2, a \leqslant x_{\min} \end{cases}$$

设定的与最低产出 $x_{\min}$ 相关联的固定工资 w，只会吸引如图 9-4 所示能力位于 $a \in$ (al, ah) 的员工参与进来。所以这种工资支付方式既不会吸引能力特别低的员工，也不会吸引能力特别高的员工到企业中工作。

四、异质性能力员工在具有最低产出的固定与绩效工资结构中的设定

有些企业采用固定工资和绩效工资相结合的方法来激励员工。固定工资一般具有一个最低的产出要求 $x_{\min}$。在最低产出 $x_{\min}$ 的基础上给其固定工资 w^*。随着员工能力的提高，产出增加，很多员工会超出最低的产出量。所以企业会采用绩效工资的方式，按照其产出的数量多少来给予一定的激励。企业会设定一个恰当的计算绩效的产出量起点，这个起点一般会高于最低产出。假设企业对每件产品给出的激励力度是 β，那么激励的起点约束条件为 $\alpha + \beta x > w^*$，满足该条件的 x_0 为激励的起点。在这种情况下，企业提供的工资结构线可以表示为

$$\begin{cases} w = 0, x < x_{\min} \\ w = \max(\alpha + \beta x, w^*), x > x_{\min} \end{cases}$$

在这种情况下，企业给员工提供的工资结构线可以用图 9-5 来表示，即在最低产出之前的工资水平为零，达到最低产出之后的工资水平为 w^*，当产出继续增加，达到一定幅度之后企业给予员工的工资是按照 $\alpha + \beta x$ 方式给出。这样可以保证员工工资的稳定性，同时也保证了企业对员工的激励。

那么在此情况下，更有能力的员工拿到的工资不局限于 w^*，而是高于 w^* 的工资，从而获得更高的效用水平。假设能力比较高的员工的效用函数表示为

$$U(w, x) = \alpha + \beta e - \delta(x - a)^2 / 2$$

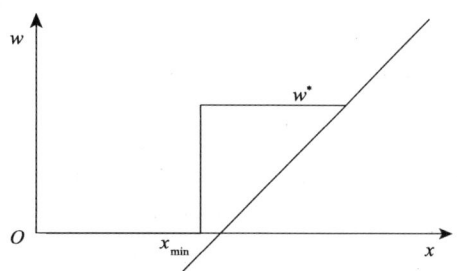

图 9-5　企业给员工提供的工资结构线
资料来源：Garibaldi（2006）

在工资结构的约束下，员工的效用函数达到最大化，即对上式效用函数求关于 x 的导数等于工资约束线的斜率 β，最终可以得到最佳的均衡产出量为 $x = \alpha + \beta/\delta$。这种工资制度安排会吸引更多有能力的人来公司工作，而不是仅仅局限于能力水平 $a \in (al, ah)$ 的员工。如图 9-6 所示，员工的产出更多，员工的能力也更强，获得的效用水平也会更高。

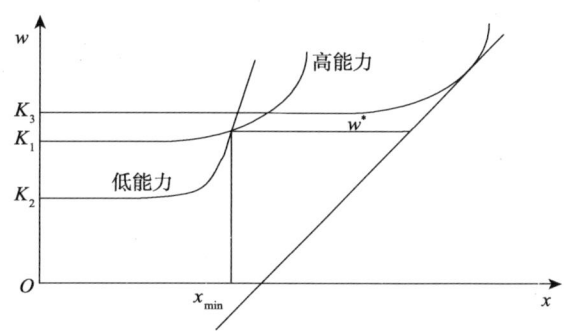

图 9-6　异质性员工在与最低产出相关联的固定与绩效工资结构中的自我选择
资料来源：Garibaldi（2006）

第五节　无标准产出的固定薪酬激励

对于绩效不可测量，或者绩效测量风险大，抑或采用绩效衡量对企业的发展有很大的扭曲作用，也有可能采用绩效激励会使得员工无法维持正常生活的工作岗位，一般采用固定工资制度。固定工资制度可以使得员工对多任务的工作按照边际收益与边际成本有效地分配工作时间。但是固定工资制度一个最大的问题就是无法避免委托代理问题，从而使得对员工激励性不足。委托代理问题主要源于三个重要的条件：①员工和企业之间存在利益冲突；②员工和企业之间存在有利可图的交易；③员工和企业之间存在信息不对称，造成这种交易契约强制被执行的成本较高。所以，为了减少委托代理问题，必须针对这三个条件进行规避。

一、企业内部监督

监督主要用于解决信息不对称问题，防止员工在工作过程中的不当行为。例如，为了避免总经理的重大决策违背股东的利益，总经理的重大决策必须经过股东大会或者董事会的通过才可以执行。监督结果一般用于对员工进行奖励和惩罚。

监督费用和激励强度（收入对绩效的敏感性）有很大的关系，如果激励强度很强，意味着员工很小的绩效降低就会导致其收入大幅度的减少，在这种情况下，员工会自主地努力工作，减少委托代理问题，企业就可以减少监督力度，降低监督费用。反之，如果激励强度较弱，意味着员工绩效降低很多也不会影响其收入，那么委托代理问题就会比较严重，需要加大监督的力度，提高监督费用。所以监督力度与激励强度存在着负相关关系，如图9-7所示。

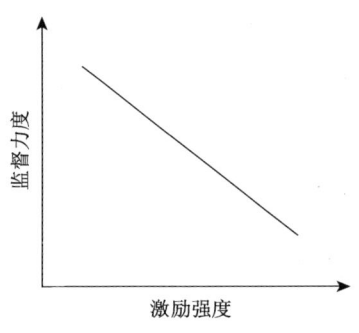

图 9-7 激励强度与监督力度的关系

首先，这种监督方式随着企业规模的扩大，监督的难度也就越大，监督的成本将随之增加。其次，监督也可能面临次生的委托代理问题，为了监督员工的工作行为，企业专门成立一个监督小组，那么监督小组也会产生委托代理问题。他们可能会与被监督员工串谋，当员工发生不当行为，监督小组视而不见，这对于监督小组来说是没有成本的，因为他们不会得罪自己的同事，也不会被企业惩罚，因为没有人对监督小组进行监督。最后，监督本身也是一种考核方式，利用监督获得信息对员工进行奖惩，这又落入了绩效考核的难题，绩效考核必须要对员工的工作行为进行较为全面的收集，这种信息的收集发生于工作的全过程，这就浪费了大量的成本和资源；也可能会由于绩效考核标准制定的不精确而无法实施奖惩。例如，给企业带来重大损失，出现严重渎职的行为等，这些都很难采用具体的标准进行衡量；惩罚很有可能会导致员工离职，所以企业如果不愿意对员工进行处罚，监督的惩罚威胁将不具有可信性，监督也失去了应有的效应。

企业内部监督的成本相对较高，所以很多时候企业被迫用减少监督力度、增加惩罚力度的方法来解决问题，但是这种方式可能会使得员工觉得不公平。因为在整个工作过程中可能有些员工经常做出不当的行为但没有被监督到；有些员工几乎从来都没有做过不当的行为，但仅仅一次客观的、无法控制的因素导致不当行为的发生，员工很有可能由于这次不当行为被企业发现而遭受解雇。所以这种减少监督力度、增加惩罚力度的方法也存在诸多弊端。为此，很多企业采用了另外一种监督方式来解决监督成本的问题，即市场监督。

二、市场监督

企业通过内部监督来获得有效信息的成本比较高，但市场提供的监督对企业来讲往往是免费的，甚至成本很低，尤其是在一个竞争激励的劳动力市场中。例如，一个采购员，如果他多拿回扣，故意采购成本较高的原材料，那么他的绩效相对较低，此时有很多优秀的采购员失业，他们将是在岗采购员的替代者，对其形成严重的失业威胁，他一旦被发现有不当行为将会很快被企业替代掉，这就出现委托代理问题的风险。职业经理人也一样，如果其决策是按照自己的利益最大化做出的，而没有体现股东的利益，那么他也会被市场中其他出色的职业经理人所替代。尤其是在竞争激励的产品市场上，如果职业经理人在经营管理中牟求私利，那么该公司产品的单位成本就会比其他竞争公司的单位成本高，或者产品质量会比其他竞争公司的低。最终他管理的这个公司就会失去市场份额并停止运营。因此，产品市场的竞争也制约了管理者追求自己的利益。部分企业为了提高市场威胁的强度，通过恰当的薪酬制度来提高员工的委托代理风险成本。例如，部分企业索性将员工的工资直接定位于高出出清工资的水平，一旦员工被发现有不当行为，其将很快被市场中其他优秀的员工所替代，这样就会对其造成终身工资收入流减少、工作机会丧失的惩罚。

三、保证金制度

市场监督虽然可以给员工带来威胁，减少委托代理问题，但是员工一旦因为委托代理问题被辞退，可以很快在其他企业中找到类似的工作，且工资不受影响，这也会大大降低市场监督的效果。所以很多企业采用了资历工资、股票期权等延期支付的工资方式，这种支付方式主要表现在员工的工资水平随着工作年限的上升而上升，且其上升的速度要高于其生产率上升的速度，这就使得员工初期工资水平相对于其生产力水平而言较低，但随着其工作年限的延长，其工资水平相对于其生产力水平较高。在员工工作达到一定年限后，其获得的回报高于其生产率。这就意味着前期员工给企业缴纳了一笔保证金，这笔保证金主要是通过自己的工资低于生产率为代价而逐期向企业缴纳的。在这种情况下其一旦被辞退，意味着该员工不但得不到这笔保证金，且只能获得与其生产率相当的工资水平，其损失将是巨大的。所以失业工资将受到严重损失，对在岗员工形成一种严重的市场威胁。

第六节　经济性薪酬激励

一、任务的可测性与工资制度

一般而言，一个工作岗位是一系列工作任务的组合，这些工作任务有些是可以衡量的，有些是无法衡量的。例如，会计工作的记账业务是一项任务，另一项任务则是忠诚，不泄露财务机密信息等。第一项任务很容易衡量，但第二项任务却很难衡量。如果采用计件工资或者绩效工资，那么员工会保证完成可以测量的任务，对于那些不可测量的任务员工很少给予较多的精力完成，这样的后果就是员工仅重视那些可以测量的任务，进而拿到更好的绩效工资，对于不能很好测量的任务，人们一般会给予忽视。最终计件工资或者绩效工资会排挤掉那些难以测量的任务。

一般而言，如果一项工作中不可测量的任务比较多，且这些任务无法明确地分离开，那么采用固定工资的方式更为合适，它可以促使员工把精力适度地分配到各项任务活动中，保证员工在每项任务上花费的时间和精力的边际报酬相等。所以，当员工的工作任务无法分离，且不可测量时，一般采用固定工资方式更加合适；如果员工的工作任务可以很好地测量，那么采用绩效工资更为合适，能促使员工更好地完成任务。

以生产车间的产品为例。在生产过程中，产品的数量和质量都非常重要。如果企业采用计件工资，还必须要衡量产品的质量。这就需要成立一个质检部门对产品进行检验，这种检验需要企业额外支付检测成本和人工成本。如果质量检测很容易，那么企业可以以较低的成本进行检测，采用绩效工资更具有激励性。如果检测产品质量非常困难，那么采用计时工资可能更有优势。在生产过程中运用计件工资相对较多，主要是因为这种工作中的各项任务都可以较好地衡量出来，如产品的质量、产品的数量、原材料浪费率、机器的维修率等。如果这些任务都无法得到很好的衡量，那么只能按照计时工资来给员工提供激励。

在对职位进行设计时，也要考虑薪酬激励的有效性，即尽量将所有可测量的任务设定为一项工作，这样就可以采用计件工资或者绩效工资来对员工进行激励；尽量将不可测量的任务归为一项工作，这样就可以采用计时工资或者固定工资。这样使得所有不可测量的任务不会被忽略，激励员工将工作时间和精力按照边际报酬相等的原则进行分配。

二、相对绩效报酬和绝对绩效报酬

在绩效考核中，员工的绩效不但受到客观因素的影响，也会受到自己主观努力的影响。客观因素往往是员工所面临的共同因素，如天气、汇率、经济衰退等因素。这些因素引起的绩效变动构成了员工绩效的共同方差。当然，每个员工的绩效并非受到所有共同的客观因素影响，也会受到个体的主观和客观因素的影响，这些因素构成了绩效波动的特定方差。

锦标赛理论基于相对绩效的报酬，而非个体绩效的报酬。锦标赛理论源于运动员的激励制度。锦标赛工资理论需要满足三个条件：①谁将得到晋升具有不确定性；②获胜者依据相对绩效被挑选出来；③报酬很丰厚。在锦标赛理论中，报酬是建立在相对标准之上的，该相对标准是一个随机变量。虽然这种标准是随机的，但是用于绩效报酬上是非常有意义的，因为这个随机标准和个人结果的随机绩效有着密切的关系。锦标赛理论可以很大程度上消除方差，这种绩效报酬的波动主要源自其他人的绩效结果，一般情况下不会采用锦标赛理论，因为它增加了每个员工绩效的不确定性。

但是锦标赛理论过滤掉了共同的不确定性，与计件工资相比，锦标赛理论具有三个特点。第一，锦标赛理论需要的信息相对较少。因为锦标赛理论利用相对绩效来对员工给予报酬激励，不需要知道每个人的绩效是多少，也不需要知道每个员工之间绩效的差距。但在计件工资制度下，则需要更多的信息来支持。因此，锦标赛理论下的薪酬激励信息的收集成本较小。第二，锦标赛理论具有较高的灵活性。锦标赛理论能够根据任务的复杂程度做出调整，但对有关环境不确定性的信息和认同的缺失并不敏感。第三，雇主可以建立更好的承诺。在计件工资制度下，雇主为了支付低工资会针对雇员的表现讨价还价，但是在锦标赛理论下，因为总的工资是固定的，雇员之间的竞争决定总报酬的分配。

在相对绩效基础上的付酬也具有一定的缺陷。相对绩效薪酬会产生过度竞争，促使员工破坏别人的绩效，以此来拉开彼此之间的绩效差距，最终获得较高的相对绩效薪酬。相对绩效薪酬会使得那些绩效一向都是非常优秀的员工更加努力地工作，但对于那些绩效平平的大多数人的激励效果相对较差。在相对绩效薪酬中，没有办法衡量由于绩效的外部性而产生的对组织的贡献。例如，很多员工在工作过程中由于对同事工作的帮助，自己的工作方法被其他同事模仿，自己的知识与同事共享等形成的对组织的贡献并没有得到衡量和补偿，这就导致员工不会出现有利于组织绩效的上述行为活动。这种相对绩效薪酬激励也会导致风险厌恶型的员工努力的程度相对绝对绩效薪酬激励更低，因为他们会承担不确定性风险，这种不确定性不仅仅来自他们自己的努力程度，更来自其他同事的努力程度，他们的绩效高低取决于同事的绩效，所以这种相对绩效薪酬给员工增加了更多的不确定性。

三、集体报酬与"搭便车"、同事压力

团队生产意味着每个员工的工作在彼此之间都具有相互补充的作用，是一种联合生产方式。从前文分析中很容易发现，"搭便车"现象主要是由于信息不对称和努力的外部性所致。所以，为了规避"搭便车"现象，在加强监督的同时，更应该按照外部性给予增加努力的员工以额外的报酬补偿。如果企业可以保证团队成员通过努力每增加一个单位的额外产出，就会得到原来 $1/n$ 回报的 n 倍，那么"搭便车"问题基本就

会得到解决。这种报酬的补偿制度可以消除正外部性对劳动者的努力带来的负面影响，即雇主可以通过调整员工的固定工资，最终使得员工的可变工资部分等于员工产出价值的 n 倍。

在团队生产过程中，除了会产生"搭便车"这样消极的问题之外，还存在着员工之间的激励作用。这种激励作用来自同事的压力。当员工人数越多，每一个员工都会在其他员工的监督之下进行工作，同时，其他员工也会激励该员工努力工作，这种积极的效果来自同事的压力。

案例分析：福特汽车公司的效率工资

在 1908~1914 年，福特汽车公司引进了"科学管理"和流水线生产程序。生产方式的改变导致福特汽车公司劳动力队伍的职业构成发生了变化，到 1914 年，它的大多数工人都是技术较低的移民。尽管这些变化使得公司的盈利水平大大提高，但是工人的不满也很大。

1913 年，公司员工的流动率高达 370%（也就是说，公司为保证每 100 个职位上的工作有人做，每年就要雇用 370 个人），这一流动率即使是按照当时底特律汽车工业的标准来看也比较高。与此类似，工人的缺勤现象平均每天也达到 10%。然而，尽管公司在留住工人和挖掘他们的努力水平方面存在困难，但是要想找到离职工人的替换者还是没有什么困难的，因为在工厂的大门口总是有一长串求职者在等待工作。福特在 1913 年所支付的日工资标准 2.50 美元在当时至少还是处于较高水平的。

1914 年 1 月，公司创始人福特将新的日工资标准确定为 5 美元。这种翻了一番的工资标准只对那些在公司中至少已经工作了 6 个月的工人有效。几乎是在同一时间，公司又规定了另外一条雇用标准，即新的求职者必须至少已经在底特律地区居住 6 个月以上。由于公司严格限制潜在求职者的流入，同时又没有在提高工资之后对求职者进行更为仔细的筛选，所以公司大幅提高工资的动机看上去似乎并不是为了提高新雇员的质量。

工资的提高确实对现有雇员的行为产生了影响。在 1913 年 3 月到 1914 年 3 月，福特公司雇员的辞职率下降了 87%，解雇率下降了 90%。类似地，在 1913 年 10 月到 1914 年 10 月，缺勤率也下降了 75%。雇员的士气和生产率提高了，公司继续处于盈利状态。

有证据表明，至少是在新工资标准实行的最初阶段，福特公司从中获得的生产率收益低于相应的工资增长。历史学家们指出，有一些非经济因素影响着福特的决策，其中包括他希望教导自己的工人养成良好的生活习惯这种父爱主义动机（对于获得这种工资增长的工人来说，首先必须要接受来自福特公司调查人员的检查，以验证他们是否追求包括狂赌和酗酒等行为在内的不良生活方式）。尽管工资大幅增加可能使公司难以实现利润最大化的目标（如果工资增加的幅度较小，则有可能保证公司利润最大化的实现），但是这一政策对于工人的流动率、工作的努力水平、雇员的士气及生产率确实都产生了巨大的积极影响。

资料来源：http://blog.sina.com.cn/s/blog_3ebb3ae10100rcko.html

案例思考题

1. 请问福特公司 1914 年实行新工资标准支付的是什么工资？这种工资的含义是什么？
2. 福特公司 1914 年实行新工资标准支付的工资有什么作用？请加以分析。
3. 是不是任何时候厂商都要支付上述工资呢？请提出你的见解。

推荐阅读

Lazear E P. 1998. Globalization and the market for teammates. National Bureau of Economic Research Working Papers，No. 6579.

Lazear E P. 2000. Performance pay and productivity. The American Economic Review，90（5）：1346-1361.

Lazear E P，Shaw K L. 2007. Personnel economics：the economist's view of human resources. Journal of Economic Perspectives，21（4）：91-114.

第十章 企业培训与人力资源开发

本章内容及学习目标

本章主要结合企业的人力资本投资介绍企业专有人力资本对员工的套牢问题，以及企业在人力资本投资中的减薪行为和员工的个人形象投资问题。最后通过介绍培训合约的特点，分析培训合约具有自我强化功能条件的设计，以及正式合约与隐含合约的自我强化等。本章需重点掌握企业人力资本投资中成本与收益的分担设计产生的培训合约的自我强化功能。

引例：升任公司总裁后的思考

郭宁最近被一家生产机电产品的公司聘为总裁。在他就任此职位的前一天晚上，他回忆起自己在该公司工作二十多年的情况。

郭宁在大学里学的是工业管理专业，大学毕业后就到该公司工作，最初担任液压装配部门的助理监督。刚开始时他每天手忙脚乱，经过努力学习和监督长的帮助，最后胜任了此项工作。经过半年多的努力，他已有能力担任液压装配部的监督长工作。可是，当时公司没有提升他为监督长，而是直接提升他为装配部经理，负责包括液压装配在内的四个装配单位的领导工作。

在他担任助理监督时，主要关心的是每天的作业管理，技术性很强。他担任装配部经理后，要求自己不仅要关心当天装配工作状况，还要做出此后数周乃至数月的规划，同时还要完成许多报告和参加许多会议，因而没有时间去从事技术工作。他在担任装配部经理后不久，就发现原有的装配工作手册已经过时，于是他花了整整一年时间去修订工作手册。由于该公司的生产工艺频繁发生变化，工作手册也不得不经常修订，郭宁对此都完成得很出色。几年后，他将工作手册交给助手，自己花费更多的时间用于规划工作和帮助他的下属工作得更好，花更多的时间去参加会议、批阅报告和完成向上级的工作汇报。

在他担任装配部经理6年之后，公司负责规划工作的副总裁辞职，郭宁便主动申请担任这一职务。在同时与另外5名竞争者较量之后，郭宁被正式提升为规划工作的副总裁。他自信拥有担任这一职务的能力，但由于此职务工作的复杂性，仍给刚到任的他带来不少麻烦。经过努力，他逐渐适应了新职位，并取得了很好的成绩。之后，他又被提升为负责生产工作的副总裁，这一职位通常是由该公司资历最深、辈分最高的副总裁担任。现在，郭宁又被提升为公司的总裁。他知道，一个当上公司最高主管的人应该相信自己有处理可能出现的任何情况的才能，但他也明白尚未达到这样的水平。想到自己明天就要上任了，今后数月的情况会是怎样？他不免为此而担忧。

资料来源：https://wenku.baidu.com/view/bc44215ec8d376eeafaa3110.html

因为郭宁职位上升到了最高层，所以工作性质由原来的专业性到现在的综合性；由原来的技术性到现在的见识、判断、战略、用人的策略性；由原来的单一性到现在的广泛性、复杂性（生产、技术、人才、市场……），所以应该学习新知识、适应新角色，锻炼自己的综合、谋划、用人、组织、财务、资源分配等能力。郭宁要成功地胜任公司总裁的工作，见识、判断、综合、谋划、用人、组织、财务、市场分析、资源分配等能力是最重要的。他由于原来主要从事专业性、技术性管理，不具有这些技能，所以，随着员工的发展企业需要给员工提供一定的培训。

第一节 人力资本开发

一、专有人力资本投资与套牢

专有人力资本投资的价值是共同使用价值，即获得专有人力资本的劳动者必须与特定的雇主结合才能发挥出相应的生产率，否则专有人力资本投资是不会产生价值的，也不会带来收益。专有人力资本投资会由于雇主辞退拥有专有人力资本的雇员而使得人力资本丧失价值，也可能会由于雇员辞职使得专有人力资本没有使用价值。如果雇员和雇主进行特殊人力资本投资，双方可以签订完全且没有执行成本的劳动合同，那么谁进行人力资本投资都无所谓，不会发生套牢问题。即约定一旦发生违约，将返还所有的人力资本投资成本。

但是实践中劳动合同的签订往往是一种不完全合同，即双方不可能为将来发生的所有可能做出事前预知并在劳动合同中给以规范，也无法获得双方所有的信息，或者获得信息的成本比较高等。这就有可能造成劳动合同的不完全以及劳动合同执行成本比较高。

上述情况很有可能出现套牢现象。专有人力资本投资者很容易受到对方机会主义的影响。例如，雇主进行专有人力资本投资，雇员一旦受到外界的诱惑就有可能辞职；如果雇员进行专有人力资本投资，雇主就有动机降低今后的工资或者进行长时间的工资冻结，使得雇员的人力资本投资回报较低等。如果这项人力资本投资属于非专有性的，是通用性的，那么就不会受到套牢问题的影响，因为一旦对方有动机降低人力资本回报，那么雇员就会辞职到其他单位工作，这项人力资本投资依然会给其带来收益。同样，如果劳动合同完全，所有的情形都写入合同中，且执行成本为零，那么套牢问题依然会得到解决。然而专有人力资本投资面临着专用型和合同不完全性，注定会出现套牢问题。那么这种套牢问题如何解决呢？

二、企业人力资本投资成本分担

在加入一家公司之前和之后,人们都会随着时间的推移而提升技能,这种技能的发展会影响其生产力。贝克尔(Becker,1964)在他的经典研究著作《人力资本》中说,人们可以开发多个雇主都可以适用的通用技能。

贝克尔(Becker,1964)认为,有效的人力资本投资成本分摊方法,均是公司对特定人力资本的收购和工人为其自身人力资本的支付。任何其他的分割人力资本投资成本的方法,都将导致公司或工人在减少自己的投资成本后"套牢"对方。

这种人力资本投资的分配在大多数情况下都是适用的,特别是当投资规模较大时。例如,几乎所有人都要支付他们自己的中学、大学和研究生教育的费用。也有一些例外,如那些赞助员工获得工商管理硕士学位的公司,但这些安排通常都有合同约定,不让员工在一定的时间内离开公司。类似地,公司通常会在培训期间和工作期间给员工支付工资,而员工在很大程度上获得了在特定公司中所需要的技能和知识。

Autor(2001)研究了一个明显违反贝克尔模型的具体例子。人力资源协会是美国很大的一个临时性帮助服务公司。这家公司提供了潜在的"临时"免费计算机培训。培训免费提供了通用计算机程序的技能,并且学员不需要承担任何工作的义务。一个人可以学习这门课程,然后到另一个临时中介机构或任何其他雇主那里,使用他学到的电脑技能。

为什么人力资源协会会提供这样一个项目?Autor(2001)认为,培训的过程给了公司关于临时工人能力的不对称信息。然后,公司可以利用这些信息以一种创造租金的方式来匹配临时工。他认为,当免费培训帮助机构吸引高质量的员工时,这种信息优势可能会变得更有价值。他开发了该机构获取和开发私人信息的模型,认为私人信息的获取与市场工资、培训和当地临时劳动力市场竞争的程度有一定的关系。然后,他使用了美国劳工统计局对临时服务供应商的调查数据,并找到了与该模型预测一致的证据。例如,提供免费培训的公司提供的工资略低,但在更具竞争力的市场中,这种差距会缩小。

Prendergast(1999)为公司在人力资本方面的投资提供了一个相关的解释,他认为公司对员工有一定程度的垄断权,并且可以获得一些与一般人力资本相关的租金。因为工人没有获得一般人力资本投资的全部价值,他们将会在这些技能上投资不足。因此,一些公司发现赞助这种培训是有利可图的。

在另一项研究中,Acemoglu 和 Pischke(1999)表明即使在信息不对称的情况下,如果劳动力市场的工资相对于工人的边际产品被削减,公司可能会赞助一般培训。他们认为,这种削减可能是由于搜寻成本或其他交易成本造成的,也有可能是由工会最低工资等制度造成的。公司对人力资本进行投资的另一个理由是,它可能激励员工在培训期间留在公司。

三、企业人力资本投资中的减薪

贝克尔的人力资本理论探讨了两种类型的培训——一般培训和特殊培训。一般培训的内容是公司通用性的知识、技能，它可以随着工人转换工作使得其培训内容在不同公司之间转移，且工人得到培训后获得回报，理所当然要支付培训费用。根据完全竞争人力资本理论，工资与生产率之间没有差异，在劳动者培训期间生产率较低，低生产率劳动者获得低薪酬，高生产率劳动者获得高薪酬。劳动者培训后跳槽到目标公司和现在所供职公司给出的工资是一样的。然而特殊培训只会提高当前公司的生产率。公司和员工共同分担培训投资的成本和回报，避免出现套牢问题。工资高于培训期间的边际生产力，低于培训后的边际生产力。因为培训内容在公司之间是不可通用的，是当前企业的特殊人力资本，所以后续公司的工资低于当前的边际生产力。

在一般培训期间，公司付给工人的工资超过了劳动边际生产率，而在培训结束后工人的工资低于劳动边际生产率，说明企业为培训支付了部分费用。由于劳动者接受培训的内容在不同公司之间是通用的，那么只有劳动者在培训结束一段时间后继续给公司服务，公司才能获得回报，这就需要双方签订劳动合同，以保证公司对员工的约束。在该过程中，公司扮演债权人的角色，只有在有学徒合同的情况下，公司才会在培训结束后约束工人在公司工作到贷款被偿还完为止。在人力资本理论框架内无法解释工人在实践中为什么会接受低于劳动边际生产率的工资。采用买方垄断理论可以给予较好的解释，因为根据传统的寡头理论，公司在决定工资方面有市场力量，因为它们是唯一的雇主。

寡头理论是由于产品差异化和信息不完善而产生的。产品差异化要求员工具有特定的技能，这就增加了员工流动的成本，员工没有动力投资于一般培训。当前企业知道一般培训的价值而其他企业不知道时，就存在不对称信息。如果培训对外部人员没有任何价值——这种培训实际上是针对培训公司的，由于培训后的生产率回报高于工资回报，企业发现支付一般培训费用是有利可图的。

四、个人形象投资

个人品牌形象可以提供强有力的市场信号。进行较高人力资本投资的工人将会得到更好的市场结果，假设性别类型 j 的第 i 个个体的工资回归方程可以表达为 $\ln w_{ji} = x_{1ji}\Gamma_{1j} + x_{2ji}\Gamma_{2j} + \beta_j \ln G_{ji} + u_{ji}$；$j$ 表示男性或女性；$\ln w_{ji}$ 表示全日制男性或女性员工工资对数；x_{1ji} 表示明瑟方程中人力资本变量，如年龄、婚姻状况等；x_{2ji} 表示地区、行业等控制变量；G_{ji} 表示花费在个人品牌形象上的时间，一般指的是梳洗、打扮时间等；β_j 表示周工资中对梳洗、打扮时间的回报。预期假设 β_j 大于零，且梳洗、打扮等的习惯是由企业文化决定的。那么如果工资水平越高，其花费在梳洗、打扮等个人形象上的时间越多，该系数就会受到高估，如果工资水平和花费在梳洗、打扮上的时间没有关系，那么 β_j 的偏差就会很小。所以，如果考虑工资对个人形象有影响时，可以有第二个等式，即 $\ln G_{ji} = I_{ji}\Gamma_{3j} + \alpha_1 \ln w_{ji} + E_{ji}$，$j$ 同样表示男性或女性；I_{ji} 表示决定花费在梳洗、打扮上的时间的外生变量，一般指的是个人特征；$\ln w_{ji}$ 表示工资的对数。

五、关于收入决定的四个谜题

第一个谜题是相似的人得到的收入非常不同。这个谜题是为了理解在标准的收入方程式中,对于具有相同民族、性别群体的个体,利用年龄、受教育年限、职业等可以解释每小时工资的自然对数 2/3 到 4/5 的差异。第二个谜题是成功的父母把什么要素传给了他们的孩子,使他们在优越的学校教育之外拥有劳动力市场的优势。第三个谜题是为什么明显的非生产率个人特征(美貌、身高和肥胖)往往是收入的可靠预测因素。第四个谜题是为什么学校资源对收入的明显影响可能与它们对后续收入的影响不同。

在对 3 000 名雇主的调查中,与"上学时间"和"学习成绩"相比,"态度"和"沟通能力"最为重要。在英国 1 693 个调查中,雇主认为在招募中存在"不受欢迎的态度、动机或个性"占比为 62%,"缺乏技术技能"占比为 43%。第 3 个实证例子是由美国中学辍学的一大部分人通过认知能力测试获得的一种文凭普通教育发展证书(general educational development,GED)。赫克曼和他的合著者认为,GED 对雇主来说是一个复杂的信号,表明这个人有完成高中学业的认知能力,但缺乏动机或行为上的信号。这些例子说明:人们认为在竞争激烈的劳动力市场中,获得回报的是技能。当招聘不到合适员工时,一律归结为"技能短缺"。在竞争激烈的劳动力市场中,非技能的特征也可以得到奖励。如果技术冲击导致的不均衡租金持续存在,劳工服务不受成本低廉的可执行合同约束,那么与生产能力无关的个人行为特征也会获得正的回报。所以在这种情况下第一个和第二个谜题可得到合理的解释,第三个和第四个谜题可以用"激励增强偏好"来解释,这些激励增强偏好来自给人留有好的印象,与不具有攻击性和破坏性的人格特质有关,因此这些人格特质成为收入的决定因素。它们并不直接对生产做出贡献,但它们是非技术性相关的收入的决定因素。"激励增强偏好"的增加会让员工更加努力地工作。"激励增强偏好"的例子有个人的评价、未来保住工作的前景、与宿命论(激励压抑的特质)相对的效能,以及想得到这份工作的欲望。这就扩展了人力资本模型和行为模型。命运或运气的结果的信念会对收益产生负面影响。

六、公司培训策略的国际比较

公司培训策略的国际比较通常集中于正式培训,并观察在不同国家运营的公司之间显著且稳定的差异。以英国和德国为例,英国的培训策略产生的结果是低技能均衡,而德国的培训策略产生的结果是高技术均衡(Finegold and Soskice,1988;Marsden and Ryan,1991)①,这种差异的原因在不同国家的最初职业教育和培训体系中都有体现。一方面,德国的双重职业教育体系保证了企业对初期职业培训的投资,而英国培训"系

---

① Prais 引用 Marshall 的话说"世界上很多国家都在学习德国的教育方法"。

统"似乎并没有鼓励公司进行高投资①。

另外，产品市场和生产技术日益全球化。因此，人们会期望即使在不同的国家，人力资本投资也可以使劳动者在全球化的市场上保持竞争力。Backes-Gellner（1995）介绍了一个公司培训策略的经济模型，并展示了公司环境以及产品市场特征和生产策略对培训策略的影响。他使用了来自4个行业和4个国家的82家公司的数据来检验该模型及其影响。最后发现，专业化程度比较高的公司比规模化生产的公司培训活动多。在正式的入职培训活动中：德国公司每个员工所带的学徒比例最高，其次是英国和法国公司。然而对所有工人中熟练工人的比例进行比较，却得出了一个矛盾结论：在法国公司中，技术工人的比例最高，其次是英国和德国公司。这说明参与进一步培训（进一步培训的方式如工作论文等）的法国和英国公司比例明显高于德国公司。

在不同的市场条件和不同的生产策略之间培训存在显著的差异。总的来说，培训结果支持了一个假设，即经济模型足以描述公司的培训决策。这样的模型有一个优势，即它清楚地显示了制度影响和市场力量，以及战略决策共同行动等产生的特定培训战略。这反过来又有助于找出职业培训体系中的政策引导变化如何影响公司培训活动的数量和种类。

毫无疑问，监管良好的德国双重体系曾经被证明是有竞争力的。然而，法国公司的进一步培训策略（或多或少的）也被证明是成功的。在一个技术革新和技能迭换速度加快的世界里，解决技能缺陷的问题，从而应对不断变化的环境和技术需要，可能会成为竞争优势。如果像法国公司这样的公司已经制定了程序来弥补各种各样的技术缺陷，它们应该对未来的挑战做好了充分的准备，它们的员工在接受持续的变化和不断的培训需求方面也不会存在明显的问题，并且可能更容易适应终生学习的需要。例如，法国工人习惯于通过不断培训来成为一名熟练工人，而对于德国工人来说，成功地完成学徒工作或多或少保证了他们的终身技能工作岗位。因此，德国职业教育和培训机构面临的主要挑战是，双重职业教育是否仍然是一个重要的成功因素，是否应该继续保留。然而，在未来，德国应该更多地强调建立一个类似的成功的培训机制来进行进一步的培训，而不再依赖于初级培训（Backes-Gellner，1995）。

第二节 人力资本投资契约的自我执行

一、培训合约特点

培训合约与一般合约一样具有较高的信息不完全性，这就导致培训合约双方都有撕毁合约的可能。然而，合约的法律执行成本非常高，且具有难以执行性。双方建立合约最根本的目的是双方都可以遵守彼此的约定，在这种约定下双方各自获得利益。然而在

---

① 然而Wagner等已经看到了英国公司资质水平迅速提高的初步迹象。

合约执行过程中,一旦发生意外情况或者不可预期到的问题,双方当中乙方可能会由于撕毁合约带来的好处要比维持合约带来的损失要大,那么他就会受利益趋使撕毁合约。这样培训合约就没有了执行力,且正如前文提到的,人力资本投资往往是一种专有资本,这就加强了被对方套牢的可能。所以,培训合约的可执行性是促使员工参与培训的重要影响因素。总体而言,由于合约具有以下特点导致执行成本将会非常高:①信息的非对称性,员工的很多行为难以观测,工作的实际努力程度是其私人信息。②合同的不完全性,在合约缔结的过程中,考虑到完整信息、谈判、执行皆需要交易成本,雇主不可能事先通过明确的合约来规定员工的所有行为。③即使能够建立具有完全意义上的合同,如果双方当事人撕毁协议,那么在法律上强制执行的成本也比较高,最终使得双方都会受到损失。

二、培训合约的自我强化

员工参加了培训后,就拥有了人力资本这种资产。企业要想运用这种资产,必须给予员工承诺,即培训结束后给予其更高的工资。但是这种承诺往往具有较强的不可执行性,因为雇主有可能在员工培训结束之后不给员工提高工资。这里的培训合约是员工相信雇主在培训结束后会给予其提高工资的承诺。同样,员工培训结束后也有可能会违约,因为他此时具有了到其他地方工作的机会价值。培训合约必须使得雇主相信员工不会因为培训获得的人力资本而对其敲竹杠,也必须使得员工相信自己参加培训获得的能力资本不会由于具有一定的专有属性而被套牢。

为解决合约的自我强化功能,关键是要建立一整套完善的激励和约束机制,促使员工采取适当的行为,最大限度地增加雇主的利益。实现自我强化的条件是维持合同要比撕毁合同获得的净收益大。下面主要以特殊培训为例来解释这种自我强化的条件。

特殊培训指企业给予员工的培训只适用于本企业。正是由于这种专门的培训不适用于其他企业,企业不必担心员工参加培训后,因工资低于其边际生产收益而另谋他职,员工可能接受培训后工资低于其边际生产收益,企业也就容忍培训期员工的边际生产收益低于其工资,并支付员工的培训费用。在特殊培训中,劳动者个人和企业都共同承担了培训的成本,也共同分享了收益。如图 10-1 所示,从收益角度考虑,如果劳动者想单方面撕毁合同,培训结束后跳槽,那么劳动者只能到其他企业接受原来的工资水平 w_a,因为此次培训是企业的专项培训,培训的内容是企业的专有人力资本,到其他企业是无法提高劳动效率和创造价值的;如果长期留岗,那么劳动者能够得到 w'_u,也就是说,劳动者在接受特殊培训之后工作的时间越长,劳动者在此次培训中获得的收益也就越多。从成本角度来考虑,培训结束之后劳动者如果辞职,那么前期培训中投入的培训成本是无法收回的。所以对于劳动者而言维持协议比撕毁协议收益要高。同样,对于用人单位来说,这种成本和收益的分享机制也会产生同样的效果,如果培训结束用人单位辞退员工,那么不但不能获得培训的收益,也损失了前期承担的培训成本。这种安排方式更容易稳定员工队伍,培训合约被这种利益分享机制自我强化了。

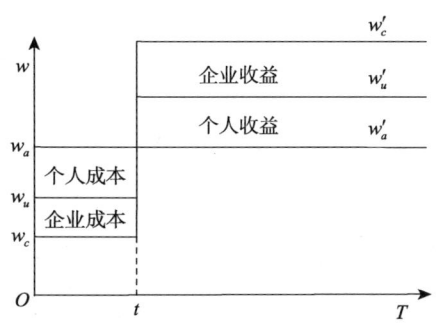

图 10-1　特殊培训下的成本分担与收入分享

三、声誉与合约的自我强化

声誉在未来的交易过程中发挥着重要的作用，它将人们现在的交易和未来的交易联系在了一起。它是通过未来的交易来约束人们现在的交易或行为。如果人们违反协议给未来交易带来的成本大于当下的收益，人们就会维护合约以获得良好的声誉，以更好地支持未来的交易，获得更多的收益，而不仅仅是受到当下利益的诱导而撕毁合约。在长期关系中，人们都会倾向于获得良好的声誉。声誉的作用使得人们不会采取破坏合约的行为来满足自己的利益。例如，在培训合约中，如果员工参加培训结束后没有回来给企业服务，那么其声誉将会下降，其他的雇主不会雇用该员工，也不会再给他提供培训的机会。从长期来看，当下撕毁合约形成的损失大于其收益。同样，当员工培训结束后，雇主撕毁合约，要解雇员工或者不给员工较高的工资待遇，那么雇主就会有一个不好的名声，今后员工会认为参加培训是没有好处的，这样企业组织的培训将无人参加，即使参加了，由于雇主的不良声誉，也会刺激员工培训结束后主动离职。

同样，剩余权的分配也会影响声誉的维持。一般而言，拥有剩余权的人才可以建立自己的声誉，其他人会根据合约所给出的规则来做事。所以剩余权一般会分配给更在意声誉的一方，这里通常是公司。对公司来说，毁掉好的声誉带来的损失要大于违约带来的短期利润。同样，企业对名声投资也可以创造剩余：企业允诺的晋升机会，提高工资的承诺，一旦很好地被履行，那么就会吸引更多的优秀员工。如果采取欺骗的手段，企业就不得不用更高的工资来吸引相同质量的员工。

四、正式合约与隐含合约的自我强化

正式合约可以有效地增强隐含合约的可执行性。正式合约包括的不确定事项越少，留给各方在事后争议的剩余也就越少。这就会减少违反关系契约的激励，因为撕毁合约的机会回报变少。当事人一旦违反了正式合约，对于违约者的惩罚也会相应地增加，因为完全合约已经明确列示了其他事项和要求，这就增加了违反正式合约的成本。隐含合约往往是靠双方的认同来实现的，一旦发生违约情况，无法实施处罚，就会给机会主义者带来寻租空间。隐含合约的优势主要体现在正式合约无法约定情况方

面。如果合约具有自我强化功能，那么隐含合约的作用就很明显，它减少了大量的合约执行和监督成本。

案例分析：兰德公司关于教育与培训的研究

美国兰德公司于1986年为美国劳工部做了一次关于教育水平与劳动市场变化关系问题的研究。这项研究主要使用的资料包括：①美国全国当时的人口调查；②全国范围内的纵向调查，这项调查的主要对象是年轻男子、妇女和成年男子；③1980年5月9日所做的美国就业机会试点项目调查，该就业机会试点项目是卡特政府的福利改革展示项目，包括穷人和非穷人家庭，其调查数据是优质的信息来源。

兰德公司的研究成果，肯定了许多关于教育对劳动市场变化影响的基本假设，具体形成了以下一些判断。

（1）在美国当时人口调查的资料中，离校以后存在着广泛的培训，40%的男性和女性说他们在工作中接受过培训，提高了技术水平。

（2）在校受教育水平和离校后的工作培训间存在一些正相关关系。受教育水平高的人，更有可能受到离校后的教育和培训。他们更有可能得到公司培训，这种培训可以增加他们在以后工作中的收入，其他培训（如商业和技术学校的培训）产生的利益则较低。

（3）正式的学校教育对被调查者得到现在的工作起着很大的作用，特别是对那些具有研究生学历的人来说更是如此。但是，具有研究生学历的人在工作后更多的也是接受正规学校的培训，接受其他形式的培训则较少。不过，高技术产业具有研究生学历的人是例外，在那里正规学校不足，非正式的培训对他们来说可能更重要。

（4）兰德公司的研究成果和其他发现一样，肯定了教育投资的较高收益（一般认为达到11%左右）。在高技术产业，教育投资的收益率更高，大学毕业生的收益率是高中毕业生收益率的2~3倍。而在各种形式的培训中，首先公司培训的收益率是最高的，为27%；其次是其他机构提供的培训，为13%；再次是在职培训，为5%。当在校学习对于取得一种职业非常重要时，这种在校学习的收益率也会较高。

（5）在职培训对于不同类型的工人有不同的效果。兰德公司的研究发现：在职培训对受教育水平高的专业技术工人效果很大，但对于一般工人而言，无论是在取得现在的职业方面还是在工作业绩方面都没有什么大的效果。这种区别可能是由于专业技术工人可以把过去学到的理论知识和在职培训中取得的专业技巧结合起来，形成较高的收益。

（6）由受正规学校教育而取得的回报在不断增加，特别是对那些技术变化快的产业拥有大学和研究生学位的人员。但是，离校以后的培训和收入的关系是比较复杂的。任何一定时间的培训在培训以后都会发生收益递减。一般来讲，培训后第一年收入增加11.9%，然后每年增幅递减，到第11年减为零。这些发现表明，为了避免培训效果随着时间的流逝而消失，不断进行新的培训是很重要的。

（7）受教育和培训水平与失业率之间有着紧密的联系，受教育和培训较多的人失业较少。工作的前5年失业的可能性最大，而公司培训在降低失业可能性方面效果最明显。

（8）在教育的平等性和教育对就业及收入的影响方面，撇开受教育程度和其他个人特征，年轻白人男子有比其他类型人员多得多的接受各种培训的机会。非白人男子离校后参加培训的机会明显要少，因而教育在减少他们失业和提高他们收入方面的作用也较小。白人和非白人妇女间却没有显著区别。尽管兰德公司的研究发现，美国当时人口调查资料显示40%的受调查者接受过培训并因此提高了现有的技术水平，就业机会试点项目的资料却显示只有11%的穷人接受过这种培训。而且，也只有很少一部分穷人参加过公司培训，正像前面提到的，这种培训对于减少失业率和增加收入的作用是最大的。

（9）离校后接受的培训越多，在当地劳动力市场上长期失业的可能性就越小。而且，职业妇女和成年男性在接受培训方面存在着正循环，以前接受培训较多的人，较容易有机会接受更多的培训。

资料来源：https://max.book118.com/html/2017/1226/146020201.shtm

案例思考题

1. 兰德公司的研究成果对我们理解人力资本投资和积累有什么启示？
2. 兰德公司在研究结论中提到不同类型人员有不同的受教育培训机会以及不同的收入状况，说明了什么道理？

推荐阅读

Buchmueller T C, Dominitz J, Hansen W L. 1999. Graduate training and the early career productivity of Ph.D. economists. Economics of Education Review, 14（1）: 65-77.

Finegold D, Soskice D. The failure of training in Britain: analysis and prescription. Oxford Review of Economic Policy, 4（3）: 21-53.

Garibaldi P. 2010. Personnel economics in imperfect labour markets. Economic Record, 83（261）: 236-238.

Kandel E, Lazear E P. 1992. Peer pressure and partnerships. Journal of Political Economy, 100（4）: 801-817.

第十一章 劳动关系中的谈判

本章内容及学习目标

在构建和谐劳动关系的过程中,需要考察的一个重要因素是劳动关系双方的谈判力量,谈判力量的均衡程度直接关系到和谐劳动关系的构建。本章主要结合相关文献,从行为视角和结构视角来介绍谈判力量的界定;从介绍力量依赖视角、谈判力量动态系统视角、劳动关系系统视角和集体谈判系统视角介绍谈判力量理论;从谈判力量的成本收益视角和力量依赖视角介绍谈判力量的衡量问题。本章需要掌握谈判力量的相关理论,了解谈判力量的界定与衡量。

第一节 谈判力量的界定

在参考了大量关于谈判力量的定义后,发现对于谈判力量的界定大体可以有两种分类方式。第一种就是根据力量的来源和作用结果来对谈判力量进行界定。也就是说,要么把力量看作一种资源来界定,要么把力量看作一种结果来界定。另外一种划分方式就是按照行为和结构两个视角来对谈判力量进行界定。也就是说,谈判力量是行为的产物,或者是由于一些结构性变量综合作用产生谈判力量。根据相关文献,以及谈判力量系统等相关理论的理解等,本章主要从社会学的两个分支,即行为和结构这两个视角出发来对谈判力量进行归纳。同时,在采用这两个视角进行界定时,不同的学者所强调的重点也有所不同。

一、从行为视角对谈判力量的界定

最早对谈判力量这个词做出经典界定的是 Weber(1947),他认为谈判力量就是尽管在对方拒绝的情况下,仍然能够实现自己愿望的可能性。从定义可以看出,这个概念能够使人很容易了解谈判力量,但是,谈判力量的大小不容易被人衡量。所以后来很多学者在这个定义的基础上给出了具体的解释,当然这些概念的侧重点并不相同,主要可以分为结果论、过程论、行为论及综合论。

张伯伦和库恩（Chamberlain and Kuhn，1965）倾向于从行为产生的结果来研究谈判力量，即从行为产生后给双方造成的成本改变或者付出的代价等做出定义。张伯伦将谈判力量具体界定为"A 的谈判力量是 B 不同意 A 的条款产生的成本/B 同意 A 的条款产生的成本；B 的谈判力量与之相似"（Chamberlain，1955）。张伯伦的成本概念包括经济和非经济成本。他给出这个概念的最大好处是可以提供给我们一个关于衡量谈判力量的可能性。同时在衡量谈判力量大小的同意和拒绝成本包括的范围方面也做出了明确的说明。但是美中不足的地方在于他没有能够将成本的范围具体化和定量化。

张伯伦和库恩（Chamberlain and Kuhn，1965）基于行为结果论来界定谈判力量，并不能清晰地反映出行为是如何影响结果的，以及影响的具体路径是什么。所以，后来的学者基于行为过程视角来界定谈判力量。例如，基普尼斯等（Kipnis et al.，1980）将谈判力量引入谈判过程，主要关注谈判手段。他们认为谈判力量的大小在于谈判手段的能力，并从几个维度来说明谈判手段——压力、合法要求、交换、联盟、逢迎、理性的说服、情感的说服、磋商、个人魅力。

虽然谈判过程是说明谈判力量的一个重要方式，但谈判的前提是谈判双方在关系上具有相互依赖性，否则界定谈判力量没有任何意义。基于此，就产生了行为关系视角下的谈判力量研究。例如，巴卡拉克和劳勒（Bacharach and Lawler，1981）在分析谈判力量时，重点关注参与谈判的双方或者多方相互依赖的关系。为了能够更加明确地对谈判力量做出阐释，他们把谈判力量分成两种情况来进行理解，即总体谈判力量和相对谈判力量。总体谈判力量指的是关系中相互依赖的总和，相对谈判力量为关系中相互依赖的比值。总体谈判力量和相对谈判力量并不相关；同时把谈判力量和谈判手段等联系起来。利普和格里格斯比（Leap and Grigsby，1986）在分析谈判力量的来源和约束时，根据巴卡拉克和劳勒对谈判力量的分类，又把谈判力量具体划分为三类，分别为总体谈判力量、相对谈判力量和绝对谈判力量。绝对谈判力量是衡量某一方谈判力量变化大小的变量。在对谈判力量进行划分后，他们根据谈判时双方总体谈判力量是否发生变化，对谈判力量进行了动态的划分，即把谈判力量分成"非零和"（nonzero-sum）力量（Bacharach and Lawler，1981；Lawler and Bacharach，1986，1987；Lawler et al.，1988）和"零和"（zero-sum）力量这两种概念。"零和"力量这个概念假设谈判双方的谈判力量是一个固定值，谈判双方一方谈判能力的变化会导致另一方相等且相反方向的力量的变化。相反，"非零和"谈判力量的概念表明双方谈判力量的总量不是固定的，而是可变的。因为谈判双方总的谈判力量是不断变化的，双方的谈判力量可以向相同的方向变化，双方都可以提高或降低自己的谈判力量，当然，一方谈判力量保持不变时，另一方也可以增加自己的谈判力量。

综上所述，不管是结果论、过程论还是关系论，其对于谈判力量的界定都具有各自的优势，也具有相应的缺陷。为了较为完整地解释谈判力量，有些学者对谈判力量进行了较为综合性的界定。例如，劳勒（Lawler，1992）在前人研究的基础上，对谈判力量这个概念做出了归纳，他认为谈判力量这个概念一般是通过以下方式来进行界定的：力量是一种影响对手的能力或潜力（Chamberlain，1955；Emerson，1972）；力量是一个寻找影响对手的战术性行动过程（Tedeschi and Bonoma，1972；Blalock，1989；Strauss，1978）；力量是一种影响过程的结果，也就是说，实际的或现实的力量（Willer et al.，1989）；根据这三种定义方式，他从过程视角来对谈判力量进行理解，并把谈判力量分解为三个过程：力量能力、力量运用及实际力量。根据社会交换理论，力量能力取决于谈判环境（Emerson，1972；Cook and Emerson，1978）；力量运用取决于谈判双方所运用的各种谈判手段（Bacharach and Lawler，1981）；实际力量是既定情况下力量运用所产生的现实力量（Cook et al.，1983；Willer et al.，1989）。

二、从结构视角对谈判力量进行界定

邓洛普和希金斯（Dunlop and Higgins，1942）为了给谈判力量做出界定和度量，他首先区分了谈判力量的"决定"概念和"结果"概念（"determining" and "resultant" concepts）。谈判力量的"决定"概念是了解谈判力量和其他影响工资的因素。谈判力量的"结果"概念主要用结果性的工资而不是工资背后的如工人和雇主的偏好、市场条件、纯谈判力量（除了市场外的因素能够得到较好的谈判结果的因素）等其他因素来表达。

纯谈判力量的概念也经常被后人所引用，如 Lindblom（1948）在研究工资和价格中的谈判力量时也用到了纯谈判力量。这个概念的最大贡献之处在于它在解释谈判力量的"决定"因素时，将市场因素和纯谈判力量区分开来。所以，很多学者从结构视角来对谈判力量进行研究时，将谈判力量的结构分为市场性结构和非市场性结构。但这种结构性划分开始并没有明显的界限，而是具有较高的混合性。

例如，French 和 Raven（1959）从谈判参与者的能力、相互关系、法律环境等影响谈判力量的重要相关因素方面给出了界定。具体来讲，他们从五个维度对谈判力量给予界定，认为 A 对于 B 的谈判力量取决于：①A 的报酬力量（reward power）；②A 的惩罚力量（coercive power）；③A 的专长力量（expert power）；④A 的法律力量（legitimate power）；⑤A 的影响力量（influence power）。French 和 Raven（1959）的这五种力量中既包含诸如报酬、专长等市场性结构力量，也包含惩罚、法律等非市场性结构力量。

也有些学者对于谈判力量的结构性界定主要强调非市场性结构方面。其中较为经典的非市场性结构表述方式为沃尔顿和麦克西（Walton and McKereie，1965）的研究。他们在对谈判力量做出理解时，将重点放在了谈判过程中。他们认为谈判过程是影响谈判力量的重要因素，并把谈判过程分成四个子过程：分配式谈判（distributive bargaining）；综合式谈判（integrative bargaining）；态度结构（attitudinal structuring）；组织内部谈判（intraorganizational bargaining）。劳资双方都可以通过对这四个子谈判过程的控制来获得更大的谈判力量。

之后从结构视角来对谈判力量进行研究时，研究者开始将谈判力量的结构分为市场性结构和非市场性结构两类分别给予解释。例如，Ashenfelter 和 Johnson（1969）根据 Flanders（1968）提出谈判力量的大小依赖于：①产品的需求状况、劳动力需求的弹性等客观要素；②风险评估等主观要素。同时他们通过建立模型，分析了目前的失业率、上期谈判结果、上期企业利润等因素对于谈判力量的影响等。

Ashenfelter 和 Johnson（1969）将两种谈判力量的来源明显分为客观性的市场力量和主观性的非市场力量。其中客观性的市场力量不但可以从市场本身来研究，也可以用影响市场的一些经济性资源来表达。例如，Littler（1982）认为劳动者的力量来自"替代性资源"和"组织能力"。如果劳动者的就业信息比较充分，降低流动成本的资源比较丰富（如失业保险等），那么劳动者的"替代性资源"方面的力量就较强。同样，Wright（2000）将工人群体的力量分为"结社力量"（associational power）和"结构力量"（structural power）两个方面。Wright（2000）的"结构力量"相当于 Littler（1982）的"替代性资源"力量，只是"结构力量"偏重于指市场力量和工作场所力量。"结社力量"相当于 Littler（1982）的"组织能力"。

虽然谈判力量的结构可以分为市场性结构和非市场性结构，但在实际的谈判发生后，这两种结构可能发挥的作用不同。例如，Kochan（1980）将对谈判力量理解的侧重点放在了环境变量和内部结构变量上，尤其是放在环境变量上面。他认为谈判力量是环境、组织及管理等方面影响集体谈判结果要素的函数，且影响集体谈判结果的引爆力往往是经济性的环境变量。

第二节 谈判力量理论

一、力量依赖视角

谈判目标的实现依赖于谈判主体的退让，而这种退让程度又取决于谈判成本和谈判价值两个方面，即谈判力量依赖于谈判成本和谈判价值。所以力量依赖理论具体可以细分为"成本"力量依赖和"价值"力量依赖。从"成本"视角来研究力量依赖关系的学者主要有张伯伦、佩恩（Pen）等。从"价值"视角研究力量依赖关系的学者主要包括巴卡拉克和劳勒，以及金姆（Kim）、平克利（Pinkley）、弗拉加莱（Fragale）等。

张伯伦和库恩（Chamberlain and Kuhn，1965）最先从"成本"视角来研究力量依赖关系。张伯伦将谈判力量界定为"A 的谈判力量是 B 不同意 A 的条款产生的成本/B 同意 A 的条款产生的成本；B 的谈判力量与之相似"。后来佩恩（Pen，1952）在张伯伦的研究基础上给予了进一步的扩展。他通过效用函数和风险评估函数来表达谈判成本，这样可以较为准确和客观地评估各种可能成本；然而他仍然采用了张伯伦的比值方法。马布里（Mabry，1965）对此提出了质疑，他认为如果否定成本和同意成本之差是一个负数，那么谈判力量和对方的抵制意愿是没有关系的。所以他将衡量谈判力量的表达式表述为不同意成本和同意成本之差。

与"成本"视角相对应,从"价值"视角进行建模的典型代表是巴卡拉克和劳勒等。巴卡拉克和劳勒(Bacharach and Lawler, 1981)首先将谈判力量分为潜在的谈判力量和现实的谈判力量。由于现实的谈判力量受到多种因素影响,具有很大的不确定性,所以他们主要研究了潜在的谈判力量。其次他们选择了谈判成功后的谈判结果价值和谈判失败后的最优备择方案价值两个变量来建立力量依赖模型。他们将一方的谈判力量通过另一方的谈判结果价值和最优备择方案价值的比值来表示。当比值相等时,双方拥有相同的谈判力量。

该模型说明三个问题:第一,谈判双方可以通过降低自己的依赖,或者提高对方的依赖来提高自己的谈判力量。第二,如果双方都降低自己的依赖,谈判容易陷入僵局。第三,该模型不但体现了相对谈判力量,同时也包括了绝对谈判力量和总体谈判力量。但是由于相对谈判力量和绝对谈判力量在结果的分配机制上存在差别,这直接影响到利用该力量来直接预测谈判结果价值的准确性。

对此,金姆等(Kim et al., 2005)提出了两阶段法。首先,要保证谈判关系得以维系,必须满足的一个条件是谈判者从谈判中获得的价值不低于其最佳次优化选择的价值。其次,如果双方进行谈判,相对于不进行谈判而言,会有一个增加价值,他们将这个数值称为"价值剩余"。此时谈判力量由谈判者对"价值剩余"的贡献大小决定。谈判者依据谈判力量,围绕"价值剩余"来进行分配。

对"成本"派和"价值"派的力量依赖理论进行对比不难发现,"成本"这个概念在谈判力量中很明显体现了一种依赖关系,双方强调的是一种对立,或者说是一种冲突,所以"成本"派的力量衡量方式主要运用在分配性的谈判中,更强调相对的谈判力量。而在"价值"派的力量依赖理论中,不但强调相对谈判力量,也关注绝对谈判力量,进而强调总体性的谈判力量,并更多地运用在综合性的谈判中。

二、谈判力量动态系统视角

谈判力量不但有依赖属性,还有动态属性。也就是说,谈判力量随着谈判力量使用手段、信息的获取数量、信息的转化程度、双方的谈判时间等的不同而变化。同时,谈判力量还具有系统性的特征,它不单一地取决于某一个因素,而是受多种因素的影响和决定。所以,学者通常通过动态性的系统来研究谈判力量。在实际的研究中,不同学者对谈判力量动态系统的关注点以及研究的系统所涉及的范围有着明显的不同:突出过程系统的典型代表是沃尔顿和麦克西,突出力量改变系统的典型代表是基普尼斯等,突出力量的输入、转化、输出整体系统的典型代表是金姆、平克利和弗拉加莱等。

沃尔顿和麦克西(Walton and McKereie, 1965)主要关注谈判过程系统,他们把谈判过程分为四个子过程:分配式谈判、综合式谈判、态度结构、组织内部谈判,这四个过程直接影响到谈判的难易程度和谈判结果。虽然他们没有将谈判力量作为一个研究变量明确提出来,但却从谈判的难易程度方面间接地表达了对谈判力量的探讨。

较早突出谈判力量的改变并进行系统研究的学者是基普尼斯等。基普尼斯等（Kipnis et al.，1980）认为谈判力量的大小在于谈判策略的能力，他从九个维度来说明谈判策略——压力、合法要求、交换、联盟、逢迎、理性的说服、情感的说服、磋商、个人魅力。他虽然研究了谈判力量的使用过程，突出了谈判力量的动态，但却把谈判力量的研究范围局限在了力量改变这个子系统中。

后来，劳勒（Lawler，1992）从概念上扩大了对于谈判力量动态系统的研究。他在前人研究的基础上，对谈判力量概念进行了归纳。他认为谈判力量一般可通过以下三种形式来界定：力量是一种影响对手的能力或潜力；力量是一个寻找影响对手的战术性行动过程；力量是一种影响过程的结果。继而他把谈判力量分为力量能力、力量运用及实际力量三个部分，即把谈判力量作为一个输入、转化、输出系统来研究。

金姆等（Kim et al.，2005）在劳勒研究的基础上，把谈判力量动态系统划分为三部分：力量认知、力量手段和现实力量。在该谈判力量系统框架下，他们把力量手段区分为力量使用手段和力量改变手段两个方面。由于力量使用手段主要是增强目前谈判力量的方式，而力量改变手段主要是寻找能够改变双方力量关系的方式，尤其是提高自己相对于对手的力量，所以他们认为在综合性的谈判中更倾向于采用力量使用手段；在分配性的谈判中，更倾向于采用力量改变手段。

从谈判力量动态系统的研究发展历程来看，研究谈判力量系统的外延在不断扩大，更加突出谈判力量这个变量的系统属性。一方面，虽然动态系统理论和力量依赖理论都是从谈判关系视角出发研究谈判力量，但是由于谈判力量动态系统研究范围的不断扩大，以及其对于动态属性的强调，使其有别于力量依赖理论。另一方面，在力量转化方面，动态系统理论需要采用力量依赖理论来解释，所以力量依赖理论为谈判力量动态系统理论提供了基础的理论支撑。

三、劳动关系系统视角

较早研究劳动关系系统的学者是邓洛普，邓洛普（Dunlop，1957）从系统论的视角分析了劳动关系，在他研究的劳动关系系统中，主要包括技术、市场或预算约束、主体的地位和力量关系，但是对于谈判力量这个重要的变量没有进行明确的界定和研究。针对邓洛普研究的不足，很多学者从劳动关系系统的视角来研究谈判力量。由于劳动关系是经济、社会、政治等系统的交叉领域，所以从劳动关系系统视角来研究劳动关系的学者具有不同的研究理论背景。其中具有社会学背景的典型代表是柯克布赖德（Kirkbride），具有经济学背景的典型代表是布斯（Booth）、里斯（Rees）等。

Kirkbride 和 Durcan（1987）利用主体地位、主体意识形态、主体资源、主体资源的前分布、主体行动、主体行动结果等要素构建了一个劳动关系系统，在此系统下讨论谈判力量。在该框架下，他们认为某些资源是谈判力量的重要来源，因为对某种资源的拥有代表着谈判力量。而这些资源分布取决于劳动者或管理方的地位，进而取决于一定的社会意识形态；同时，意识形态不但会通过影响劳动者和管理方的地位间接地影响资源分布，还可以通过立法的形式来直接影响双方谈判力量的资源分布。另外，为了研究资源所赋予的力量的转化过程、资源被调动的方式及调动的规则等，柯克布赖德增加了对于行为的研究。这种行为可以以作为的积极方式来体现，也可以以不作为的消极方式来体现。不管是采用哪种方式，这些行为并不是根据谈判结果来设计的，而是以加强或重新制造有利于自己的资源为目的。

柯克布赖德模型很明显受到劳动过程控制论的影响。海曼（Hyman，1975）把劳动关系定义为研究控制工作关系的过程，即控制个体或群体的心理或社会环境的能力被看作力量；布鲁雷弗曼（1973）从劳动过程的视角来解释劳资双方谈判力量的改变，他把劳动者丧失自己力量的原因归为三个方面：劳动过程和技术分离；概念和执行分离；标准化劳动过程。爱德华（Edwards，1978）从技术方面来阐述雇主对劳动者的控制。与柯克布赖德模型不同，爱德华研究的基点是把劳动关系系统看作社会系统中的一部分，从社会系统的视角来研究劳动关系这个子系统的谈判力量，而不仅仅局限于劳动过程。

然而，由于劳动关系系统是多种系统的综合体，所以在劳动关系系统的谈判力量研究中也存在着多种视角。很多学者把劳动关系系统的谈判力量放在经济系统中进行研究，其中布斯的研究明显地突出了谈判力量系统性、经济性的特点。

布斯（Booth，1995）主要研究了劳动关系主体的资源、劳动关系主体的行为，以及劳动关系主体的行为结果。根据布斯的研究逻辑不难发现：劳动关系系统中影响谈判力量的要素在很大程度上要通过市场来发挥作用。其研究逻辑如下。

谈判力量发挥作用的前提是企业要有剩余。在该前提下，谈判力量首先源于垄断。以劳动者为例，垄断是劳动者抵制管理方采用罢工替代的有效手段，它可以使罢工更有力量。这种垄断的形成主要是通过高工会密度和劳动供给的控制所形成的。其次，谈判力量源于劳动需求的工资弹性。劳动需求的工资弹性越大，劳方的谈判力量越弱，管理方的谈判力量就相对越强。

另外，布斯以"一个前提，两个来源"为逻辑主线，研究了管理权模型、效率合约模型及学徒制度等，进而解释了垄断对于谈判力量的影响。布斯（Booth，1995）和里斯（Rees，1989）通过研究工会标签、次级抵制等来探讨对劳动需求的工资弹性的影响。这些活动最终以限制产出、限制劳资要素使用比例等方式影响谈判力量的现实转化。

从布斯等的研究中不难发现，他们把谈判力量的转化关键点放在了市场上，而非通过力量依赖来改变。这种方法强调了市场经济力量对于谈判力量的重要性，使市场成为劳动关系系统和劳动关系中谈判力量产生相互影响的主要中介。

四、集体谈判系统视角

前文所讨论的谈判力量理论，既适用于个体谈判，也适用于集体谈判。由于经济社会的转型，我国劳动关系正在从个别劳动关系向集体劳动关系转型。为了能够更好地聚焦在集体谈判层面上，反映集体谈判系统对于集体谈判力量的影响，本部分主要从集体谈判的视角出发来讨论集体谈判力量。对研究集体谈判力量有突出贡献的学者有奥尔森、高尔曼（Gorman）、利普和格里格斯比等。

关于集体谈判力量的研究可以追溯到 1965 年奥尔森教授的《集体行动的逻辑》一书。他在该书中主要提出了集团理论、有选择性的激励理论等，并利用集团理论对工会进行分析（Olson，1965）。该书对于今后研究集体谈判，尤其是集体力量提供了重要的理论基础。此后，高尔曼（Gorman，1976）从集团理论出发分析了集体谈判单位对于谈判力量的影响。

较早明确地从集体谈判系统来研究集体谈判力量的学者是利普和格里格斯比（Leap and Grigsby，1986）。他们以巴卡拉克和劳勒建立的力量依赖模型为起点，对集体谈判力量系统进行描述。在该集体谈判系统中，他们主要考虑了谈判力量的来源、谈判力量的转化、使用类型、行动手段及谈判结果等。

首先，利普和格里格斯比认为潜在谈判力量的来源包括三种：不可控资源、长期内可控资源、短期内可控资源。其次，潜在谈判力量向现实谈判力量转化过程中受到转换因素的影响。根据"价值"派的力量依赖模型，这些转换因素主要包括：谈判成功后的谈判结果的价值、谈判失败后最佳备选方案价值及谈判信息的可获得性。最后，由于潜在谈判力量转化的方式不同，最终影响到不同类型的谈判力量的使用，即相对谈判力量、绝对谈判力量、总体谈判力量的使用，最终导致行动手段有很大的差异，进而产生不同的集体谈判结果。

该模型说明集体谈判既是一个力量关系又是一个转换关系；同时它表明了潜在谈判力量的来源要素通过转化关系对谈判力量类型产生影响，进而突出了谈判力量的类型对最终行动手段的影响。然而这些谈判力量的来源是处于不同层次的，如果根据可控性来划分，标准具有一定的模糊性。同时，该模型没有突出劳动关系主体。谈判力量不但跟劳动关系主体本身所拥有的谈判力量资源有关，还和主体之间的关系、历史、战略等有密切的联系，这些将会导致不同的谈判力量类型的使用。

所以，Katz 等（2008）提出了一个"三层次"的集体谈判分析框架弥补了该模型的不足。他们把集体谈判的三个层次和产业关系的三个层次对应起来进行研究，从而更加清晰地反映出不同层次的结构和策略对于集体谈判力量的影响。同时能够将谈判策略理论、谈判结构理论、谈判过程理论等包含进该框架进行考虑，为今后进行谈判力量系统研究提供了基础性的研究框架。

第三节　谈判力量的衡量

很多学者从不同的视角对谈判力量进行了衡量，也找出来一些对谈判力量进行测量的表达方式，综合以前学者的研究，他们大致从以下三个视角来对谈判力量进行衡量。首先是一些经济学者，尤其是劳动经济学领域的学者，大都从成本收益的视角来对谈判力量进行研究。在此研究领域，根据他们研究方法的差异，具体可以分为静态和动态两种衡量方式。还有一些社会学领域学者，他们从人与人之间的关系视角，或相互依赖的视角来对谈判力量进行衡量。下面主要从成本收益视角及力量依赖视角来对谈判力量的衡量进行归类。

一、谈判力量的成本收益视角分析

根据对谈判力量的衡量过程的考虑，有的分析只是考虑单次的谈判过程，没有考虑此次谈判过程中谈判力量对于下轮谈判过程的影响。所以从这个视角，笔者将谈判力量的衡量分析理论分为静态和动态两个方面。

（一）谈判力量的静态衡量分析

张伯伦和库恩是对集体谈判力量较早进行研究的学者之一，他们对谈判力量衡量的方法也普遍地为后来学者所接受，他们从谈判力量双方当事人的成本和收益视角来进行分析，将谈判力量定义为确保对手同意自己条件的能力（Chamberlain and Kuhn, 1965）。通过对方拒绝和同意自己的预期成本来表达谈判力量。假如谈判双方为 A 和 B，那么他们的谈判力量可以用下面的式子来表达：

$$A的谈判力量 = \frac{B拒绝A的条件的预期成本}{B同意A的条件的预期成本}$$

$$B的谈判力量 = \frac{A拒绝B的条件的预期成本}{A同意B的条件的预期成本}$$

麦克南等（2004）在讨论劳方和资方之间的谈判力量时，将资方的拒绝成本看作不同意劳方而产生罢工导致的利润受损，同意的成本是支付高工资带来的利润减少。劳方拒绝的成本是罢工期间的工资收入损失，同意的成本是工资收入的降低。

利普和格里格斯比（Leap and Grigsby, 1986）将同意或拒绝成本划分为直接成本（如生产率损失、销售损失）、二次成本（为未来的谈判开了一个不好的先例）及心理成本（原则问题或面子问题等）。他们认为如果各种成本都能够以不同的方式来评估，那么同意和拒绝成本就可以被决定。

后来佩恩在张伯伦研究的基础上给予了进一步的扩展。为了把心理成本等考虑进去，更准确地衡量成本概念，佩恩采用了效用函数的形式来表达谈判力量。由于很多成本的发生只是一个预期成本，具有很大的不确定性，所以在衡量成本的过程中，又加入了概率评估函数。他的谈判力量模型可以用下式来表达。

劳方的谈判力量为

$$\phi_L \left(\frac{L(w_1) - L(w)}{L(w_1) - L_C} \right) - F_1 \left[E(w) - E_C \right] \begin{array}{c} > \\ = \\ < \end{array} 0$$

雇主的谈判力量为

$$\phi_E\left(\frac{E(w_e)-E(w)}{E(w_e)-E_C}\right)-F_e\left[L(w)-L_C\right] \begin{matrix}>\\=\\<\end{matrix} 0$$

（1）$L(w_1)-L(w)$=劳方同意的成本（接受资方给予的工资出价所发生的效用损失）。

（2）$L(w_1)-L_C$=劳方不同意的成本（劳方的期望获得与发生冲突后的获益的效用差异）。

（3）$E(w)-E_C$=雇主抵制意愿（资方在谈判时，用冲突前的资方效用减去冲突后的资方效用）。

所以谈判力量模型可表达为

$$\phi_{L(E)}\left(\frac{\text{同意成本}}{\text{不同意成本}}\right)-F(\text{对方的抵制意愿}) \begin{matrix}>\\=\\<\end{matrix} 0$$

其中，$\phi_{L(E)}$ 代表劳方或资方的风险评估要素函数。$L(w_1)$ 或 $E(w_e)$ 代表劳方或资方的期望工资的效用函数，$L(w)$ 或 $E(w)$ 代表当前能够给予的工资水平的双方的效用，L_C、E_C 代表发生冲突后给予工资的双方效用，F_1、F_e 代表劳方和资方的抵制风险要素评估函数。

根据上式，当双方的同意成本与不同意成本的比值等于对方的抵制意愿的评估值时，双方就达成了和解。

马布里（Mabry，1965）认为佩恩的模型虽然在最后的形式上和张伯伦的模型有相同之处，但是却有了很大的进步。然而他认为佩恩只考虑了工资和源自工资水平的满意度之间的函数关系，没有考察和工资水平相关的不满意水平，因此也就没有能够得出相关的净收益函数。所以他认为这是佩恩模型的缺陷。同时，马布里（Mabry，1965）认为佩恩的平衡条件是不正确的。一部分原因是对谈判力量的错误理解，另一部分原因是对公式的不正确表达，张伯伦也犯了类似的公式表达错误。他认为不应该用比值这样的表达方式，而应该用净收益的方式来表示：

$$\phi(\text{不同意成本}-\text{同意成本})$$

如果上式净收益函数是一个负数，那么谈判力量和对方的抵制意愿是没有关系的。只有在净收益函数等于零的情况下，才需要和对方的抵制意愿进行比较。因此，马布里（Mabry，1965）将佩恩的公式重新定义为

$$\phi(\text{不同意成本}-\text{同意成本})=0 \geqslant F(\text{抵制意愿})$$

如果双方都认为这个关系成立，将会满足协议的达成。

Cheng（1968）利用资方和劳方的工资效用函数来说明双方的谈判力量。他假设 w_i 代表资方所提供的工资曲线，w_j 代表劳方要求的工资曲线。如果最终双方能够达成 $w_i = w_j$，那么就可以不发生罢工。如果最终双方没有达成一致，也就是 $w_i < w_j$，那么罢工发生的条件就会产生，用 v 来代表罢工的条件或"威胁点"（threat point），根据张伯

伦对于谈判力量的定义，以及佩恩对于谈判力量采用效用方式的衡量方法，得出，资方将 $u_1(w_j)-u_1(v)$ 视为拒绝劳方提出要求的成本；$u_1(w_i)-u_1(w_j)$ 视为同意劳方提出要求的成本。

根据张伯伦对于谈判力量的定义，劳方在 w_i、w_j 点的谈判力量为

$$\chi_2 = \frac{u_1(w_j)-u_1(v)}{u_1(w_i)-u_1(w_j)}$$

同样，资方的谈判力量为

$$\chi_1 = \frac{u_2(w_i)-u_2(v)}{u_2(w_j)-u_2(w_i)}$$

同时，为了能够更直接地表达谈判力量的概念，Cheng 利用倒数的关系来具体表达。如果 $\chi_2 > \chi_1$，即

$$\chi_2 = \frac{u_1(w_j)-u_1(v)}{u_1(w_i)-u_1(w_j)} > \chi_1 = \frac{u_2(w_i)-u_2(v)}{u_2(w_j)-u_2(w_i)}$$

也就是

$$\frac{u_2(w_j)-u_2(w_i)}{u_2(w_i)-u_2(v)} > \frac{u_1(w_i)-u_1(w_j)}{u_1(w_j)-u_1(v)}$$

$$令\ \chi_2' = \frac{u_2(w_j)-u_2(w_i)}{u_2(w_i)-u_2(v)}$$

$$\chi_1' = \frac{u_1(w_i)-u_1(w_j)}{u_1(w_j)-u_1(v)}$$

那么，如果 $\chi_2 > \chi_1$，也就是说，$\chi_2' > \chi_1'$，即 χ_2'、χ_1' 分别代表劳方和资方的谈判力量。$u_2(w_j)-u_2(w_i)$ 代表劳方谈判成功时获得的净收益，$u_2(w_i)-u_2(v)$ 代表劳方谈判失败时所付出的净成本。从衡量方法来看，Cheng 和佩恩都采用了效用函数的方式来表达谈判力量，而差别在于：佩恩采用了同意成本和拒绝成本来表示谈判力量，而 Cheng 采用了谈判获得成功的净收益与谈判失败的净成本来表示谈判力量。Cheng 在衡量谈判力量的不足之处时和张伯伦一样没有将对方的抵制意愿考虑在内。

（二）谈判力量的动态衡量分析

Saraydar（1971）根据佩恩的模型及谈判力量的思想，对佩恩的模型进行了改进，他把谈判力量放在多轮的谈判过程当中，每一轮的谈判力量都会随着双方做出的让步程度发生变化，同时，他采用罢工发生的概率来衡量双方的谈判力量。首先他假定在第 i 轮的谈判中工会要求的工资率为 w_i^1，由于资方不同意而发生概率的可能性为 r_i^1，S^1 表示罢工给工会带来的效用。L_i^1 表示在第 i 轮谈判中从所要求的工资 w_i^1 中得到的效用，L_i^m 表示资方在第 i 轮谈判让步的工资水平 w_i^m 中获得的效用。所以在第 i 轮谈判中工会获

益的期望值为

$$\left[\left(1-r_i^1\right)L_i^1 + r_i^1 S^1\right] - L_i^m$$

他假定工会罢工获得的效用为零，即 $S^1=0$，从上式可以得出 r_i^1 的最大值为

$$r_{\max i}^1 = 1 - L_i^m / L_i^1$$

同理，可以得到资方不同意的概率：

$$r_{\max i}^m = 1 - M_i^1 / M_i^m$$

其中，M_i^m 表示资方在第 i 轮谈判让步的工资水平 w_i^m 中所获得的效用；M_i^1 表示资方在第 i 轮谈判中从工会要求的工资水平 w_i^1 中获得的效用。

从上述公式中可以发现，随着谈判的进行，在资方不断做出让步的情况下，劳方的力量在不断地减弱，资方的力量在不断地增强。

Lauringson（2010）在衡量谈判力量时，利用谈判双方的起初报价来对谈判力量做出衡量。假定在谈判过程中有三个谈判周期，在每个谈判周期，双方的起初位置会随着谈判的达成逐步出现交合。在下一个谈判周期谈判双方都有一个新的起初位置，工会的要求要比达成协议的前一轮更高。雇主给出的报价会更少，但是也会比前一轮谈判报价要高，如图11-1所示。

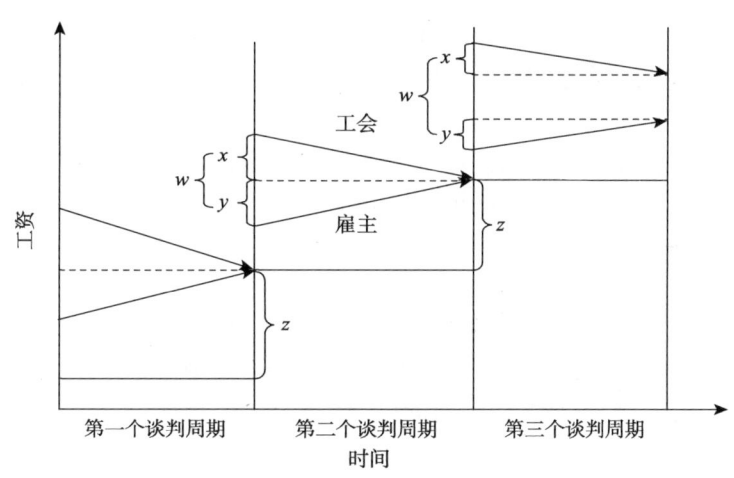

图 11-1　谈判力量变化示意图

资料来源：Lauringson（2010）

在图 11-1 中，w 代表双方的起初要价差距，x 表示工会做出的让步，y 表示雇主所能做出的让步。如果能够达成协议，那么雇主和工会双方的谈判力量总和应该与起初要价相等（即 $w=x+y$）。如果双方的谈判力量之和小于起初要价，那么协议就不能达成。Lauringson（2010）根据该模型给出了双方谈判力量的衡量模型：

雇主的谈判力量=y/w

工会的谈判力量=x/w

该模型的最大缺陷在于雇主和工会有可能采用虚张声势的策略，使得谈判力量得

到高估或者低估。如果谈判协议达成，双方的谈判力量可以采用上述表达式来衡量，但是，如果谈判协议没有达成，那么雇主的谈判力量就要高于采用上述公式计算出来的数值。

二、力量依赖视角分析

Weber（1947）认为谈判力量就是在对方拒绝的情况下，仍然能够实现自己愿望的可能性。通过 Weber 的定义可以看出，要对力量这个词做出界定和衡量，必须把它放到一个社会系统中，考虑人与人之间的相互影响。如果说 A 是有力量的，A 却从属于 B，那么就显得很空洞，这时候必须有一个相对的参照物，也就是说，A 相对于谁有力量。

所以 Emerson（1962）首先从依赖的视角来对力量进行研究。假设 A 对于 B 的力量可以用 Pab 表示，B 对于 A 的力量可以用 Pba 表示，同时 A 对于 B 的依赖用 Dab 表示，B 对于 A 的依赖用 Dba 来表示，那么 A 对于 B 的力量（Pab）可以用 B 对于 A 的依赖（Dba）来表示，B 对于 A 的力量（Pba）可以用 A 对于 B 的依赖（Dab）来表示，具体如下：

$$Pab = Dba\ ;\ Pba = Dab$$

同时，对于力量的平衡方面，也可以采用上面的式子来进行表达，如果 A 与 B 之间的力量是平衡的，那么就意味着 Dba 与 Dab 相等，也就是说，A 对于 B 的依赖和 B 对于 A 的依赖程度是相同的，同时也表明了 A 对于 B 的力量和 B 对于 A 的力量是相同的。

在 Emerson 的力量依赖关系的研究理论基础上，巴卡拉克和劳勒（Bacharach and Lawler, 1981）把力量依赖理论运用于谈判力量的衡量上。他们运用该理论表达了谈判双方的潜在谈判能力。该模型规定一方的力量是另一方依赖的函数，该函数随着谈判结果对另一方价值的大小而改变。结果价值被看作所涉及结果的重要性，而不是结果的大小。A 对于 B 的依赖取决于 A 自己的情况（A 自己的最佳的备选方案和谈判结果价值），B 对于 A 的依赖取决于 B 自己的情况（B 自己的最佳的备选方案和谈判结果价值）。巴卡拉克和劳勒（Bacharach and Lawler, 1981）采用谈判结果的价值以及最佳的备选方案的价值两个变量的比值来代表谈判力量的大小。若双方的这两个方面的比值相等，就意味着二者有相同的谈判力量。

金姆等（Kim et al., 2005）对巴卡拉克和劳勒的这种力量的衡量方法提出了质疑，认为这样衡量出来的谈判力量是不够确切的。如果双方从谈判结果中得到的价值相同，同时，在不能达成协议的时候，他们的最佳备选方案的价值也都相同，对于依赖这两个方面的比值都是 1，二者的谈判力量相同。但是巴卡拉克和劳勒采用比值的含义并不局限于这两个方面都相等，在这两个方面不相等的情况下，也可能出现相同的比值，如果 A 的谈判结果的价值是 110，备选方案的价值是 100，而 B 的谈判结果价值是 220，而备选方案的价值是 200，那么根据比值的结果，A 和 B 的谈判力量也是相同的。

平克利等（Pinkley et al., 1994）在探讨动态谈判中替代解决方案的影响时，提出了基于谈判力量的分配理论，也就是说，如果双方的谈判力量相同，那么双方分配的成果也是相同的。

根据平克利等（Pinkley et al., 1994）的谈判力量理论，二者就应该具有相同的谈判结果，所以二者最终得到的结果应该是（110+220）/2=165。而如果双方按 165 这样的结果来看的话，那么 A 是愿意进行谈判的，而 B 则是不愿意进行谈判的，因为如果 B 不谈判，他所能得到的最低保守的价值应该是 200，所以这种按照比例来说明谈判力量的方法并不确切。

在对巴卡拉克和劳勒的比值衡量方法提出质疑之后，金姆等提出了谈判力量是由两个条件决定的。首先，要保证 A、B 双方能够进行谈判，那么必须保证双方都能够获得价值不低于二者的最佳次优化选择的价值。其次，如果双方进行谈判，相对于不进行谈判而言，有一个增加值，他们将这个数值称为"价值剩余"，双方在进行谈判的时候是依据双方的谈判力量，围绕着"价值剩余"来进行分配的。此时二者的谈判力量由对于"价值剩余"的贡献大小来决定。

同时，力量依赖理论表明了有两种方式来提高谈判双方结构性力量底线，即通过降低自己的依赖，或者提高对方的依赖。如果随着谈判的进行，双方都降低自己的依赖，如都开拓自己备选方案的来源，那么相互依赖降低，由此而产生的冲突性问题就显得很突出，谈判中的问题也就很难解决。此种情况下谈判很容易陷入僵局。如果双方提高对方对自己的依赖，同样也会使谈判向着冲突性的方向发展。总之，双方对于力量依赖变量的控制和备选预案的拓展等不同方式的选择，最终导致的结果是双方是综合性谈判还是非综合性谈判的关系（Lawler and Bacharach, 1986），这种关系突出了谈判力量的两种关系，即总体谈判力量和相对谈判力量。

劳勒（Lawler, 1992）随后通过力量依赖理论，研究了相对谈判力量和总体谈判力量在力量依赖关系中所起的作用以及对二者的作用进行了相应的实证分析。研究发现，力量依赖和让步性行为在相对依赖力量保持不变的情况下，总体依赖越高，就越能够促进双方的让步情况的发生，也更容易达成分配性问题的协议。当双方的备选方案比较差时，双方最终做出的让步要比较高。此外，在谈判条件相似的情况下，协议的达成率比较高，一般超过 50%。最终劳勒（Lawler, 1992）认为，从总体上而言，力量依赖是支持总体谈判力量假设的。相对谈判力量在力量依赖模型中的影响相对比较复杂，早期的研究主要是把重点放在力量依赖和让步性行为上面，但双方有平等的力量的情况下要比不平等的力量的情况下更容易达成协议。后来的一些研究把力量的依赖和力量的惩罚形式联系起来，在双方的力量依赖和惩罚能力相同的情况下，以及相互依赖比较高的情况下（Conlon et al., 2014），也得出了上述结论。

三、成本收益视角与力量依赖视角研究对比

在研究劳动关系谈判力量中，出现了成本收益视角和力量依赖视角两个学派。很明显，基于成本收益视角的研究是以经济系统为背景，利用经济学的观点来对绝对谈判力量、相对谈判力量、总体谈判力量进行考察，且能够明确地表达出抵制意愿发生的条件以及抵制意愿的大小。力量依赖视角是以社会系统为背景，利用社会学等的观点来考察

谈判力量，且对相对谈判力量给予较好的衡量。成本收益视角和力量依赖视角研究的优劣势可以用表 11-1 进行简单表达。

表 11-1　成本收益视角与力量依赖视角研究对比

分析视角	优势	劣势
成本收益视角	从经济学背景出发，使得谈判力量概念有了得到测量的可能，且对绝对谈判力量、相对谈判力量和总体谈判力量均可衡量。不但如此，还可以衡量谈判抵制意愿发生的条件以及抵制意愿的大小	对成本和收益的计算比较困难，很多因素难以量化，最终无法准确地衡量谈判力量。尤其是在引入概率和效用概念之后，该方法对于谈判力量的衡量更加困难
力量依赖视角	从社会学背景出发，通过人与人之间的依赖关系，更容易清晰地表达出相对谈判力量的来源并对此进行较为准确的衡量，更形象地表达了谈判过程中由于双方的行为而导致的谈判力量变化。且引入了"剩余价值"分配问题	力量依赖理论仅仅从人与人之间的关系视角来表达谈判力量，忽略了人本身的效用问题，更没有清晰地表达出谈判中抵制意愿大小的问题

推荐阅读

布鲁雷弗曼 H. 1973. 劳动与垄断资本. 方生，朱基俊，吴忆萱，等译. 北京：商务印书馆.

Bacharach S B, Lawler E J. 1981. Power and tactics in bargaining. ILR Review, 34（2）：219-233.

Booth A L. 1995. The Economics of the Trade Union. Cambridge：Cambridge University Press.

Dunlop J T. 1993. Industrial Relations Systems. Boston：Harvard Business School Press.

参 考 文 献

布鲁雷弗曼 H. 1973. 劳动与垄断资本. 方生，朱基俊，吴忆萱，等译. 北京：商务印书馆.

亨德里克斯 G. 2007. 组织的经济学与管理学. 胡雅梅，张学渊，曹利群译. 北京：中国人民大学出版社.

今井贤一，伊丹敬之，小池和男. 2004. 内部组织的经济学. 金洪云译. 北京：生活·读书·新知三联书店.

麦克南 C R，布鲁 S L，麦克菲逊 D A. 2004. 当代劳动经济学. 刘文，赵成美，连海霞译. 北京：人民邮电出版社.

Abbott A. 1988. The System of Professions: An Essay on the Division of Expert Labor. Chicago: University of Chicago Press.

Acemoglu D, Pischke J. 1999. The structure of wages and investment in general training. Journal of Political Economy, 107 (3): 539-572.

Aggarwal R K, Samwick A A. 1999. Executive compensation, strategic competition, and relative performance evaluation: theory and evidence. The Journal of Finance, 54 (6): 1999-2043.

Alewell D. 1996. Zum Verhältnis von arbeitsökonomik und verhaltenswissenschaften. Die Betriebswirt-schaft, 56 (5): 667-683.

Altonji J G, Shakotko R A. 2002. Do wages rise with job seniority? Review of Economic Studies, 54 (3): 437-459.

Andersson F, Freedman M, Haltiwanger J, et al. 2009. Reaching for the stars: who pays for talent in innovative industries? The Economic Journal, 119 (538): F308-F332.

Ashenfelter O, Johnson G E. 1969. Bargaining theory, trade unions, and industrial strike activity. The American Economic Review, 59 (1): 35-49.

Autor D H. 2001. Why do temporary help firms provide free general skills training? Quarterly Journal of Economics, 116 (4): 1409-1448.

Bacharach S B, Lawler E J. 1981. Power and tactics in bargaining. ILR Review, 34 (2): 219-233.

Backes-Gellner U. 1995. The role of regulation for corporate training strategies//Mulder M, Nijhof W, Brinkerhoff R O. Corporate Training for Effective Performance. Boston: Kluwer.

Backes-Gellner U. 1996. Betriebliche Bildungs-und Wettbewerbsstrategien im Deutsch-britischen Vergleich. München und Mering: Rainer Hampp.

Barley S R. 1986. Technology as an occasion for structuring: evidence from observations of CT scanners and

the social order of radiology departments. Administrative Science Quarterly, 31 (1): 78-108.
Barley S R. 1989. Careers, identities, and institutions: the legacy of the Chicago School of Sociology//Arthur M B, Hall D T, Lawrence B S. Handbook of Career Theory. New York: Cambridge University Press.
Barro J R, Barro R J. 1990. Pay, performance, and turnover of bank CEOs. Journal of Labor Economics, 8 (4): 448-481.
Becker G S. 1964. Human Capital. New York: Columbia University Press.
Beer M, Cannon M D, Baron J N, et al. 2004. Promise and peril in implementing pay-for-performance. Human Resource Management, 43 (1): 3-48.
Bernhardt D. 1995. Strategic promotion and compensation. The Review of Economic Studies, 62 (2): 315-339.
Blalock H M, Jr. 1989. Conflict and Power. Los Angeles: Sage Publications.
Bloom N, van Reenen J. 2007. Measuring and explaining management practices across firms and countries. The Quarterly Journal of Economics, 122 (4): 1351-1408.
Boning B, Ichniowski C, Shaw K. 2001. Opportunity counts: teams and the effectiveness of production incentives. National Bureau of Economic Research Working Paper, No. 8306.
Booth A L. 1995. The Economics of the Trade Union. Cambridge: Cambridge University Press.
Chamberlain N W. 1955. A General Theory of Economic Process. New York: Harper & Row.
Chamberlain N W, Kuhn J W. 1965. Collective Bargaining. 2nd ed. New York: McGraw-Hill.
Cheng P L. 1968. Wage negotiation and bargaining power. ILR Review, 21 (2): 163-182.
Coase R H. 1937. The nature of the firm. Economica, 4 (16): 386-405.
Commons J. 1934. Institutional Economics: Its Place in Political Economy. New York: Macmillan.
Conlon D, Pinkley R L, Sawyer J. 2014. Getting something out of nothing: reaping or resisting the power of a phantom BATNA//Ashkanasy N M, Ayoko O B, Jehn K E. Handbook of Research in Conflict Management. Cheltenham: Edward Edgar Publishing.
Cook K S, Emerson R M. 1978. Power, equity and commitment in exchange networks. American Sociological Review, 43 (5): 721-739.
Cook K S, Emerson R M, Gillmore M R, et al. 1983. The distribution of power in exchange networks: theory and experimental results. The American Journal of Sociology, 89 (2): 275-305.
Coupe T, Smeets V, Warzynski F. 2003. Incentives in Economics Departments I: Dynamic Incentives of Top Economists. Brussels: Mimeo.
Coyle-Shapiro J. 1999. Employee participation and assessment of an organizational change intervention: a three-wave study of total quality management. The Journal of Applied Behavioral Science, 35 (4): 439-456.
Dunlop J T. 1942. Wage policies of trade unions. The American Economic Review, 32 (1): 290-301.
Dunlop J T. 1957. The Theory of Wage Determination. London: Palgrave Macmillan.
Dunlop J T. 1993. Industrial Relations Systems. Boston: Harvard Business School Press.
Dunlop J T, Higgins B. 1942. Bargaining power and market structure. Journal of Political Economy, 50 (1):

1-26.

Edwards C. 1978. Measuring union power: a comparison of two methods applied to the study of local union power in the coal industry. British Journal of Industrial Relation, 16 (1): 1-15.

Emerson R M. 1962. Power-dependence relations: two experiments. American Sociological Review, 27 (3): 282-298.

Emerson R M. 1972. Exchange theory part I: a psychological basis for social exchange//Berger J, Zelditch M, Anderson B. Sociological Theories in Progress. Boston: Houghton Mifflin.

Farber H S, Gibbons R. 1996. Learning and wage dynamics. Quarterly Journal of Economics, 111 (4): 1007-1047.

Finegold D, Soskice D. 1988. The failure of training in Britain: analysis and prescription. Oxford Review of Economic Policy, 4 (3): 21-53.

Flaherty C N. 2007. The effect of tuition reimbursement on turnover: a case study analysis. National Bureau of Economic Research Working Paper, No. w12975.

Flanders A. 1968. Collective bargining: a theoretical analysis. British Journal of Industrial Relations, 6 (1): 1-26.

French J R P, Jr, Raven B H. 1959. The bases of social power//Cartwright D. Studies in Social Power. Ann Arbor: Institute for Social Research.

Garibaldi P. 2006. Personnel Economics in Imperfect Labour Markets. Oxford: Oxford University Press.

Garicano L. 2000. Hierarchies and the organization of knowledge in production. Journal of Political Economy, 108 (5): 874-904.

Garvey G, Milbourn T. 2003. Incentive compensation when executives can hedge the market: evidence of relative performance evaluation in the cross section. The Journal of Finance, 58 (4): 1557-1582.

Garvey G, Milbourn T. 2006. Asymmetric benchmarking in compensation: executives are paid for (good) luck but not punished for bad. Journal of Financial Economics, 82 (1): 197-225.

Gibbons R S, Katz L F. 1991. Layoffs and lemons. Journal of Labor Economics, 9 (4): 351-380.

Gibbons R S, Katz L F, Lemieux T, et al. 2005. Comparative advantage, learning, and sectoral wage determination. Journal of Labor Economics, 23 (4): 681-724.

Goodwin T H, Sauer R D. 1995. Life cycle productivity in academic research: evidence from cumulative publication histories of academic economists. Southern Economic Journal, 61 (3): 728-743.

Gorman R A. 1976. Basic Text on Labor Law: Unionization and Collective Bargaining. St. Paul: West Publishing Co.

Gouldner A. 1954. Patterns of Industrial Bureaucracy. Glencoe: Free Press.

Gray L N, Tallman I. 1987. Theories of choice: contingent reward and punishment applications. Social Psychology Quarterly, 50 (1): 16-23.

Greenwald B C. 1986. Adverse selection in the labour market. The Review of Economic Studies, 53 (3): 325-347.

Hamilton B H, Nickerson J A, Owan H. 2001. Team incentives and worker heterogeneity: an empirical analysis of the impact of teams productivity and participation. Social Science Electronic Publishing, 111 (3):

465-497.

Handel M J, Gittleman M. 2004. Is there a wage payoff to innovative work practices? Industrial Relations a Journal of Economy & Society, 43(1): 67-97.

Hayes R M, Oyer P, Schaefer S. 2005. Coworker complementarity and the stability of top-management teams. Journal of Law, Economics, and Organization, 22(1): 184-212.

Heckathorn D D. 1983. Extensions of power dependence theory: the concept of resistance. Social Forces, 61(4): 1248-1259.

Holmstrom B. 1982. Moral hazard in teams. The Bell Journal of Economics, 13(2): 324-340.

Holmstrom B, Milgrom P. 1991. Multitask principal-agent analyses: incentive contracts, asset ownership, and job design. Journal of Law Economics & Organization, 7(special issue): 24-52.

Holzer H J. 1994. Job vacancy rates in the firm: an empirical analysis. Economica, 61(1): 17-36.

Houseman S, Osawa M. 2003. Non-Standard Work in Developed Economies. Kalamazoo: W.E. Upjohn Institute for Employment Research.

Hutchinson E B, Zivney T L. 1995. The publication profile of economists. Journal of Economic Education, 26(1): 59-79.

Hyman R. 1975. Industrial Relations: A Marxist Introduction. London: Palgrave Macmillan.

Ichniowski C, Shaw K. 2004. Connective capital: building problem-solving networks within firms. Unpublished Paper.

Ichniowski C, Shaw K, Prennushi G. 1997. The effects of human resource management practices on productivity: a study of steel finishing lines. American Economic Review, 87(3): 291-313.

Itoh H. 1994. Job design, delegation and cooperation: a principal-agent analysis. European Economic Review, 38(3-4): 691-700.

Jacoby S M. 2010. The new institutionalism: what can it learn from the OLD? Industrial Relations a Journal of Economy & Society, 29(2): 316-340.

Jenter D, Kanaan F. 2015. CEO turnover and relative performance evaluation. The Journal of Finance, 70(5): 2155-2184.

Josheski D. 2014. Personnel economics essay: issues in human capital theory, training and earnings of workers. https://mpra.ub.uni-muenchen.de/53295/1/MPRA_paper_53295.pdf.

Jovanovic B. 1979a. Job matching and the theory of turnover. Journal of Political Economy, 87(5): 972-990.

Jovanovic B. 1979b. Firm-specific capital and turnover. Journal of Political Economy, 87(6): 1246-1260.

Kaplan S N, Minton B A. 2006. How has CEO turnover changed? Increasingly performance sensitive boards and increasingly uneasy CEOs. https://pdfs.semanticscholar.org/4323/eaed182ed30bb773b1ee936e486f96d7199b.pdf.

Katz H C, Colvin A, Kochan T A. 2008. An introduction to U.S. collective bargaining and labor relations. https://digitalcommons.ilr.cornell.edu/books/136/.

Kaufman B E. 2008. The non-existence of the labor demand/supply diagram, and other theorems of institutional economics. Journal of Labor Research, 29(3): 285-299.

Kim P H, Fragale A R. 2005. Choosing the path to bargaining power: an empirical comparison of BATNAs and contributions in negotiation. Journal of Applied Psychology, 90 (2): 373-381.

Kim P H, Pinkley R L, Fragale A R. 2005. Power dynamics in negotiation. Social Science Electronic Publishing, 30 (4): 799-822.

Kipnis D, Schmidt S M, Wilkinson I. 1980. In-traorganizational influence tactics: explorations in getting one's way. Journal of Applied Psychology, 65 (4): 440-452.

Kirkbride P S, Durcan J W. 1987. Bargaining power and industrial relations. Personnel Review, 16 (2): 3-11.

Kirkbride P S, Durcan J W. 1988. Power and the bargaining process: a comment on leap and grigsby. ILR Review, 41 (4): 618-621.

Kochan T A. 1980. Collective Bargaining and Industrial Relations. Homewood: Richard D. Irwin.

Kölling A. 2001. Fachkräftebedarf und unbesetzte Stellen-Ergebnisse des IAB-Betriebspanels 2000. Personal, 53 (9): 512-517.

Lauringson A. 2010. Measuring union bargaining power in the Estonian public sector. https://ideas.repec.org/p/mtk/febawb/72.html.

Lautsch B. 2002. Uncovering and explaining variance in the features and outcomes of contingent work. ILR Review, 56 (1): 23-43.

Lawler E J. 1992. Power process in bargaining. The Sociological Quarterly, 33 (1): 17-34.

Lawler E J, Bacharach S B. 1979. Power dependence in individual bargaining: the expected utility of influence. ILR Review, 32 (2): 196-204.

Lawler E J, Bacharach S B. 1986. Power dependence in collective bargaining. Advances in Industrial and Labor Relations, (3): 191-212.

Lawler E J, Bacharach S B. 1987. Comparison of dependence and punitive forms of power. Social Forces, 66 (2): 446-462.

Lawler E J, Ford R S, Blegen M A. 1988. Coercive capability in conflict: a test of bilateral deterrence versus conflict spiral theory. Social Psychology Quarterly, 51 (2): 93-107.

Lazear E P. 1986. Salaries and piece rates. The Journal of Business, 59 (3): 405-431.

Lazear E P. 1993. The new economics of personnel. Labour, 7 (1): 3-23.

Lazear E P. 1995. Personnel Economics. Cambridge: MIT Press.

Lazear E P. 1998a. Personnel Economics for Managers. Hoboken: John Wiley & Sons.

Lazear E P. 1998b. Globalization and the market for teammates. National Bureau of Economic Research Working Papers, 109 (454): C15-40.

Lazear E P. 2000. Performance pay and productivity. The American Economic Review, 90 (5): 1346-1361.

Lazear E P. 2009. Firm-specific human capital: a skill-weights approach. Journal of Political Economy, 117 (5): 914-940.

Lazear E P, Gibbs M. 2008. Personnel Economics in Practice. 2nd ed. Hoboken: John Wiley & Sons.

Lazear E P, Shaw K L. 2007. Personnel economics: the economist's view of human resources. Journal of

Economic Perspectives, 21（4）：91-114.

Leap T L, Grigsby D W. 1986. A conceptualization of collective bargaining power. ILR Review, 39（2）: 202-213.

Leap T L, Grigsby D W. 1988. A reply: power and the bargaining process: a comment on leap and grigsby. ILR Review, 41（4）: 622-626.

Lehman H C. 1953. Age and Achievement. Princeton: Princeton University Press.

Lehman H C. 1958. The chemist's most creative years. Science, 127（3308）: 1213-1222.

Lehman H C. 1966.The psychologists most creative years. American Psychologists, 21（4）: 363-369.

Lester R A. 1946. Shortcomings of marginal analysis for wage-employment problems. The American Economic Review, 36（1）: 63-82.

Lindblom C E. 1948. Bargaining power in price and wage determination. The Quarterly Journal of Economics, 62（3）: 396-417.

Littler C R. 1982. The Development of the Labour Process in Capitalist Societies. London: Heinemann Educational Books Ltd.

Lucas R E Jr. 1978. On the size distribution of business firms. Economics Letters, 9（2）: 508-523.

Mabry B D. 1965. The pure theory of bargaining. ILR Review, 18（4）: 479-502.

Machlup F. 1946. Marginal analysis and empirical research. The American Economic Review, 36（4）: 519-554.

Mahoney C B, Ready K J. 1997. Tenure: the process of attaining long-term employment in academia//Wallace J, Dalzell T, Delany B. Continuity and Change in the Employment Relationship. Dublin: Oak Tree Press: 211-229.

March J G, Simon H A. 1958. Organizations. New York: Wiley.

Marsden D, Ryan P. 1991. Initial training, labour market structure and public policy: inter-mediate skills in British and German industries//Ryan P. International Comparisons of Vocational Education and Training for Intermediate Skill. London: The Falmer Press.

Martin A. 2004. A plea for a behavioural approach in the science of human resources management. Management Revue, 15（2）: 201-214.

McKersie R B, Walton R E. 1966. The theory of bargaining. ILR Review, 19（3）: 414-424.

Milgrom P, Oster S. 1987. Job discrimination, market forces, and the invisibility hypothesis. Quarterly Journal of Economics, 102（3）: 453-476.

Murphy K J. 1999. Performance standards in incentive contracts. Journal of Accounting & Economics, 30（3）: 245-278.

Myers C A, Shultz G P. 1951. The Dynamics of a Labor Market: A Study of the Impact of Employment Changes on Labor Mobility, Job Satisfactions, and Company and Union Policies. Upper Saddle River: Prentice Hall.

Nelsen B J, Barley S R. 1997. For love or money? Commodification and the construction of an occupational mandate. Administrative Science Quarterly, 42（4）: 619-653.

Olsen T E, Torsvik G. 2000. Discretion and incentives in organizations. Journal of Labor Economics, 18（3）: 377-404.

Olson M. 1965. The Logic of Collective Action: Public Good and Theory of Groups. Cambridge: Harvard University Press.

Osterman P. 2011. Institutional labor economics, the new personnel economics, and internal labor markets: a reconsideration. ILR Review, 64 (4): 637-653.

Oyer P, Schaefer S. 2010. Personnel economics: hiring and incentives. National Bureau of Economic Research Working Papers, No. w15977.

Pen J. 1952. A general theory of bargaining. The American Economic Review, 42 (1): 24-42.

Pfeffer J. 2007. Human resources from an organizational behavior perspective: some paradoxes explained. Journal of Economic Perspectives, 21 (4): 115-134.

Pinkley R L, Neale M A, Bennett R J. 1994. The impact of alternatives to settlement in dyadic negotiation. Organizational Behavior & Human Decision Processes, 57 (1): 97-116.

Prendergast C. 1999. The provision of incentives in firms. Journal of Economic Literature, 37 (1): 7-63.

Rees A. 1989. The Economics of Trade Unions. Chicago: University of Chicago Press.

Ridder H-G. 2009. Personalwirtschaftslehre. 3rd ed. Stuttgart: Kohlhammer.

Roberts J. 2004. The Modern Firm: Organizational Design for Performance and Growth. New York: Oxford University Press.

Rosen S. 1982. Authority, control, and the distribution of earnings. Bell Journal of Economics, 13 (2): 311-323.

Rottenberg S. 1956. On choice in labor markets. ILR Review, 9 (2): 183-199.

Roy D. 1954. Efficiency and "the fix": informal intergroup relations in a piecework machine shop. American Journal of Sociology, 60 (3): 255-266.

Salop J, Salop S. 1976. Self-selection and turnover in the labor market. Quarterly Journal of Economics, 90 (4): 619-627.

Saraydar E. 1971. A certainty-equivalent model of bargaining. The Journal of Conflict Resolution, 15 (3): 281-297.

Schmidtke C. 2001a. Der mittelstand im wettbewerb um fachkräfte-institutionenökonomisch fundiertes personalmarketing als lösungsansatz//Institut für Mittelstandsforschung Bonn. Jahrbuch zur Mittelstandsforschung 1/2001. Schriften zur Mittelstandsforschung, Nr. 90.

Schmidtke C. 2001b. Signaling im Personal Marketing: Eine Theoretische und Empirische Analyse des Betrieblichen Rekrutierungserfolges. Mering: Hampp.

Schmidtke C, Backes-Gellner U. 2002. Betriebliche strategien gegen den fachkräftemangel//Bellmann L, Kölling A. Betrieblicher Fachkräftemangel. Beitrage zur Arbeitsmart-und Bereufsforschung, Numberg 257.

Seashore S E. 1954. Group Cohesiveness in the Industrial Workgroup. Ann Arbor: University of Michigan Survey Research Center.

Smith A. 1937. The Wealth of Nations. New York: Modern Library.

Smith V, Neuwirth E B. 2008. The Good Temp. New York: Cornell University Press.

Spence M. 1973. Job market signaling. Quarterly Journal of Economics, 87 (3): 355-374.

Strauss A. 1978. Negotiations: Varieties, Contexts, Processes, and Social Order. San Francisco: Jossey-Bass.

Tedeschi J T, Bonoma T V. 1972. Power and influence: an introduction//Tedeschi J T. Social Influence Processes. Hawthorne: Aldine.

Tjosvold D. 1981. Unequal power relationships within a cooperative orcompetitive context. Journal of Applied Social Psychology, 11(2): 137-150.

Topel R. 1991. Specific capital, mobility, and wages: wages rise with job seniority. Journal of Political Economy, 99(1): 145-176.

von Hayek F. 1945. The use of knowledge in society. American Economic Review, 35(4): 519-530.

Waldman M. 2000. Job assignments, signalling, and efficiency. RAND Journal of Economics, 15(2): 255-267.

Walton R E, McKereie R B. 1965. A Behavioral Theory of Labor Negotiations. New York: McGraw-Hill.

Weber M. 1947. The Theory of Social and Economic Organization. Trans. by Henderson A M, Parsons T. New York: The Free Press.

Weber W. 2005. Die wissenschaftliche disziplin personalwirtschaft auf der suche nach ihrer identität//Spengler T, Lindstädt H. Strukturelle Stimmigkeit in der Betriebswirtschaftslehre: Festschrift für Prof. Dr. Hugo Kossbiel. Munich and Mering: Rainer Hampp Verlag.

Weibler J. 1997. Personalwirtschaftslehre auf der Suche nach Identität: Replik. Die Betriebswirtschaft, 57(1): 127-131.

Willer D, Markovsky B, Patton T. 1989. Power structures: derivations and applications of elementary theory//Berger J, Zelditch M, Anderson B. Sociological Theories in Progress: New Formulations. Newbury Park: Sage.

Williamson O. 1975. Markets and Hierarchies: Analysis and Antitrust Implications. New York: Free Press.

Woodcock S D. 2015. Match effects. Research in Economics, 69(1): 100-121.

Wright E O. 2000. Working class power, capitalist class interests, and class compromise. American Journal of Sociology, 105(4): 957-1002.